Die staatliche Finanzaufsicht über Träger unselbständiger Stiftungen

Europäische Hochschulschriften Recht

European University Studies in Law

Publications Universitaires Européennes de Droit

Band/ Volume **6293**

Daniel Vos

Die staatliche Finanzaufsicht über Träger unselbständiger Stiftungen

PETER LANG

Bibliografische Information der Deutschen Nationalbibliothek
Die Deutsche Nationalbibliothek verzeichnet diese Publikation in der Deutschen Nationalbibliografie; detaillierte bibliografische Daten sind im Internet über http://dnb.d-nb.de abrufbar.

Zugl.: Bonn, Univ., Diss., 2021

D 5
ISSN 0531-7312
ISBN 978-3-631-87506-3 (Print)
E-ISBN 978-3-631-87691-6 (E-PDF)
E-ISBN 978-3-631-87692-3 (EPUB)
DOI 10.3726/b19644

Peter Lang – Berlin · Bern · Bruxelles · New York · Oxford · Warszawa · Wien

Diese Publikation wurde begutachtet.

www.peterlang.com

Vorwort

Die vorliegende Arbeit wurde im Wintersemester 2021/2022 von der Rechts- und Staatswissenschaftlichen Fakultät der Rheinische Friedrich-Wilhelms-Universität Bonn als Dissertation angenommen. Rechtsprechung und Literatur entsprechen dem Stand März 2021.

Meinem Doktorvater, Herrn Professor Dr. *Rainer Hüttemann*, danke ich nicht nur für die zahlreichen Impulse und Vorschläge im Rahmen der Betreuung der Anfertigung dieser Arbeit, sondern auch für seine Geduld und sein besonders Verständnis für alle Hemmnisse und Verzögerungen, die mit einer berufsbegleitenden Promotion verbunden sind. Herrn Professor Dr. *Daniel Zimmer* danke ich für die zügige Erstellung des Zweitgutachtens.

Von Herzen danke ich meinen Eltern *Sigrid* und *Dieter Vos*, die mich nicht nur geprägt, sondern meinen Ausbildungs- und Berufsweg immer unterstützt und gefördert haben.

In besonderer Weise danke ich meiner Frau *Sarah Vos*, die das langjährige Projekt meiner Promotion immer unterstützt hat. Sie brachte viel Verständnis auf und stärkte mir den Rücken, um die Promotion, Arbeit und Familie miteinander zu vereinbaren.

Brühl, im Dezember 2021

Daniel Vos

Inhaltsverzeichnis

Erster Teil

A. Heranführung

I. Vermögensgefährdung und Missbrauchspotential in der unselbständigen Stiftung

Am 17. Juni 2015 eröffnete das Amtsgericht Charlottenburg[1] das Insolvenzverfahren über das Vermögen des Bundes deutscher Treuhandstiftungen e.V., zu dessen (vorläufigen und endgültigen) Gläubigerausschuss der Verfasser als Mitglied bestimmt bzw. gewählt wurde. Der Zweck des Vereins war unauffällig und lag in der Förderung von Bildung und Wissenschaft sowie des gemeinwohlorientierten Stiftungswesens in Deutschland. Hierzu nahm der Verein gemäß seinem Satzungszweck die Interessen von Treuhandstiftungen und Stiftern wahr und übernahm sowohl für gemeinnützige als auch für nicht gemeinnützige Treuhandstiftungen – Zweckvermögen des privaten Rechts – die Funktion eines Stiftungsträgers (Treuhänders). Insgesamt fungierte der schuldnerische Verein zum Zeitpunkt der Insolvenzverfahrenseröffnung als Träger von acht verschiedenen Sondervermögen.

So unauffällig der Satzungszweck des Vereins ausgestaltet war, umso spektakulärer[2] war dessen tatsächliche Tätigkeit. Dem Insolvenzverfahren vorausgegangen war eine Abwicklungsanordnung der Bundesanstalt für Finanzdienstleistungsaufsicht. Diese stützte sich auf den Vorwurf, dass der schuldnerische Verein für das von ihm getragene Sondervermögen „*Berliner Wirtschafts- und Finanzstiftung*" („*BWF-Stiftung*") Einlagengeschäfte betrieben habe. Die als „*Berliner Wirtschafts- und Finanzstiftung*" auftretende unselbständige Stiftung hatte bundesweit über etwa 900 Vermittler circa 5.600 Anleger dazu veranlasst, Verträge, die den Kauf von Gold und dessen Verwahrung durch die BWF-Stiftung beinhalteten, abzuschließen. In den Jahren 2011 bis 2015 sind der BWF-Stiftung etwa € 57 Mio. an Anlegergeldern zugeflossen, die zu diesem Zweck Konten bei verschiedenen Banken bzw. Sparkassen unterhielt. Die Anleger konnten zwischen verschiedenen Vertragsvarianten wählen, die jeweils den Erwerb von physischem Gold mit unterschiedlichen Laufzeitmodalitäten zum Inhalt hatten, wobei die BWF-Stiftung über dieses Gold verfügen konnte.

---

1 AG Charlottenburg, Az. 36b IN 1350/15.

2 Capital, „*Anklage gegen Goldschwindler*", online-Bericht vom 4. März 2016.

Nach Ablauf der Vertragslaufzeit bestanden angeblich die Möglichkeiten, (a) das Gold weiter einzulagern, (b) die BWF-Stiftung aufzufordern, den ursprünglich vom Anleger aufgewandten Kaufpreis zuzüglich eines nach Vertragslaufzeit gestaffelten Zuschlags von bis zu 80 % auf den Einlagebetrag auszuzahlen oder (c) sich das Gold jederzeit aushändigen zu lassen. Ferner war in den Prospekten vorgesehen, dass ein sogenanntes „*Sachdarlehen*" vereinbart wurde, das es der BWF erlaubte, das Gold Dritten zur Verfügung zu stellen, dadurch eine „*Rendite*" zu erarbeiten, um am Ende der Laufzeit einen höheren Geldbetrag zurückzugeben. Den Anlegern wurde nach Unterzeichnung der Verträge und der Zahlung der vereinbarten Kaufsumme neben einem unterschriebenen Kaufvertrag auch eine „*Eigentumsurkunde*" übermittelt, deren Inhalt allerdings rechtlich bestenfalls mehrdeutig war.[3]

Im Laufe des Insolvenzverfahrens stellte sich indes heraus, dass das dem Verein als Stiftungsträger anvertraute Vermögen nur zu einem geringen Teil in Gold investiert worden war. Kritisch nachfragenden Anlegern war zuvor ein Tresor gezeigt worden, der überwiegend Attrappen von Goldbarren enthielt.[4] Auch wenn das Insolvenzverfahren wie auch die staatsanwaltschaftliche Ermittlung zum Zeitpunkt des Abschlusses dieser Arbeit noch andauern, müssen die betroffenen Anleger einem erheblichen, wenn nicht gar vollständigen Verlust ihrer Kapitalanlage ins Auge sehen. Offenbar waren sie auf falsche Versprechungen hereingefallen.

Grundlage dieser Versprechungen war ein Bündel von vertrauensbildenden Gesichtspunkten, die zum Investment einluden. Das Misstrauen gegen den Buchgeldwert und das Vertrauen in physisches Gold als inflationssicheres Anlageprodukt war im anlagerelevanten Zeitraum in aller Munde.[5] Doch auch der Begriff der „*Stiftung*" im Namen des Anbieters wird bei dem Publikum ein Vertrauen geweckt haben,[6] das dieser Stiftungsträger offensichtlich nicht verdiente.

---

3 So der Bericht des Insolvenzverwalters.

4 Frankfurter Allgemeine Zeitung v. 14. April 2015, „*Der Goldbarren-Skandal*".

5 Frankfurter Allgemeine Zeitung v. 14. April 2015, aaO: „*Im Internet warb eine Organisation namens Berliner Wirtschafts- und Finanzstiftung („BWF-Stiftung") bis vor kurzem in ihrem Blog für ihre umstrittenen Anlageprodukte mit einem Zitat des Bundesbankpräsidenten: ‚Die Geschichte des Papiergeldes ist leider immer wieder auch eine Geschichte der Geldentwertung', wird Weidmann dort aus einer Rede zitiert. ‚Eine Notenbank kann Geld quasi aus dem Nichts schaffen. Diese Möglichkeit ist immer mit der Versuchung verbunden, Finanzierungsprobleme des Staates durch Drucken von Geld zu überwinden.'*"

6 Zu vergleichbaren Missbrauchsgestaltungen vgl. *Rawert*, npoR 2014, 243.

Der gute Leumund des Stiftungswesens wurde hier missbraucht, um einen Anlagebetrug erheblichen Umfangs zu begehen. Denn typischerweise verbindet der Rechtsverkehr mit dem Stiftungsbegriff positive Eigenschaften, insbesondere die der Nachhaltigkeit, Solidität und Seriosität. Im Nachhinein schien es nur eine Frage der Zeit zu sein, bis sich auch unseriöse Anbieter dieses Etiketts bedienten und eine – hier unselbständige – Stiftung für ein unseriöses Kapitalanlageprodukt zweckentfremdeten und nutzen.

Der Fall bildet ein extremes Beispiel eines offenkundig rechtswidrigen und strafbaren Missbrauchs des Phänomens der unselbständigen Stiftung. Dieser dürfte auch durch den Umstand provoziert worden sein, dass die unselbstständige Stiftung als ungeregelte Stiftungsform für einen solchen Missbrauch in besonderer Weise anfällig ist. Die praktischen Einschränkungen der staatlichen Überwachung der ordnungsgemäßen Stiftungsverwaltung,[7] die nur typischerweise, aber eben nicht zwingend durch die steuerliche Gemeinnützigkeitsanforderungen kompensiert werden,[8] ermöglichen eine missbräuchliche Verwendung solcher unselbständigen Stiftungen, die dieses steuerliche Privileg erst gar nicht suchen.

Ob und gegebenenfalls in welchen Fällen ein solcher Ausfall der staatlichen Überwachung tatsächlich dem geltenden Recht entspricht und daher hinzunehmen oder zu beseitigen ist, ist Gegenstand dieser Arbeit. Bezugspunkt der Auseinandersetzung ist dabei die finanzwirtschaftliche Funktion der unselbständigen Stiftung als Geldsammelstelle. Andere Ansatzpunkte einer staatlichen Überwachung der unselbständigen Stiftung – etwa unter den Gesichtspunkten der privatrechtlichen Überwachung[9] oder der bereits angesprochenen gemeinnützigkeitsrechtlichen Privilegierung[10] – sollen demgegenüber nicht vertieft werden.

Die finanzwirtschaftliche Aufsicht über die unselbstständige Stiftung als finanzwirtschaftliche Geldsammelstelle ist unter zwei Teilaspekte zu beleuchten: zum einen ist die Tätigkeit der unselbständigen Stiftung gegenüber dem Kapitalmarkt anlässlich des Einwerbens von Stiftungsgeldern in den Blick zu nehmen. Zum anderen ist das Verhalten der Stiftungsträger bei der Verwaltung des Stiftungsvermögens zu untersuchen.

---

7 Vgl. hierzu *Westebbe*, Die Stiftungstreuhand, S. 109.

8 *Hüttemann/Rawert*, in: Staudinger, BGB, Vorbem zu §§ 80ff., Rn 432.

9 Vgl. hierzu *Westebbe*, Die Stiftungstreuhand, S. 101ff, 108ff.

10 Vgl. hierzu *Hüttemann*, Gemeinnützigkeits- und Spendenrecht, Rn 3.24; *Schauhoff*, in: Handbuch der Gemeinnützigkeit, § 3 Stiftungsrecht, S. 199ff.

II. Ausprägungen der Stiftungsträgerschaften als Untersuchungsgegenstand

Als Untersuchungsgegenstand aus dem Blickwinkel des Finanzaufsichtsrecht eignen sich dabei weniger diejenigen Konstellationen, in denen eine unselbstständige Stiftung wie im Eingangsbeispiel ersichtlich missbräuchlich eingesetzt wird und offensichtlich strafrechtlich relevante Zwecke verfolgt werden. Für die Diskussion und Bestimmung der Reichweite einer präventiv wirkenden Finanzaufsicht sind stattdessen diejenigen unselbständigen Stiftungen von Interesse, in denen professionelle Stiftungsträger ohne betrügerische Intention oder strafrechtliche Relevanz werbend auftreten und ihre Dienstleistung anlässlich der Gründung und Verwaltung unselbstständiger Stiftungen anbieten.

Der Bundesverband Deutscher Stiftungen hat 702 Anbieter für die Verwaltung von Treuhandstiftungen erfasst.[11] Die Anbieter solcher unter dem Oberbegriff des Stiftungsmanagements bezeichneten Dienstleistungen lassen sich in vier Gruppen aufteilen: dabei stehen auf der einen Seite Banken und bankgebundene Anbieter, die aufgrund ihrer weiteren Tätigkeiten ohnehin der Finanzmarktaufsicht unterliegen.[12] Auf der anderen Seite stehen privatwirtschaftliche[13] und kirchliche[14] Anbieter sowie selbstständige Stiftungen,[15] wobei Letztere sich häufig für die Errichtung und Verwaltung solcher unselbstständiger Stiftungen anbieten, die identische oder vergleichbare Zwecke verfolgen wie die selbstständige Stiftung selbst, die ihre Trägerschaft anbietet.

Solche Leistungen des Stiftungsmanagements werden typischerweise entgeltlich erbracht. Unentgeltliche Trägerschaften werden allenfalls dann angeboten, wenn der Stiftungszweck der unselbstständigen Stiftung der Tätigkeit des Anbieters ohnehin

---

11 Bundesverband Deutscher Stiftungen e.V., „Zahlen, Daten, Fakten zum deutschen Stiftungswesen“, Berlin 2017, Seite 16. Die genaue Zahl der unselbständigen Stiftung kann mangels Registrierung nicht bekannt sein, in der „Datenbank Deutscher Stiftungen“ des Bundesverbands Deutscher Stiftungen e.V. sind 5.534 Treuhandstiftungen erfasst.

12 Dienstleistungen der Stiftungsverwaltung werden von deutschen Kreditinstituten soweit ersichtlich durchgängig, wenn auch teils mit Verbundpartnern angeboten. Zu den bankgebundenen Anbietern gehört beispielsweise die Deutsche StiftungsTrust GmbH als Tochtergesellschaft der Deutschen Bank AG.

13 Beispielsweise die DS Deutsche Stiftungsagentur GmbH oder die DT Deutsche Stiftungstreuhand AG, Stiftung24, ferner auch Rechtsanwälte.

14 Z.B. die CaritasSiftung-Deutschland, diözesane Stiftungen, die Malteser Stiftung oder die Evangelische Stiftungen Osnabrück.

15 Z.B. regionale Bürgerstiftungen, die Deutsche Bank Stiftung oder die Merck Finck Stiftung.

entspricht. Dabei ist die Vergütung grundsätzlich privatautonom vereinbar. Im Rahmen der typischerweise gebotenen Gemeinnützigkeit ist die Vergütung aber auf den Rahmen der Verhältnismäßigkeit begrenzt (§ 55 Abs. 1 Nr. 3 AO).[16] Diese wird in der Praxis anhand eines Drittvergleichs bemessen, was allerdings mangels verlässlicher Vergleichszahlen für steuerbegünstigte Einrichtungen nur eingeschränkt möglich ist.[17]

Die Anbieter von Dienstleistungen des Stiftungsmanagements decken den Wunsch potentieller Stifter ab, sich insbesondere nicht um Verwaltungstätigkeiten kümmern zu müssen, sondern diese in kompetente Hände legen zu können. So zeigt einer Erhebung des Bundesverbands Deutscher Stiftungen e.V. aus dem Jahr 2015, dass der Wunsch nach Verwaltungsentlastung und kompetenten Stiftungsmanagement vorrangige Bedürfnisse potentieller Stifter darstellen:[18]

16 *Heuel*, Stiftung&Sponsoring - Rote Seite 2012, 16.

17 *Köster*, Prüfungen und Kontrollen bei gemeinnützigen Kapitalgesellschaften, S. 171.

18 Bundesverband Deutscher Stiftungen e.V., Stiftungsstudie 2015, S. 133.

Treuhandstifter wollen von Verwaltungsaufgaben entlastet werden und legen Wert auf fachliche Expertise

„Warum haben Sie sich für die Gründung einer Treuhandstiftung entschieden?" (in Prozent)

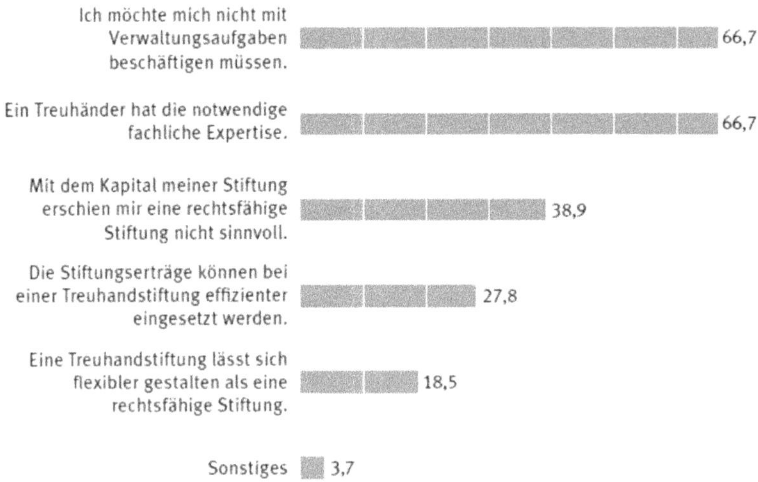

Mehrfachnennungen möglich. n = 54 Stifter von Treuhandstiftungen

Unter dem Gesichtspunkt der Förderung des Stiftungswesens in Deutschland sind solche kommerziellen Angebote der Stiftungsverwaltung daher grundsätzlich zu begrüßen. Denn sie senken mögliche Hemmschwellen, die potentielle Stifter abschrecken könnten. Gerade deshalb und zum Schutz der Seriosität solcher Angebote erscheint eine Erörterung deren finanzaufsichtsrechtlicher Relevanz allerdings auch geboten.

III. Die unselbständige Stiftung als ungeregelte Stiftungsart

Unter der unselbständigen Stiftung versteht man die Zuwendung von Vermögenswerten durch den Stifter an eine natürliche oder andere rechtsfähige Person mit der Maßgabe, die übertragenen Werte wirtschaftlich getrennt von seinem Eigenvermögen als Sondervermögen zu verwalten und dauerhaft zur Verfolgung eines vom Stifter festgelegten Zwecks zu nutzen.[19] Schon der Blick in das

19 Vgl. § 2 Abs. 2 StiftG NRW a.F.; BGH, Urt. v. 22.1.2015 – III ZR 434/13, ZIP 2015,

Gesetz – die unselbständige Stiftung fand im Bürgerlichen Gesetzbuch keine ausdrückliche Regelung – verdeutlicht ihr Schattendasein.[20] Vorschläge der Wissenschaft, Regelungen für die unselbständige Stiftung in das Bürgerliche Gesetzbuch aufzunehmen,[21] wurden nicht umgesetzt. Die unselbständige Stiftung ist und bleibt mithin gesetzlich nicht geregelt.[22]

Eine analoge Anwendung der für die selbständige Stiftung vorhandenen Regelungen der §§ 80 bis 88 BGB kommt nach zutreffender herrschender Auffassung nicht in Betracht.[23] Die selbständige und unselbständige Stiftung sind nicht miteinander vergleichbar. Der unselbständigen Stiftung fehlt – wie ihr Name schon zeigt und was zu beleuchten sein wird[24] – die eigene Rechtspersönlichkeit. Sie kann daher nicht selbst Adressat der für die Stiftung konstitutiven Vermögenszuwendung sein. Zu ihrer Errichtung bedarf es daher eines „anderen" Rechtsträgers, des Stiftungsträgers.[25]

Ein weiterer, für die Praxis bedeutsamer Unterschied zwischen den beiden Stiftungsformen liegt darin, dass die unselbständige Stiftung – anders als die selbständige Stiftung (§ 80 BGB) – genehmigungsfrei errichtet werden kann und nicht der staatlichen Aufsicht unterliegt.[26] Soweit vereinzelte landesrechtliche

---

923 (Rn 20); RG, Urteil v. 24.6.1916 - V 137/16, RGZ 88, 335; *Fritsche*, ZSt 2008, 3, 8, 11; *Herzog*, Die unselbständige Stiftung des bürgerlichen Rechts, S. 25f.; *Hüttemann/Rawert*, in: Staudinger, BGB, Vorbem zu §§ 80ff., Rn 319 (m.w.N.); *Mestmäcker/Reuter*, Das Stiftungswesen in Deutschland, 109, 132; *Pues/Scheerbarth*/Pues-Scheerbarth, Gemeinnützige Stiftungen im Zivil- und Steuerrecht, S. 80; *Schauhoff*, in: Handbuch der Gemeinnützigkeit, § 3 Stiftungsrecht, Rn 181; *Schiffer/Pruns*, in: Heidel/Hüßtege, BGB, Vor § 80 Rn 34; *Weitemeyer*, in: MünchKommBGB, § 80 Rn 260.

20 *Fritsche*, ZSt 2008, 3, 5; zum rechtstatsächlichen Vorkommen der unselbständigen Stiftung vgl. *Neuhoff*, ZSt 2005, 277.

21 Vgl. hierzu das Gutachten zum Gutachten für den 44. Deutschen Juristentag, *Ballerstedt/Salzwedel*, Soll das Stiftungsrecht bundesgesetzlich vereinheitlicht und reformiert werden, gegebenenfalls mit welchen Grundzügen?

22 Zur historischen Entwicklung vgl. eingehend *Geibel*, in: BeckOGK, § 80 Rn 654ff.

23 BVerfG, Urt. v. 9.4.2014 – 8 C 23/12 (Rn 18), ZStV 2015, 59; OLG Düsseldorf, Beschl. v. 4.7.2018 – I-3 Wx 95/18, ZEV 2018, 663; *Geibel*, in: BeckOGK, § 80, 683f.; *Hüttemann/Rawert*, in: Staudinger, BGB, Vorbem zu §§ 80ff., Rn 324; *Schlüter/Stolte*, Stiftungsrecht, Kapitel 4 Rn 6; *Schlüter*, Stiftungsrecht zwischen Privatautonomie und Gemeinwohlbindung, S. 57; *Neuhoff*, in: BGB, Vor § 80, Rn 23d f.

24 Hierzu unter B.VI

25 *Hüttemann/Rawert*, in: Staudinger, BGB, Vorbem zu §§ 80ff., Rn 329; BVerwG, Urteil v. 9.4.2014 - 8 C 23.12, npoR 2014, 243, Rn 18 mit Anm. *Rawert*.

26 *Weitemeyer*, in: MünchKommBGB, § 80 Rn 283; zum Ausnahmefall einer kommunalen Stiftung vgl. OVG Münster, Beschl. v. 12.12.1995 – 25 B 3342/95, NVwZ-RR 1996, 425.

Regelungen eine solche Aufsicht anordnen, fehlt es an der Gesetzgebungskompetenz der jeweiligen Landeslegislative in dieser bürgerlich-rechtlichen Frage. Das privatrechtliche Rechtsverhältnis zwischen Stifter und Stiftungsträger kann aufgrund der konkurrierenden Gesetzgebung gemäß Art. 74 Abs. 1 Nr. 1 GG nur vom Bundesgesetzgeber geregelt werden. Gleichwohl bestehende landesrechtliche Regelungen sind daher ausschließlich auf Stiftungen öffentlichen Rechts anzuwenden.[27]

Dieser insoweit mangels analoger Anwendbarkeit gesetzlicher Bestimmungen nur rudimentär ausgebildete Regelungsrahmen ist zugleich ein Vorteil der unselbständigen Stiftung gegenüber regulierten Stiftungstypen. Der finanzielle Aufwand der Errichtung einer unselbständigen Stiftung ist deutlich geringer als bei einer selbständigen Stiftung. Insbesondere für kleinere Vermögen ist die unselbständige Stiftung daher die praktikablere Stiftungsform. Denn sie vermeidet, dass durch den Aufwand der Stiftungsgründung und anschließenden -verwaltung das Stiftungsvermögen unnötig zulasten der Verfolgung des Stiftungszwecks geschmälert und belastet wird. Daher wird die unselbständige Stiftung auch als eine Ersatzform für Konstellationen bezeichnet, in denen die Umsetzung einer Stiftungsidee in der Form einer selbständigen Stiftung wirtschaftlich sinnlos und daher nicht sachgerecht wäre.[28]

Die so eingenommene Rolle der unselbständigen Stiftung als bloße Ersatzform verschleiert allerdings, dass es sich bei der unselbständigen Stiftung tatsächlich um die Grund- und Ursprungsform der Stiftung handelt.[29] In den Hintergrund trat sie nur, weil bei der Kodifikation des Bürgerlichen Gesetzbuchs ein Regelungsbedürfnis für sie gerade nicht erkannt wurde.[30] Gleichwohl ist die Entwicklung der unselbständigen Stiftung noch nicht als abgeschlossen anzusehen. Vielmehr brachte die Diskussion gerade in der jüngeren Vergangenheit neue Ansätze hervor und auf diese Weise neue Bewegung in die Frage der Einordnung der unselbständigen Stiftung.

---

27 *Herzog*, Die unselbständige Stiftung des bürgerlichen Rechts, S. 17.

28 *Herzog*, Die unselbständige Stiftung des bürgerlichen Rechts, S. 13.

29 *Hüttemann/Rawert*, in: Staudinger, BGB, Vorbem zu §§ 80ff., Rn 324; *Hof*, in: Stiftungsrechts-Handbuch, Unselbständige Stiftung, Rn 1; *Westebbe*, Die Stiftungstreuhand, S. 23f.; OLG Stuttgart, Beschl. v. 12.2.1964 – 8 W 229/63, NJW 1964, 1231.

30 Zur rechtsgeschichtlichen Entwicklung vgl. eingehend *Westebbe*, Die Stiftungstreuhand, S. 24; OLG Stuttgart aaO.

IV. Die Aufsicht über die unselbständige Stiftung

Nach allgemeiner Auffassung unterliegen unselbständige Stiftungen nicht der staatlichen Aufsicht.[31] Diese – insoweit jedenfalls zutreffende – Aussage bezieht sich auf eine staatliche Aufsicht im institutsbezogenen Sinn, die die Erzeugung und spezifisch stiftungsrechtliche Tätigkeit von selbständigen Stiftungen überwacht.[32] Diese Stiftungsaufsicht ist dem Schutz der Stiftungsautonomie und dem Stifterwillen verpflichtet. Die hierzu erforderlichen Kompetenzen sind landesrechtlich durch die jeweiligen Landesstiftungsgesetze geregelt.[33] Insoweit bezieht sich die Stiftungsaufsicht über die selbständige Stiftung auf deren Begründung und Beendigung sowie die Mitwirkung an bestimmten Rechtsgeschäften und Satzungsänderungen, die Wirtschafts- und Finanzaufsicht sowie die Rechnungskontrolle.[34]

Die unselbständige Stiftung unterliegt einer solchen Kontrolle nach allgemeiner Auffassung wie gesagt nicht.[35] Denn sie erhebt nicht den Anspruch auf Zuerkennung einer Rechtspersönlichkeit, sondern stellt lediglich ein vertrags- oder erbrechtliches Schuldverhältnis dar. Auch die Vorschriften der §§ 525, 2194 BGB – deren Anwendbarkeit an dieser Stelle einmal unterstellt[36] – stellen kein Surrogat der staatlichen Aufsicht dar. Denn der dort angeordnete Anspruch auf Vollziehung ist ein zivilrechtlicher Anspruch, der auch vor den Zivilgerichten geltend zu machen ist.[37]

Ob eine partielle, insbesondere finanzwirtschaftliche Aufsicht über unselbständige Stiftungen angeordnet oder zumindest geboten ist, ist Gegenstand dieser Arbeit.

---

31 Allg. Ansicht, vgl. *Fritsche*, ZSt 2008, 3, 14ff; *Hof*, in: Stiftungsrechts-Handbuch, Unselbständige Stiftung, Rn 23; *Hüttemann/Rawert*, in: Staudinger, BGB, Vorbem zu §§ 80 ff, Rn 325; *Weitemeyer*, in: MünchKommBGB, § 80 Rn 283; zum Ausnahmefall einer kommunalen Stiftung vgl. OVG Münster, Beschl. v. 12.12.1995 – 25 B 3342/95, NVwZ-RR 1996, 425.

32 *Hof*, in: Stiftungsrechts-Handbuch, Stifungsaufsicht, Rn 1.

33 *Schauhoff*, in: Handbuch der Gemeinnützigkeit, § 3 Stiftungsrecht, Rn 152, zu Aufsicht über kirchliche Stiftungen Rn 153f.

34 *Hof*, in: Stiftungsrechts-Handbuch, Stifungsaufsicht, Rn 123 unter Verweis auf *Backert*, in: Die Stiftung, Die Stifungsaufsicht, S. 829ff.

35 Vgl. Fn 31.

36 Vgl. hierzu B.VI

37 *Wimmer-Leonhardt*, in: Staudinger, BGB, §§ 516 Rn 46; *Otte*, in: Staudinger, BGB, § 2194 Rn 10 unter Aufgabe seiner Auffassung in der Vorauflage; OLG Schleswig, Urt. v. 8.9.2017 – 3 U 16/17 – juris.

V. Erscheinungsformen und Abgrenzungen

1. *Zustiftung und Spende*

Die Stiftungsberatung der Banken erscheint hinsichtlich der Errichtung unselbständiger Stiftungen insgesamt zurückhaltend. Zwar ist der Errichtungs- und Verwaltungsaufwand unselbständiger Stiftungen deutlich geringer als bei der selbständigen Stiftung. Die mit der Errichtung einer auch unselbständigen Stiftung aber gleichwohl zwingend verbundene Separierung des Stiftungsvermögens bei dem Stiftungsträger – oft der beratenden Bank oder bei einem angeschlossenen Rechtsträger – bringt aber gleichwohl einen gewissen Aufwand mit sich, dessen Kosten gerade in schwach dotierten Stiftungen umso mehr ins Gewicht fallen.

Stattdessen kann dem potentiellen Stifter vorgeschlagen werden, das vorgesehene Stiftungsvermögen als Zustiftung oder Spende zu dem von ihm verfolgten oder einem diesem zumindest nahekommenden Zweck sinnvoll einzusetzen.

Zustiftungen sind Vermögenszuwendungen an den Träger einer bereits existierenden Stiftung, der die hierzu erforderlichen Erklärungen in dieser Funktion im eigenen Namen abgibt.[38] Anders als Spenden, die in voller Höhe zeitnah für Zwecke der Stiftung Verwendung finden müssen,[39] fließen Zustiftungen grundsätzlich dem Vermögensstock der Stiftung zu.[40] Zulässig ist die Annahme von Zustiftungen durch die selbständige Stiftung jedenfalls dann, wenn mit der Zustiftung ein Stiftungszweck verfolgt wird, der dem der aufnehmenden Stiftung vollständig entspricht.[41] Demgegenüber ist die Annahme von Zustiftungen[42] dann im Einzelfall zu prüfen, wenn der Zweck der Zustiftung dem Stiftungszweck nur teilweise entspricht. Zustiftungen zu stiftungsfremden Zwecken sind demgegenüber unzulässig, allerdings dürften dergestalt willkürliche Zustiftungsbegehren in der Praxis kaum Relevanz haben.

In Falle einer Zustiftung an eine unselbständige Stiftung wäre selbstverständlich der Stiftungsträger dinglicher Empfänger des im Rahmen der Zustiftung zugewendeten Vermögens.[43] Die Zustiftung zu einer selbständigen Stiftung wird

---

38 *Geibel*, in: BeckOGK, § 80 Rn 688.

39 *Hüttemann*, Gemeinnützigkeits- und Spendenrecht, Ziff. 5.74ff.; *Muscheler*, WM 2008, 1669, 1669.

40 *Weitemeyer*, in: MünchKommBGB, § 80 BGB Rn 189; *Werner*, Die Zustiftung, S. 63.

41 *Schlüter*, Stiftungsrecht zwischen Privatautonomie und Gemeinwohlbindung, S. 213f.

42 Zur Zulässigkeit von Zustiftungen insgesamt vgl. *Rawert*, DNotZ 2008, 10f.

43 *Geibel*, in: BeckOGK, § 80 Rn 688.

verbreitet als Schenkung an diese Rechtsperson aufgefasst.[44] Die Zustiftung hat dabei regelmäßig den Charakter einer Zweckschenkung, bei der die Stiftungsinteressen im Vordergrund stehen und die Zweckerreichung nicht einklagbar ist. Demgegenüber werden Schenkungen unter Auflage, die dem Zustifter persönlich zu Gute kommen, eher selten anzutreffen sein.[45]

In der praktischen Anwendung resultiert hieraus die Frage, ob vermeintliche Zustiftungen wirklich Zustiftungen zu einer unselbständigen Stiftung sind, oder ob die vermeintliche Zustiftung nicht ein eigenständiges Stiftungsgeschäft darstellt.[46] Diese Einordnung hängt davon ab, ob der Stiftungsträger anhand des zugestifteten Vermögens ein weiteres Sondervermögen bildet, oder ob mit der Zustiftung ein bereits bestehendes Sondervermögen vergrößert wird. Maßgeblich ist dabei der Willen des Zuwendenden[47], der – soweit nicht sinnvoller Weise ausdrücklich im Zuwendungsgeschäft geregelt[48] – im Einzelfall im Wege der Auslegung zu ermitteln ist. Handelt es sich um ein eigenständiges Stiftungsgeschäft, dessen Zwecksetzung und Ausgestaltung nur *„zufällig"* derjenigen der bereits etablierten unselbständigen Stiftung mit dem gleichen Stiftungsträger entspricht oder nur ähnelt, wird man kaum von einer Zustiftung sprechen können. Vielmehr handelt es sich in diesem Falle um eine eigenständige, neu errichtete unselbständige Stiftung, verbunden mit der Etablierung eines (weiteren) Sondervermögens im Eigentum des Stiftungsträgers.[49] Dass ein Stiftungsträger seine Rolle für mehrere unselbständige Stiftungen ausübt und so für verschiedene Stiftungen als Rechtsträger fungiert, ist keineswegs ungewöhnlich oder gar unzulässig.

Anders ist aber der Fall zu beurteilen, in dem die Auslegung des Stifterwillens gerade nicht auf die Errichtung einer weiteren Stiftung hindeutet, sondern der Stifter sein Stiftungsvermögen gerade der bereits bestehenden Stiftung zur Verfügung stellen und sein Stiftungsvermögen in das dort bestehende Vertragsverhältnis einbringen möchte. Der Zustiftende will dann nach Auffassung

---

44 *Hüttemann/Rawert*, in: Staudinger, BGB, Vorbem zu §§ 80 ff, Rn 366, 368; *Jakob*, Schutz der Stiftung, S. 164; *Werner*, Die Zustiftung, S. 124; kritisch *Geibel*, in: Non Profit Law Yearbook 2011/2012, Dachstiftungen, Stiftungszentren und Treuhandstiftungen, S. 38; a.A. *Muscheler*, WM 2008, 1669, der von einer (nachträglichen) Mitstiftung ausgeht (noch für die Einordnung als Schenkung *Muscheler*, AcP 203 (2003), 469, 477f.).

45 *Werner*, Die Zustiftung, S.126ff.

46 *Hüttemann*, Gemeinnützigkeits- und Spendenrecht, Ziff. 2.51f.

47 *Werner*, Die Zustiftung, S. 63f.

48 *Hof*, in: Stiftungsrechts-Handbuch, Vermögen und Erträge, Rn 14.

49 *Hüttemann/Rawert*, in: Staudinger, BGB, Vorbem zu §§ 80 ff, Rn 378.

Muschelers[50] gleichsam nachträglicher Mitbegründer der unselbständigen Stiftung werden, jedenfalls aber sein Vermögen dort – und nicht in ein danebenstehendes Sondervermögen – einbringen und den vorgegebenen Zwecken unterstellen.[51] In diesem Fall ist tatsächlich von einer Zustiftung zugunsten der bestehenden unselbständigen Stiftung auszugehen.

Ob es sich noch um eine Zustiftung und noch nicht um die Errichtung einer eigenständigen unselbständigen Stiftung handelt, ist dann besonders fraglich, wenn die Zustiftung einem abweichenden Zweck als dem der bestehenden unselbständigen Stiftung dienen soll oder auch nur den Stiftungszweck der Erst-Stiftung nicht umfassend abbildet. In diesem Falle käme die Annahme einer so divergierenden Zustiftung für den Stiftungsvorstand unter Vermeidung von Haftungsgefahren nicht in Betracht.[52]

Zumindest soweit eine Offenheit der bestehenden unselbständigen Stiftung für Zustiftungen nicht bereits vertraglich bei der Errichtung der unselbständigen Erst-Stiftung sichergestellt wurde, liegt in der Annahme von Zustiftungen ohnehin eine Satzungsänderung,[53] die die Zustimmung des Erst-Stifters bzw. seiner Erben verlangt.[54] Nach dem Tod des Erben ist überdies die Zustimmung der Behörde erforderlich, die die Vollziehung der satzungsmäßigen Bestimmungen im öffentlichen Interesse verlangen kann.[55] Unabhängig hiervon setzt die Annahme einer Zustiftung mit engerem oder abweichendem Stiftungszweck aber jedenfalls eine Satzungsänderung der unselbständigen Stiftung voraus,[56] selbst wenn die bestehende Satzung grundsätzlich die Annahme von Zustiftungen vorsieht.[57] Denn die differenzierte Verwaltung des Stiftungsvermögens zu unterschiedlichen Zwecken oder Zweckrahmen bedarf der Regelung.[58] Findet

50 *Muscheler*, WM 2008, 1669, 1669.

51 *Hüttemann/Rawert*, in: Staudinger, BGB, Vorbem zu §§ 80 ff, Rn 378.

52 *Geibel*, in: Non Profit Law Yearbook 2011/2012, Dachstiftungen, Stiftungszentren und Treuhandstiftungen, S. 38.

53 *Schauhoff*, in: Handbuch der Gemeinnützigkeit, § 3 Stiftungsrecht, Rn 64; *Hof*, in: Stiftungsrechts-Handbuch, Vermögen und Erträge, Rn 18.

54 *Hüttemann/Rawert*, in: Staudinger, BGB, Vorbem zu §§ 80 ff., Rn 393; *Rawert*, DNotZ 2008, 17. Dem entspricht, dass § 10b Abs. 1a EStG für die Abzugsfähigkeit der Zustiftung als Sonderausgabe deren Aufnahme in die Satzung der Stiftung verlangt, *Muscheler*, WM 2008, 1669, 1669. Zum ganzen kritisch *Reuter*, in: MünchKommBGB (6. Aufl.), § 81 Rn 35ff.

55 *Happ*, Stifterwille und Zweckänderung, S. 180ff., 201; *Rawert*, DNotZ 2008, 17.

56 *Schlüter*, ZSt 2006, 51, 56.

57 *Hüttemann/Rawert*, in: Staudinger, BGB, Vorbem zu §§ 80 ff., Rn 394.

58 *Reuter*, in: MünchKommBGB (6. Aufl.), § 81 Rn 27.

eine solche Satzungsänderung aber statt, so ist kein Grund mehr dafür ersichtlich, von einer weiteren unselbständigen Stiftung – verwaltet von demselben Stiftungsträger wie dem der Erst-Stiftung – auszugehen, und eine einheitliche unselbständige Stiftung abzulehnen. Denn in diesem Fall haben Zuwendender und Erst-Stifter bzw. dessen Erben zum Ausdruck gebracht, einen einheitlichen Stiftungszweck oder differenzierte Stiftungszwecke in dem Rahmen einer einheitlichen unselbständigen Stiftung gemeinsam verfolgen zu wollen.

Im Ergebnis ist zur Einordnung der Zustiftung und deren Abgrenzung von einer unselbständigen Stiftung danach zu unterscheiden, ob der Zustifter die gesonderte Stiftungsverwaltung im Rahmen eines eigenständigen Sondervermögens durch den Stiftungsträger wünscht oder durch die Definition eines abweichenden Stiftungszwecks erforderlich macht. Eine hierauf gerichtete Entscheidung wird kaum willkürlich getroffen werden, schon weil die mit der gesonderten Verwaltung verbundenen Kosten gerade bei typischerweise eher schwach kapitalisierten unselbständigen Stiftungen umso mehr ins Gewicht fallen. Geht der Stifter in Kenntnis dessen diesen Nachteil gleichwohl ein, liegt die Ablehnung einer Zustiftung auf der Hand. Kommt es ihm demgegenüber nicht auf eine gesonderte Verwaltung an, so spricht viel dafür, dass er tatsächlich zugunsten der bestehenden unselbständigen Stiftung zustiften möchte. Dies gilt umso mehr, wenn der Aufwand einer Satzungsänderung betrieben wird. Der Stiftungsträger ist in diesem Fall zur ordnungsgemäßen Verwaltung des einheitlichen Vermögens verpflichtet.

Ein weiteres Indiz wird sein, ob der oder die von der Zustiftung verfolgten Zweck(e) dem- oder denjenigen Zweck(en) der Erst-Stiftung gleichen oder die Zustiftung zumindest einen der von der unselbständigen Stiftung verfolgten Zwecke aufgreift. Ist ersteres der Fall, so wird die Zustiftung wohl als Beitrag zu der bereits bestehenden unselbständigen Stiftung zu verstehen sein, und nicht als eigenständige Stiftungserrichtung.[59] Denn hier erscheint der Wunsch naheliegend, kostensparend von einer gesonderten Verwaltung abzusehen und den bereits vorhandenen Organisationsrahmen zu nutzen.

Anders ist der Fall zu beurteilen, in denen sich der Zweck der Erst-Stiftung von dem der Zustiftung unterscheidet.[60] In diesem Fall ist durch den Stiftungsträger buchhalterisch ein Sondervermögen zu bilden, das getrennt von dem

---

59 Für die selbständige Stiftung *Werner*, Die Zustiftung, S. 70.

60 Zu den Unterscheidungskriterien eingehend *Werner*, Die Zustiftung, S. 71ff., der zwischen den sachlichen Tätigkeitsgebieten und dem zur Zweckerreichung notwendigen Verwaltungsaufwand differenziert.

sonstigen, bereits vorhandenen Stiftungsvermögen zu verwalten ist. Insoweit mag zwar eine einheitliche Stiftung im Rechtssinne vorliegen. Im funktionalen Sinne bestehen demgegenüber zwei verschiedene Stiftungen, sodass unter dem Dach der unselbständigen Stiftung mehrere funktionale Stiftungsvermögen bestehen können.[61]

2. *Dachstiftung*

Der Begriff der Dachstiftung ist rechtlich nicht definiert. [62] Er meint funktional die Bündelung von Kompetenzen in allen das Stiftungswesen betreffenden rechtlichen und wirtschaftlichen Fragen. Dies ermöglicht es insbesondere, die Verwaltung, Anlage und Verwendung eines Stiftungsvermögens effizient zu gestalten und durch eine Skalierung von Verwaltungsprozessen Kosten- und Qualitätsvorteile der unter der Dachstiftung angesiedelten Unterstiftungen zu erzielen.[63] Für die hier in Rede stehenden Fragen ist an jedwede Rechtsträger, insbesondere aber an selbständige Stiftungen zu denken, die als Trägerstiftung für weitere unselbständige Stiftungen fungiert.[64]

Naheliegender Weise werden die Trägerstiftung und die von dieser dann getragenen unselbständigen Stiftungen gleichgerichtete oder zumindest vergleichbare Stiftungszwecke verfolgen,[65] was im Rahmen einer typisierenden Betrachtung unselbständiger Stiftung in der Praxis von Bedeutung sein wird.[66] Neben der mit dieser Konstruktion erzielten Kostenersparnis lassen sich auf diese Weise auch Synergien in der Stiftungsarbeit erzielen, weil so Kompetenzen innerhalb des Stiftungsverbunds der Dachstiftung als Trägerstiftung gebündelt werden.

3. *Unselbständige Familienstiftung*

Der Begriff der Familienstiftung bezeichnet umfassend jede stiftungsrechtliche Erscheinungsform, die ausschließlich oder überwiegend dem Wohl oder den

---

61 *Rawert*, DNotZ 2008, 10.

62 Hierzu umfassend *Studen*, Die Dachstiftung.

63 Zu verschiedenen Ausgestaltungen vgl. *Geibel*, in: Non Profit Law Yearbook 2011/2012, Dachstiftungen, Stiftungszentren und Treuhandstiftungen, S. 29ff.

64 Vgl. *Reuter*, in: MünchKommBGB (6. Aufl.), § 81 Rn 6.

65 Beispielhaft sei die Deutsche Stiftung Denkmalschutz genannt, die im Jahr 2013 nach eigenen Angaben 220 „treuhänderische Stiftungen“ für Baudenkmale betreut.

66 Vgl. hierzu unter B.VII.3.

Interessen einer oder mehrerer Familien dient.[67] Er steht pauschal für sämtliche so geartete stiftungsrechtliche Erscheinungsformen und ist nicht im Sinne eines Tatbestandsmerkmals definiert.

Der familiäre Bezug ist also das maßgebende Charakteristikum einer Familienstiftung. Dabei dient eine solche Stiftung in der Praxis neben erbschaftssteuerlichen Gesichtspunkten insbesondere dem Ziel, einem Auseinanderfallen des so gebündelten – regelmäßig unternehmerisch gebundenen – Vermögens im Zeitablauf vorzubeugen. Denn anders als in einer Position als Gesellschafter haben die Familienmitglieder keine Möglichkeit, die Stiftung zu kündigen, Anteile an Dritte zu übertragen oder die gesellschaftsrechtlichen Stimm-, Kontroll- oder Informationsrechte auszuüben.[68] Auch die erbrechtlichen Zersplitterungsgefahren, insbesondere aufgrund von Pflichtteilsansprüchen, werden durch die Errichtung einer Familienstiftung ausgeschaltet.

Eine solche familienfördernde Stiftung kann als selbständige oder als unselbständige Stiftung errichtet werden.[69] Allerdings dürften die Gründe für die Wahl einer unselbständigen Stiftung bei der Familienstiftung weniger ins Gewicht fallen als sonst. Zum einen wird eine Motivation der langfristigen Vermögensbündelung und der Erbschaftssteuervermeidung vornehmlich bei großen Vermögen bestehen. In diesen Fällen werden die Kostenvorteile der unselbständigen Stiftung weniger ins Gewicht fallen. Zum anderen tritt die staatliche Stiftungsaufsicht über eine Familienstiftung stark zurück oder entfällt mitunter ganz,[70] um den Schutz der inneren Angelegenheiten der Familie nach Art. 6 GG nicht zu verletzen.[71]

---

67 BFH, Urt. v. 25.1.2017 – II R 26/16 (Rn 9), NJW 2017, 10; vgl. hierzu: *Oppel*, ZEV 2017, 22; Bundesverband Deutscher Stiftungen, Bessere Rahmenbedingungen für Stiftungen!, S. 35; *Richter*, in: Stiftungsrechts-Handbuch, Familienstiftung, Rn 2ff.

68 *Richter*, in: Stiftungsrechts-Handbuch, Familienstiftung, Rn 12.

69 Zur generellen Zulässigkeit von Familienstiftungen vgl. *Hüttemann*, ZHR 167 (2003), 35, 62f.; zur der Möglichkeit ihrer Einrichtung als unselbständige Stiftung *Hübner/Currle/Schenk*, DStR 2013, 1966, 1969f.

70 Vgl. hierzu die Übersicht bei *Richter*, in: Stiftungsrechts-Handbuch, Familienstiftung, Rn 7.

71 *Richter/Sturm*, NZG 2005, 655f.

B. Die Errichtung der unselbständigen Stiftung unter Lebenden

I. Dogmatische Grundlagen der unselbständigen Stiftung

Das Fehlen einer gesetzlichen Regelung schafft Unklarheit darüber, auf welchem dogmatischen Fundament die unselbständige Stiftung unter Lebenden errichtet wird. Neben weiteren Differenzierungen im Einzelnen werden hierzu im Wesentlichen zwei Ansätze vertreten: eine Auffassung sieht in der unselbständigen Stiftung ein Treuhandgeschäft,[72] dem ein Auftragsverhältnis zugrunde liege. Die Gegenauffassung versteht die unselbständige Stiftung als Schenkung unter Auflage, auf die mithin §§ 516, 518, 527, 528, 529 BGB anzuwenden seien.[73] Vermittelnd wird vertreten, dass beide Wege alternativ zur Stiftungserrichtung beschritten werden können.[74]

Die in der Vergangenheit vertretene Auffassung, bei der unter Lebenden errichteten unselbständigen Stiftung handele es sich dogmatisch um einen Vertrag sui generis,[75] konnte demgegenüber schon deshalb nicht überzeugen,[76] weil

---

72 OLG Naumburg, Beschl. v. 23.9.2013 – 1 W 28/13, NZG 2014, 470 m. Anm. *Rawert*, npoR 2014, 131; *Westebbe*, Die Stiftungstreuhand, S. 188ff.; ob eine Ausgestaltung eindeutig als Treuhandverhältnis in der Mehrzahl der Fälle vorliegt, wie *Elicker*, ZStV 2012, 136, meint, muss kritisch hinterfragt werden, lässt sich aber nicht aufklären.

73 *Herzog*, Die unselbständige Stiftung des bürgerlichen Rechts, S: 34ff.; *Hüttemann/ Rawert*, in: Staudinger, BGB, Vorbem zu §§ 80ff., Rn 241ff.; *Reuter*, in: MünchKommBGB, Vorbem zu § 80, Rn 87ff.; *Schlüter*, Stiftungsrecht zwischen Privatautonomie und Gemeinwohlbindung, S. 59f.; *Werner*, ZErb 2013, 1 sieht demgegenüber das Treuhandverständnis als herrschend an.

74 *Ebersbach*, Handbuch des deutschen Stiftungsrechts, S. 175ff.; *Fritsche*, ZSt 2008, 3, 10; so auch noch *Rawert*, in: Staudinger, BGB (13. Aufl.), Vorbem zu §§ 80ff., Rn 158, 163, noch ausschließlich für das Schenkungsmodell in *Hüttemann/Rawert*, in: Staudinger, BGB (2011), Vorbem zu §§ 80ff., Rn 241f.; nunmehr für eine dogmatische Einordnung anhand von Kriterien des Einzelfalls (soweit im Rahmen des Treuhandmodells eine Dauerhaftigkeit gewährleistet ist) *Hüttemann/Rawert*, in: Staudinger, BGB (2017), Vorbem zu §§ 80ff., Rn 346; vgl. ferner OLG Celle, Urteil v. 10.3.2016 - 16 U 60/15, npoR 2016, 166 sowie *Hüttemann/Rawert*, npoR 2016, 168; die Frage im konkreten Fall offen lassend OVG Münster, Urteil v. 31.05.2016 - 16 A 172/13, npoR 2016, 257 mit Anm. *Hüttemann/Rawert*, npoR 2016, 262; mit Hinweisen zur Gestaltungsberatung *Kuhn*, ZEV 2020, 535.

75 *Nottarp*, Die Stiftungsreduktion, in: Bonner Festgabe für Ernst Zitelmann, 383, 386; *Liebisch*, Das Wesen der unentgeltlichen Zuwendungen unter Lebenden im bürgerlichen Recht und Reichssteuerrecht, S. 106 Fn 9.

76 *Westebbe*, Die Stiftungstreuhand, S. 69ff.

die alternativen Konzepte des Treuhandvertrags und der Auflagenschenkung bereits gesetzlich geregelt und jeweils oder gemeinsam geeignet sind, die Rechtsfragen der unselbständigen Stiftung in sich schlüssig zu beantworten.[77] Die zur Erklärung der unselbständigen Stiftung entwickelten eigenständigen Vertragstypen sind an die Institute der Schenkung und/oder des Treuhandverhältnisses[78] so weit angenähert, dass sich eine Zuordnung hierzu anbietet.

II. Die unselbständige Stiftung als Treuhandverhältnis

1. Auftragsrechtlicher Regelungsrahmen

Die Auffassung, das Stiftungsgeschäft beruhe auf einem Treuhandverhältnis, entsprach dem kodifizierten Stiftungsverständnis der Deutschen Demokratischen Republik. Nach § 28 Abs. 1 Satz 1 StiftG-DDR war die nichtrechtsfähige Stiftung eine Vermögensmasse, die *„zur treuhänderischen Verwaltung"* übertragen war.

Dieses Treuhandverhältnis wäre fremdnützig.[79] Es wird durch einen Auftrag (unentgeltlich, §§ 662ff. BGB) oder einen Geschäftsbesorgungsvertrag (entgeltlich, § 675 BGB) begründet. In diesem Auftrags- bzw. Geschäftsbesorgungsverhältnis definiert der Stifter den Zweck der unselbständigen Stiftung und verpflichtet den Stiftungsträger, diesen Zweck mit der ihm zu treuen Händen überlassenen Vermögensmasse zu verfolgen.[80]

Gegen dieses Verständnis der unselbständigen Stiftung als Treuhand wird vorgetragen, sie stelle kein geeignetes Instrument zur dauerhaften Verfolgung eines vom Stifter festgelegten Zwecks dar.[81] Da aber die – zumindest in einem gewissen Umfang – dauerhafte Bindung des Stiftungsvermögens an einen bestimmten Zweck typisches Merkmal einer Stiftung im Rechtssinne sei,[82]

77 *Ebersbach*, Handbuch des deutschen Stiftungsrechts, S. 172.

78 *Liebisch*, Das Wesen der unentgeltlichen Zuwendungen unter Lebenden im bürgerlichen Recht und Reichssteuerrecht, S. 106 Fn 9.

79 Hierzu noch *Rawert*, in: Staudinger, BGB (13. Aufl.), Vorbem zu §§ 80 ff., Rn 159.

80 Zur nachträglichen Konkretisierung durch gemeinschaftliche Weisungserteilung der Stifter vgl. BGH, Urt. v. 22.5.2015 – III ZR 434/13, Rn 25ff., WM 2015, 487; vorausgehend OLG Oldenburg, Urt. v. 20.9.2013 – 11 U 26/13, ZStV 2014, 60.

81 *Richter*, ZSt 2005, 144, 145.

82 *Kaper*, S. 196f.; zum steuerrechtlichen Stiftungsbegriff und der Anerkennung als Körperschaftsteuersubjekt vgl. *Hüttemann*, in: Non Profit Law Yearbook 2001, Verfassungsrechtliche Grenzen der rechtsformbezogenen Privilegierung von Stiftungen im Spenden- und Gemeinnützigkeitsrecht, S. 145ff.; *Hüttemann*, Gemeinnützigkeits- und Spendenrecht, Ziff. 2.49ff.; kritisch *Richter*, ZSt 2005, 144, 145; *Schiffer/Pruns*, in: Heidel/Hüßtege, BGB, Vor § 80 Rn 36.

könne ein Treuhandverhältnis keinen geeigneten Regelungsrahmen für eine unselbständige Stiftung darstellen. Denn ein Treuhandverhältnis vermöge die dazu erforderliche Dauerhaftigkeit nicht sicherzustellen.[83] Dieses aus der Gesetzesbegründung[84] folgende Kriterium der Dauerhaftigkeit verlange dabei zwar nicht, dass der Zweck selbst dauerhaft sein müsse, vielmehr sei die Errichtung von Stiftungen, deren Zweckerfüllung mit einem zeitlichen Ende verbunden ist (etwa die Instandsetzung eines Kulturobjekts) nicht ausgeschlossen. Es sei aber erforderlich, dass die Zweckverfolgung nachhaltig über einen gewissen Zeitraum beabsichtigt ist.[85] Die Gefahr einer von vornherein absehbaren Kurzlebigkeit folge aus dem Charakter einer solchen Treuhand als Dauerschuldverhältnis, das zwar auf unbestimmte Zeit eingegangen, durch Widerruf gemäß § 671 BGB (Auftragsverhältnis) oder durch Kündigung gemäß §§ 675, 620 BGB (Geschäftsbesorgungsvertrag) beendet werden könne. Ferner bestünde die Gefahr einer Beendigung des Schuldverhältnisses aufgrund einer Insolvenz des Stifters oder des Stiftungsträgers.

Dieser Kritik an dem Verständnis der unselbständigen Stiftung als Treuhandverhältnis ist jedenfalls im Ansatz darin zu folgen, dass die Dauerhaftigkeit – auch in der Gesetzesbegründung[86] – als Wesensmerkmal sämtlicher Stiftungsformen anerkannt ist.[87] Das Institut der Stiftung soll der Verfolgung langfristiger Ziele vorbehalten bleiben und wird für die Durchsetzung kurzfristig erreichbarer Ziele als ungeeignet angesehen. Dies muss aber nicht bedeuten, dass die bloße Existenz der genannten, theoretischen Beendigungsszenarien – Widerruf / Kündigung und Insolvenz – einem Verständnis der unselbständigen Stiftung als Treuhand jedenfalls und zwingend entgegensteht.

2. Die Beendigung durch Widerruf bzw. Kündigung nach § 671 BGB

a) Beendigungsmöglichkeit als Argument gegen die Dauerhaftigkeit

Gegen die unselbständige Stiftung als Treuhandverhältnis wird vorgetragen, dass das der unselbständigen Stiftung zugrunde liegende Treuhandverhältnis jederzeit von dem Stifter durch Widerruf beendet werden könne (§ 671 Abs. 1 BGB). Aus der Unentgeltlichkeit dieses Dauerschuldverhältnisses folge, dass dessen

83 Weiterhin grundsätzlich kritisch *Hüttemann/Rawert*, in: Staudinger, BGB, Vorbem zu §§ 80ff., Rn 333, 346.

84 BT-Drucks. 14/8765, S. 13.

85 *Herzog*, Die unselbständige Stiftung des bürgerlichen Rechts, S. 39.

86 BT-Drucks. 14/8765, S. 13.

87 Mugdan I 961 f.; *Weitemeyer*, in: MünchKommBGB, § 80 Rn 2.

Beendigung durch den Stifter keines wichtigen Grunds bedürfe.[88] Von Seiten des Stifters aus bestünde die Gefahr, dass er den Stiftungszweck aufgibt und das Treuhandverhältnis mit dem Stiftungsträger beendet.[89] Im Ergebnis sei der Fortbestand der Stiftung fortwährend von dem Willen des Stifters abhängig,[90] sodass die gebotene Dauerhaftigkeit nicht gewährt sei.

Diese unbestreitbar vorhandene Gefahr erscheint aber faktisch überschaubar. Immerhin hat doch der Stifter bereits unter Beweis gestellt, dass er sein Vermögen dem von ihm selbst definierten Zweck unterwerfen will, indem er das Treuhandverhältnis eingeht und die Stiftung mit Kapital ausstattet. Überdies wird auch der Fortfall der steuerlichen Privilegierung bei Beendigung der Gemeinnützigkeit präventiv auf den Stifter wirken. Eine Sinnesänderung des Stifters erscheint insoweit nicht besonders wahrscheinlich und wird nur selten und unter besonderen Umständen eintreten. Die in vielen Fällen nur als theoretisch zu berücksichtigende Möglichkeit, dass das Treuhandverhältnis von Seiten des Stifters beendet wird, mag man insofern hinnehmen wollen.

Praktisch virulent wird dieser Gesichtspunkt indes, wenn das Recht zur Kündigung vom Stifter auf dessen Erben übergeht.[91] Diesen fehlt möglicherweise von vornherein eine vergleichbare persönliche Identifikation mit dem Stiftungszweck, sodass es ihnen nahe liegt, den Auftrag gegenüber dem Stiftungsträger zu widerrufen und die Rückzahlung des vorhandenen Treuhandvermögens gemäß § 667 BGB zu verlangen. Dabei könnten die Erben das dem Treuhandvertrag zugrunde liegende Auftragsverhältnis nicht nur aus wichtigem Grund, sondern auch ohne Grund widerrufen, sodass das Stiftungsvermögen gemäß § 667 BGB zurück zu gewähren ist.

Gleichermaßen hätte auf der Gegenseite auch der Stiftungsträger die Möglichkeit, das Auftragsverhältnis zu kündigen und sich von den daraus entstehenden Verpflichtungen zu lösen. § 671 Abs. 1 Alt. 2 BGB räumt dem Stiftungsträger als Beauftragten die jederzeitige Kündigungsmöglichkeit ein. Schließlich kann die Stiftungsträgerschaft – gerade, wenn sie unentgeltlich übernommen wird – eine beachtliche Belastung darstellen. Bei der Ausübung des Kündigungsrechts

---

88 *Reuter*, in: MünchKommBGB (6. Aufl.), Vor § 80 Rn 88 unter Hinweis auf RG v. 29.3.1939 – VI 231/38, RGZ 160, 122, 127 und BGH v. 13.5.1971 – VII ZR 310/69, WM 1971, 956; *Oppel*, ZEV 2017, 22.

89 *Hof*, Unselbständige Stiftung, in: Richter/Seifart/Campenhausen, Stiftungsrechts-Handbuch, Rn 144.

90 *Reuter*, in: Stiftungen in Deutschland und Europa, 1998, Die unselbständige Stiftung, S. 203, 209.

91 *Weitemeyer*, in: MünchKommBGB, § 80 BGB Rn 205.

hat der Stiftungsträger aber gemäß § 671 Abs. 2 BGB auf die Belange des Stifters als Auftraggeber Rücksicht zu nehmen, insbesondere darf er das Auftragsverhältnis nicht zur Unzeit kündigen. Dem Stifter muss die Möglichkeit bleiben, die Durchführung des Auftrags in anderer Weise sicher zu stellen (etwa durch Beauftragung eines anderen geeigneten Stiftungsträgers), wobei es aber nicht darauf ankommt, ob die alternative Auftragsdurchführung zusätzliche Kosten verursacht. [92] Und selbst im Fall einer unzeitigen Kündigung ist der Stiftungsträger lediglich zur Leistung von Schadensersatz verpflichtet, die unzeitige Kündigung bleibt aber wirksam.[93]

Festzuhalten bleibt, dass in der Praxis insbesondere von den Erben des Stifters einerseits wie auch von dem Stiftungsträger andererseits die nicht nur theoretische Gefahr ausgeht, dass diese das Treuhandverhältnis, soweit es der unselbständigen Stiftung nach der hier diskutierten Auffassung zugrunde gelegt wird, auflösen.[94]

Die hierin liegende Gefährdung der Dauerhaftigkeit der Treuhandstiftung ließe sich beseitigen, indem Stifter – auch seine Erben – und Stiftungsträger jeweils auf das ihnen zustehende Widerrufs- bzw. Kündigungsrecht verzichten. Die Zulässigkeit eines solchen Verzichts ist indes umstritten.[95]

b) Verzicht des Stifters auf das Widerrufsrecht

Ein Verzicht des Stifters auf seine Widerrufsmöglichkeit kann bereits in dem Stiftungsgeschäft liegen und dort ausdrücklich geregelt sein.[96] Auch wenn der Verzicht nicht ausdrücklich erklärt wurde, mag sich dies im Rahmen der Auslegung ergeben.[97] *Westebbe* geht davon aus, dass dieser Verzicht der Regelfall sei, auch wenn jeder Einzelfall gesondert betrachtet werden müsse.[98] Für die

---

92 *Grundmann*, AcP 198 (1998), 457, 481; *Seiler*, in: MünchKommBGB, § 671 Rn 12.

93 *Seiler*, in: MünchKommBGB, § 671 Rn 13.

94 *Weitemeyer*, in: MünchKommBGB, § 80 BGB Rn 200.

95 Zum Meinungsstand *Herzog*, Die unselbständige Stiftung des bürgerlichen Rechts, S. 40.

96 Zum formularvertraglichen Ausschluss des Rechts zum Widerruf bzw. zur Kündigung vgl. OVG Münster, Urteil v. 31.5.2016 - 16 A 172/13, npoR 2016, 257, Rn 147ff.; *Hüttemann/Rawert*, npoR 2016, 262.

97 So in OVG Münster, Urteil v. 31.5.2016 - 16 A 172/13, npoR 2016, 257, Rn 139ff.; *Geibel*, in: BeckOGK, § 80 Rn 668; vgl. *Hof*, in: Richter/Seifart/Campenhausen, Stiftungsrechts-Handbuch, Unselbständige Stiftung, Rn 144.

98 *Westebbe*, Die Stiftungstreuhand, S. 154; ebenso *Ebersbach*, Handbuch des deutschen Stiftungsrechts, S. 179; a.A. *Hof*, in: Stiftungsrechts-Handbuch, Unselbständige Stiftung, Rn 203.

Annahme eines solchen Widerrufsverzichts spricht es nach seiner Auffassung, wenn eine dauerhafte Tätigkeit von vornherein ohnehin nicht gesichert ist oder bereits konkrete Regelungen zur Beendigung der Stiftung, insbesondere zur Anfallberechtigung, getroffen wurden. Anders sei der Fall zu beurteilen, wenn die Tätigkeit des Stiftungsträgers zwar nicht sichergestellt und offenbar nicht dauerhaft gewollt ist, aber eine Anschlussregelung dahingehend getroffen wurde, dass ein anderer Träger die Aufgaben des ursprünglich ausgewählten und tätigen Stiftungsträgers übernimmt. Nach anderer Auffassung[99] muss ein Verzicht auf die Widerrufsmöglichkeit stets ausdrücklich erklärt werden.

Reuter vertrat demgegenüber die Auffassung, dass der Treugeber bzw. Stifter im Falle der unentgeltlichen Stiftungsträgerschaft schon gar nicht die Möglichkeit habe, auf sein ordentliches Widerrufsrecht zu verzichten.[100] In diesem Fall sei die unselbständige Stiftung uneigennützige Treuhand. Sie diene den Interessen des Stifters als Treugeber. Diese Eigennützigkeit schließe die Möglichkeit des Treugebers/Stifters aus, auf sein Recht zum Widerruf zu verzichten.[101] Dabei wendet sich *Reuter* ausdrücklich gegen die Auffassung *Westebbes*,[102] dass das zwischen dem Stifter und dem Stiftungsträger bestehende Treuhandverhältnis auch anderen Interessen – insbesondere der Destinatäre – diene.[103] Stattdessen seien zur diesbezüglichen Beurteilung des Treuhandverhältnisses nur die Interessen der an dem Treuhandverhältnis beteiligten Parteien zu berücksichtigen, sodass eine Treuhand entweder eigennützig oder uneigennützig sei.[104] Der Erwerb der Destinatäre leite sich aus dem Interesse des Stifters ab, ohne dabei den uneigennützigen Zweck der Treuhand aufzuheben. Der Uneigennützigkeit der Treuhand hinsichtlich der Interessen des Treuhänders bzw. Stiftungsträgers

---

99 *Hof*, in: Richter/Seifart/Campenhausen, Stiftungsrechts-Handbuch, Unselbständige Stiftung, Rn 144.

100 *Reuter*, in: Stiftungen in Deutschland und Europa, 1998, Die unselbständige Stiftung, S. 210.; *Reuter*, in: Non Profit Law Yearbook 2010/2011, Der funktionale Stiftungsbegriff - ein Meilenstein in der stiftungsrechtlichen Diskussion, S. 73; *Weitemeyer*, in: MünchKommBGB, § 80 BGB Rn 200; a.A. OVG Münster, Urteil v. 31.5.2016 - 16 A 172/13, npoR 2016, 257 Rn 144ff.

101 Vgl. hierzu auch grundsätzlich *Seiler*, in: MünchKommBGB, § 671 Rn 7.

102 *Westebbe*, Die Stiftungstreuhand, S. 141ff.

103 So auch *Weitemeyer*, in: MünchKommBGB, § 80 BGB Rn 200.

104 *Reuter*, in: Stiftungen in Deutschland und Europa, 1998, Die unselbständige Stiftung, S.210 „*tertium non datur*"; *Herzog*, Die unselbständige Stiftung des bürgerlichen Rechts, S. 41; *Weitemeyer*, in: MünchKommBGB, § 80 BGB Rn 200; vergleichbar argumentierend *Seyfarth*, Der Schutz der unselbständigen Stiftung, S. 77.

stehe auch nicht entgegen, dass dieser regelmäßig selbst an der Verwirklichung des Stiftungszwecks interessiert sein wird und diesen als förderungswürdig ansieht. Das insoweit ideelle Interesse des Stiftungsträgers sei nur Motivation und bleibe gleichwohl dem Interesse des Stifters untergeordnet, sodass es bei der Uneigennützigkeit der Stiftungstreuhand bliebe.[105] Im Falle der uneigennützigen Treuhand bestünde – dies entspricht herrschender Meinung[106] – eine Verzichtsmöglichkeit nur hinsichtlich des ordentlichen Kündigungsrechts.[107] Da ein Verzicht auf das Recht zur Kündigung aus wichtigem Grund somit nicht möglich sei, könne im Wege der Treuhandstiftung letztlich nicht sichergestellt werden, dass der Stiftungszweck dauerhaft verfolgt werde.

Im Falle einer entgeltlichen Tätigkeit des Stiftungsträgers stellt sich diese Frage demgegenüber nicht. Denn in diesem Fall eines entgeltlichen Stiftungsmanagements hat der Stiftungsträger ein eigenes Interesse daran, seine entgeltliche Tätigkeit fortsetzen zu können, ohne von einer ordentlichen Kündigung des Stifters oder seiner Erben beeinträchtigt zu sein. Im Kontext professioneller Stiftungsverwaltungen, denen – soweit im Einzelfall vereinbart – eine Treuhandschaft zugrunde liegt, die aufgrund einer Entgeltabrede im beiderseitigen Interesse liegt, ist ein Ausschluss des ordentlichen Kündigungsrechts des Stifters also zumindest im Grundsatz rechtlich möglich.

Doch auch für den Fall einer unentgeltlich erbrachten Stiftungsverwaltung lehnt die Gegenauffassung[108] das dieser Argumentation zugrunde liegende Verständnis des Treuhandvertrags als uneigennützig ab und folgt nicht dem Ansatz, dass der Treuhandvertrag exklusiv entweder auf die Interessen des Stifters oder des Stiftungsträgers ausgerichtet sein müsse. Vielmehr könne der (auch unentgeltliche) Treuhandvertrag sowohl den Interessen des Stifters, darüber hinaus aber auch den Interessen Dritter, insbesondere denen der Destinatäre dienen.[109] Dies gelte auch für den Stiftungstreuhandvertrag. Weil die Interessen des Stifters dann neben anderweitigen Interessen stünden und denen nicht automatisch

---

105 So auch *Herzog*, Die unselbständige Stiftung des bürgerlichen Rechts, S. 42.

106 Mot. II S. 544; Prot. II S. 370; vgl. *Seiler*, in: MünchKommBGB, § 671 Rn 7 m.w.N.

107 *Hof*, in: Stiftungsrechts-Handbuch, Unselbständige Stiftung, Rn 49; vgl. hierzu noch *Rawert*, in: Staudinger, BGB (13. Aufl.), Vorbem zu §§ 80 ff. Rn 164.

108 So noch *Rawert*, in: Staudinger, BGB (13. Aufl.), Vorbem zu §§ 80 ff. Rn 164; *Schiffer/Pruns*, in: Heidel/Hüßtege, BGB, Vor § 80 Rn 42ff..

109 Vgl. grundsätzlich *Coing*, Die Treuhand kraft privaten Rechtsgeschäfts, S. 89; *Muscheler*, Die Stiftung 2007, 59, 75f; *Westebbe*, Die Stiftungstreuhand, S. 155.

vorangingen, müsse es auch dem Stifter möglich sein, auf das ihm grundsätzlich zustehende Recht zum außerordentlichen Widerruf zu verzichten.[110]

Dieser Ansatz erscheint überzeugender und das ordentliche Kündigungsrecht des Stifters einer Treuhandstiftung somit verzichtbar. Denn unabhängig von dem Entgeltinteresse des Stiftungsträgers ist dessen Tätigkeit doch jedenfalls (auch) fremdnützig, weil diese Einordnung als fremdnützig gerade nicht bedeutet, dass eine solche Treuhand ausschließlich und gerade den Interessen des Treugebers zu dienen bestimmt ist.[111] Der Begriff der Fremdnützigkeit beinhaltet lediglich die Aussage, dass der Treuhänder nicht (nur) seine eigenen Interessen treuhänderisch wahrnimmt, sondern seine Tätigkeit (auch) anderen Interessen dient. Welche und wessen Interessen dies jeweils sind, bestimmt sich im Einzelfall aus dem jeweiligen Treuhandverhältnis. Dies können, müssen aber nicht zwingend die Interessen des Treugebers sein. Gleichermaßen können auch die Verfolgung und Wahrung von Interessen Dritter, die nicht Partei des Treuhandvertrags sind, als Gegenstand dieses Treuhandvertrags bestimmt werden. Demgemäß ist aus dieser Einordnung des stiftungsrechtlichen Treuhandverhältnisses als fremdnützig nicht zu schließen, dass (ausschließlich) die Interessen des Treugebers verfolgt würden und der Treugeber auf sein Recht zur ordentlichen Kündigung damit nicht verzichten könne. Dies hängt vielmehr davon ab, welche Interessen positiv durch das Auftrags- oder Geschäftsbesorgungsverhältnis verfolgt werden sollen. Liegt dieses Schuldverhältnis aber zumindest auch im Interesse eines Dritten, so muss dem Treugeber ein Verzicht auf das Recht zur ordentlichen Kündigung möglich sein.[112] In die Abwägung der Interessenlage sind mithin nicht nur die Interessen des Treugebers und Treunehmers einzubeziehen,[113] sondern auch die in dem Schuldverhältnis relevanten Interessen Dritter.

Das für die Stiftungspraxis als bedeutsam bezeichnete[114] Urteil des Bundesgerichtshofs vom 12. März 2009,[115] in dem der Bundesgerichtshof einen

110 *Rawert*, in: Staudinger, BGB (13. Aufl.), Vorbem zu §§ 80 ff. Rn 164; a.A. *Reuter*, in: Non Profit Law Yearbook 2010/2011, Der funktionale Stiftungsbegriff - ein Meilenstein in der stiftungsrechtlichen Diskussion, S. 72f..

111 *Martinek*, in: Staudinger, BGB, Vorbem zu §§662ff. Rn 42.

112 *Seiler*, in: MünchKommBGB, § 672 Rn 7; *Coing*, Die Treuhand kraft privaten Rechtsgeschäfts, S. 193; *Martinek*, in: Staudinger, BGB, § 671 Rn 10.

113 So aber *Steffen*, in: BGB-RGRK, § 671 Rn 9.

114 *Möller*, ZEV 2009, 410, 412.

115 BGH, Urteil v. 12.3.2009 - III ZR 142/08, NJW 2009, 1738; hierzu *Feick*, in: MünchAnwHdb Erbrecht, § 38 Stiftungszivilrecht, Rn 28.

formularvertraglich vereinbarten Kündigungsausschluss zu würdigen hatte, ist in diesem Zusammenhang indes in mehrfacher Hinsicht unergiebig.

So bezog sich die Entscheidung des Bundesgerichtshofs ausdrücklich auf eine formularvertragliche Ausschlussklausel, die von dem die Grabpflege organisierenden Kirchenkreis zur Verwendung für eine Vielzahl von Interessenten vorgesehen war. Die Frage, ob ein Kündigungsausschluss in einem individualvertraglichen Treuhandvertrag zur Errichtung einer unselbständigen Stiftung wirksam sei, hat der Bundesgerichtshof also erst gar nicht beantwortet oder beantworten müssen.[116]

Dabei ist darauf hinzuweisen, dass formularvertragliche Vereinbarungen über die Errichtung und Vereinbarung einer unselbständigen Stiftung typischerweise im professionellen Kontext entgeltlicher Stiftungsverwaltungen Verwendung finden dürften. Entsprechende Vereinbarungen im privaten, unentgeltlichen Bereich mögen zwar im Einzelfall auf allgemein zugänglichen Vertragsmustern beruhen, aber von den Parteien dann in einer Weise an die individuellen Bedürfnisse zugeschnitten werden, dass von einer einseitigen Bereitstellung durch einen singulären Verwender im Sinne des § 305 Abs. 1 Satz 1 BGB keine Rede sein kann. Ohne Beteiligung eines Unternehmers, insbesondere als Stiftungsträger, kann auch nicht gemäß § 310 Abs. 3 Nr. 1 BGB vermutet werden, dass Vertragsbedingungen von einer Vertragspartei gestellt wären.

Im professionellen Kontext erscheint die Verwendung vorformulierter Vertragsbedingungen demgegenüber naheliegend, bei Entgeltlichkeit ist der Anwendungsbereich des § 310 Abs. 3 BGB sogar zwingend eröffnet;[117] gleichwohl ist die Anwendbarkeit des Rechts der Allgemeinen Geschäftsbedingungen aber im Einzelfall festzustellen.[118] Hier ist ein Verzicht auf das Kündigungsrecht des Stifters zwar wie dargetan grundsätzlich möglich,[119] allerdings muss er sich im Falle seiner formularvertraglichen Vereinbarung nach der genannten Entscheidung des Bundesgerichtshofs grundsätzlich an § 309 Nr. 8 lit. a) BGB messen lassen. Hinsichtlich des dort streitrelevanten Grabpflegevertrags differenzierte der Senat aber zwischen lebzeitigen Kündigungsmöglichkeiten des „Kunden" (Stifters)

---

116 So auch *Arnold*, LMK 2009, 277.

117 Vgl. auch zur Unternehmereigenschaft i.S.d. § 14 BGB von Stiftungsträgern *Hüttemann/Rawert*, Anm. zu OVG Münster, Urt. v. 31.5.2016 – 16 A 172/13, npoR 2016, 257, 262, 263.

118 Anders beispielsweise in dem von dem OVG Münster, Urt. v. 31.5.2016 – 16 A 172/13, npoR 2016, 257, entschiedenen Fall.

119 Vgl. oben, 00.

und der Kündigungsmöglichkeit seiner Erben nach dessen Ableben. Letztere zu beschränken könne dem legitimen Wunsch des Erblassers entsprechen. Diese Interessenabwägung ist für die Treuhandstiftung gesondert vorzunehmen. So spricht viel dafür,[120] dem Stifter einer unselbständigen Stiftung zur Erreichung der steuerlichen Gemeinnützigkeit und der dazu erforderlichen Vermögensbindung gemäß § 55 Abs. 1 Nr. 4 AO zumindest einen Verzicht auf solche Kündigungsmodalitäten zu eröffnen, die einen Rückfluss des Stiftungsvermögens an ihn auslösen würden. Ein weitergehender Kündigungsverzicht insgesamt, der auch einen Austausch des Stiftungsträgers ausschließt, dürfte demgegenüber an § 309 Nr. 8 lit. a) BGB scheitern. [121] Ohnehin würde eine solcher begrenzter Kündigungsverzicht und die darin liegende Möglichkeit, den (professionellen) Stiftungsträger lediglich auszuwechseln, die Existenz der unselbständigen Stiftung und deren Dauerhaftigkeit nicht in Frage stellen.[122]

Zum anderen bezog sich diese Entscheidung auf einen Dauergrabpflegevertrag, mit dem der Stifter die Pflege seiner späteren Grabstätte sicherstellen wollte. Der Bundesgerichtshof hatte sich also gerade nicht mit der hier interessierenden Konstellation eines Interessendreiecks auseinanderzusetzen. Die urteilsgegenständliche, vermeintliche[123] Treuhandstiftung konnte damit nur den Interessen des Stifters dienen, etwaige Dritte außerhalb des Vertragsverhältnisses, insbesondere Destinatäre spielten hingegen keine Rolle.

Schließlich ist das Urteil vom 12. März 2009[124] auch deshalb nur von begrenzter Aussagekraft für die Frage nach der Möglichkeit eines wirksamen Kündigungsausschlusses, weil der Bundesgerichtshof seine Entscheidung nur auf einen Ausschluss des Kündigungsrechts des Stifters, nicht aber seiner Erben bezog. Der Vertragszweck, die Grabpflege nach dem Tod des Stifters sicherzustellen, gebietet es nicht, diesen zu Lebzeiten langfristig an den Vertrag zu binden und eine Änderung seiner Willensbildung zu ignorieren.[125] Denn es standen nur dessen eigene Interessen in Rede, ein übergeordneter Zweck wäre von einer

---

120 Ähnlich, wenn auch zurückhaltender *Weitemeyer*, in: MünchKommBGB, § 80 BGB Rn 264.

121 *Hüttemann/Rawert*, in: Staudinger, BGB, Vorbem zu §§ 80ff., Rn 334, 345, 347.

122 Vgl. hierzu OLG Hamm, Urt. v. 6.7.2016 – 8 U 170/15, juris; *Hüttemann/Rawert*, in: Staudinger, BGB, Vorbem zu §§ 80ff., Rn 346.

123 Das Gericht selbst spricht lediglich von dem „Kunden" des Grabpflegevertrags und bezeichnet diesen schon nicht als „Stifter", vgl. *Hüttemann/Rawert*, in: Staudinger, BGB, Vorbem zu §§ 80ff., Rn 334.

124 BGH, Urteil v. 12.3.2009 - III ZR 142/08, NJW 2009, 1738.

125 BGH, Urteil v. 12.3.2009 - III ZR 142/08, NJW 2009, 1738, Tz 26.

Sinnesänderung des Stifters nicht berührt worden. Hinsichtlich des Kündigungsrechts der Erben des Stifters – bei deren Verhaltensänderung tatsächlich der Vertragszweck einer langfristigen Sicherung der Grabpflege im Sinne des Stifters gefährdet worden wäre – hat der Bundesgerichtshof ebenfalls keine Aussage getroffen, sodass dieses Urteil auch insoweit nichts hergibt.

Auch der Bundesgerichtshof geht bei entsprechender Interessenlage davon aus, dass das Widerrufs- bzw. Kündigungsrecht des Treugebers verzichtbar ist. Allerdings betont der Bundesgerichtshof ausdrücklich, dass es nicht genüge, wenn überhaupt ein irgendwie geartetes Interesse des Treunehmers mitspielt. Das Interesse des Treunehmers – oder des Dritten – soll demjenigen des Treugebers vielmehr zumindest gleichwertig sein.[126] Dies ist aber im Falle des Verzichts des Stifters auf sein Widerrufs- bzw. Kündigungsrecht gegenüber dem Stiftungsträger regelmäßig anzunehmen. Denn zum einen gibt der Stifter durch das Stiftungsgeschäft zum Ausdruck, dass er seine persönlichen Vermögensinteressen den Förderungsinteressen der Destinatäre sogar unterordnen möchte. Zum anderen indiziert bereits die Verzichtserklärung des Stifters nachdrücklich, dass es diesem auf eine nachhaltige Bindungswirkung ankommt und er somit seinen Vermögensinteressen einen Nachrang einräumt.[127]

Die Bedeutung des Interesses des Stiftungsträgers als Treunehmer wird insbesondre deutlich im Kontext einer professionellen und entgeltlichen Stiftungsträgerschaft. Für die Bedeutung des Entgeltinteresses des Stiftungsträgers spricht dabei, dass der Stifter dieses Interesse mit Abschluss der Vereinbarung anerkennt und sich hierzu in Kenntnis der damit verbundenen Kosten entscheidet, gerade weil er sich der Dienste eines professionellen Stiftungsmanagements und der hierzu vorgehaltenen Strukturen des Stiftungsträgers im Interesse des Förderzwecks versichern will.

Im Ergebnis muss sich die eine Verzichtsmöglichkeit akzeptierende Auffassung auch nicht den Vorwurf dogmatischer Unsauberkeit[128] gefallen lassen. Denn die fehlende Eindeutigkeit der Interessenlage (eigennützige oder uneigennützige Treuhand) ist nicht dem rechtlich würdigenden Beobachter anzulasten, sondern der wirtschaftlichen Zielsetzung und dem Wesen des Stiftungsgeschäfts geschuldet. Der Stifter hat das Interesse, den Interessen der Destinatäre zu dienen. Er verfolgt deren Interessen, die er mit seinen eigenen Interessen gleichsetzt.

---

126 BGH, Urteil v. 21.5.1965 - V ZR 156/64, WM 1965, 1006; BGH, Urteil v. 13.5.1971 - VII ZR 310/69, WM 1971, 956.

127 So auch BGH, Urteil v. 21.5.1965 – V ZR 156/64, WM 1965, 1006.

128 *Reuter*, in: Stiftungen in Deutschland und Europa, Die unselbständige Stiftung, S. 210.

Dieser Umstand würde aber missachtet oder missverstanden, würde man als Zielsetzung der Treuhand allein die Interessen des Stifters ansehen. Denn dieser hat selbst die Verwirklichung der Interessen der Destinatäre als legitimes Ziel anerkannt. Durch seine Stiftungsentscheidung bringt er zum Ausdruck, dass nicht mehr seine Interessen, sondern die Interessen der Destinatäre Zweckrichtung des Stiftungsvermögens sein sollen. Die Interessen der Destinatäre sind mithin gesondert neben den Interessen des Stifters zu berücksichtigen. Diese dem Stifter einfach zuzuschlagen, stünde im Widerspruch zu dem objektiven Verhalten des Stifters, der nicht paternalistisch nach seinem künftigen Gutdünken spendieren, sondern abschließend den Stiftungszweck unter der Obhut des Stiftungsträgers gefördert sehen will.

c) Kündigungsrecht des Stiftungsträgers

Der Stiftungsträger kann nicht wirksam auf sein Recht zur Kündigung des Treuhandverhältnisses aus wichtigem Grund verzichten.[129] Dies ergibt sich unmittelbar aus § 671 Abs. 3 BGB. Demgemäß besteht das Recht zur Kündigung aus wichtigem Grund selbst dann fort, wenn der Stiftungsträger ausdrücklich hierauf verzichtet hat.[130] Umstritten bleibt, unter welchen Voraussetzungen ein solches außerordentliches Kündigungsrecht ausgeübt werden kann, insbesondere ob es nur als ultima ratio besteht, wenn die weitere Vertragsdurchführung unzumutbar geworden ist,[131] oder ob es genügt, dass die Kündigung zur anderweitigen Weiterverfolgung des Stiftungszwecks das im Vergleich zur Weiterführung des bisherigen Vertragsverhältnisses zweckdienlichere Mittel ist.[132]

Letzteres muss nach meinem Dafürhalten genügen. Die Beschränkung der Kündigungsmöglichkeit dient der dauerhaften Verfolgung des Stiftungszwecks. Soweit eine sachgerechte Zweckverfolgung sichergestellt ist, besteht an einer davon unabhängigen Beschränkung des Kündigungsrechts kein Interesse, sondern hemmt eine solche Beschränkung faktisch die Bereitschaft potentieller Stiftungsträger, sich – dann unabsehbar und unabänderlich – zu binden und für den Stiftungszweck zu engagieren.

---

129 *Weitemeyer*, in: MünchKommBGB, § 80 BGB Rn 200.

130 *Hof*, in: Stiftungsrechts-Handbuch, Rn 146; zum Kündigungsrecht des Stiftungsträgers (allerdings im Falle der Stiftung unter Auflage) vgl. OLG Celle, Urteil v. 10.3.2016 - 16 U 60/15, npoR 2016, 166; hierzu *Gödeke*, ZStV 2016, 218.

131 *Herzog*, Die unselbständige Stiftung des bürgerlichen Rechts, S. 39f.

132 So noch *Rawert*, in: Staudinger, BGB (13. Aufl.), Vorbem zu §§ 80 ff. Rn 164; *Westebbe*, Die Stiftungstreuhand, S. 155f.

Ist aber eine solche sachgerechte Zweckverfolgung durch einen „*Ersatzträger*" sichergestellt, so stellt das Recht des Stiftungsträgers zur Kündigung eines hier unterstellten Treuhandverhältnisses gerade keine Gefährdung dessen Dauerhaftigkeit dar. Vielmehr wird durch diese Kündigungsbedingung gerade die Dauerhaftigkeit effektiviert, weil die Fortführung der Stiftung von der Person des Stiftungsträgers verselbständigt und die Existenz der Stiftung von diesem unabhängiger wird. Insoweit ist zwischen den unterschiedlichen Gefahren einer Kündigung durch den Stiftungsträger einerseits und den Stifter andererseits zu unterscheiden. Die Kündigungsmöglichkeit des Stiftungsträgers beinhaltet keine Gefahr für die Treuhandstiftung selbst, diese kann mit einem anderen Stiftungsträger fortgesetzt werden. Demgegenüber würde eine (uneingeschränkte) Kündigung des Stifters den Bestand der Treuhandstiftung selbst gefährden. Die Wahl dieser Gestaltungsform verlangt daher einen Verzicht auf das Recht zur ordentlichen Kündigung, der unter den dargestellten Einschränkungen auch rechtlich möglich ist.

d) Zwischenergebnis

Insoweit lässt sich festhalten, dass einer Einordnung der unselbständigen Stiftung als Treuhandverhältnis zumindest nicht entgegensteht, dass dieser Vertragstyp nicht die erforderliche Dauerhaftigkeit aufwiese. Denn auf Seiten des Stifters bzw. seiner Erben lässt sich die Gefahr eines Widerrufs durch die Aufnahme eines Widerrufsverzichts in die Vertragsgestaltung ausräumen; dies ist zur Sicherstellung der Dauerhaftigkeit auch geboten. Auf Seiten des Stiftungsträgers mag zwar ein Recht zur Kündigung des Treuhandverhältnisses unverzichtbar bestehen. Dieses Beendigungsrecht steht aber unter der Prämisse, dass die Fortführung der unselbständigen Stiftung mit einem anderen geeigneten Träger sichergestellt ist. Damit ist auch dort die Dauerhaftigkeit nicht gefährdet.

3. Das Treuhandverhältnis in Insolvenz und Vollstreckung

a) Möglichkeit des Vollstreckungszugriffs

Weiterer Angriffspunkt gegen ein Verständnis der unselbständigen Stiftung als Treuhandverhältnis bleibt der weitere Vorwurf, die Treuhandstiftung könne das Stiftungsvermögen nicht dauerhaft dem Stiftungszweck unterstellen. Die auf diese Weise herbeigeführte Vermögenszuordnung sei letztlich und auch unabhängig von dem Beendigungswillen der Parteien des Stiftungsgeschäfts unvollkommen. Dies zeige sich gerade im Fall der Insolvenz des Stifters oder des Stiftungsträgers.

Dieser Vorwurf beruht im Kern auf dem Umstand, dass die unselbständige Stiftung selbst nicht insolvenzfähig ist.[133] Eine analoge Anwendung der Vorschriften über die Insolvenzfähigkeit des nichtrechtsfähigen Vereins gemäß § 11 Abs. 1 Nr. 2 InsO, der Gesellschaft bürgerlichen Recht gemäß § 11 Abs. 2 Nr. 1 InsO und des Nachlasses bzw. Gesamtguts (§ 11 Abs. 2 Nr. 2 InsO) kommt demgemäß nicht in Betracht.[134] Dies erscheint – zumindest in insolvenzrechtlicher Hinsicht – sachgerecht, weil es an einer mit diesen Rechtsformen vergleichbaren Interessenlage fehlt.[135]

b) Insolvenz des Stifters

Wird über das Vermögen des Stifters das Insolvenzverfahren eröffnet, so erlöschen Auftrags- und Geschäftsbesorgungsverhältnisse qua Gesetz gemäß §§ 115, 116 InsO. Infolgedessen hat der Stiftungsträger das Stiftungsvermögen an den Insolvenzverwalter über das Vermögen des Stifters herauszugeben, § 667 BGB i.V.m. § 80 InsO.[136] Ein solcher Herausgabeanspruch könnte gegen die Treuhand als taugliches Stiftungsmodell sprechen, weil er die Dauerhaftigkeit der Stiftungserrichtung zumindest in Zweifel ziehen könnte.[137] Denn aufgrund dieser Rechtsfolge ist die dauerhafte Existenz der Stiftung auch nach Abschluss und Umsetzung des Stiftungsgeschäfts von der Solvenz des Stifters abhängig.

Dieses Ergebnis lässt sich auch nicht durch Vereinbarung sogenannter Anfallklauseln umgehen, die für den Fall der Insolvenz des Stifters den Übergang des Stiftungsvermögens auf (a) den Stiftungsträger oder (b) eine andere gemeinnützige Organisation vorsehen.[138] Solche Klauseln sind schon gemäß § 119 InsO grundsätzlich unwirksam.[139] Auch aufgrund dieser stiftungszweckwidrigen

---

133 *Prütting*, in: Non Profit Law Yearbook 2004, Insolvenz von Vereinen und Stiftungen, S. 153f.

134 *Prütting*, in: Non Profit Law Yearbook 2004, Insolvenz von Vereinen und Stiftungen, S. 154.

135 *Bach/Knof*, ZInsO 2005, 729, 734.

136 *Herzog*, Die unselbständige Stiftung des bürgerlichen Rechts, S. 98 Fn 318; *Hüttemann/Rawert*, in: Staudinger, BGB, Vorbem zu §§ 80ff., Rn 355, 359; *Prütting*, in: Non Profit Law Yearbook 2004, Insolvenz von Vereinen und Stiftungen, S. 153; *Reuter*, in: MünchKommBGB (6. Aufl.), Vor § 80 Rn 86; *Fritsche*, ZSt 2008, 3,13; *Bach/Knof*, ZInsO 2005, 729, 734f.; a.A. noch *Rawert*, NJW 2002, 3151, 3152.

137 *Weitemeyer*, in: MünchKommBGB, § 80 BGB Rn 201.

138 *Reuter*, in: Stiftungen in Deutschland und Europa, 1998, Die unselbständige Stiftung, S. 211.

139 *Huber*, in: MünchKommInsO, § 119 Rn 13ff.

Rechtsfolge hält *Reuter* die Einordnung der unselbständigen Stiftung als Treuhandverhältnis für ungeeignet.

Für den Fall der gemeinnützigen unselbständigen Stiftung widerspricht *Westebbe* diesem Rechtsverständnis und lehnt diese stiftungsgefährdende insolvenzrechtliche Rechtsfolge für die unselbständige Stiftung ab. Nach seiner Auffassung gehört das Stiftungsvermögen aufgrund der Bindung an einen gemeinnützigen Zweck wirtschaftlich nicht mehr zu dem Vermögen des Stifters und soll daher auch nicht zur Befriedigung seiner Gläubiger in die Insolvenzmasse zurückfallen.[140] Dem Herausgabeanspruch wird insoweit entgegengehalten, dass sich die Stifter und Träger über den endgültigen Vermögensübergang geeinigt haben und die Regelungen der §§ 115, 116 InsO somit keine Anwendung finden könnten.[141]

Dies kann allerdings nicht überzeugen. *Westebbes* Auffassung knüpft an den Tatbestand der Gemeinnützigkeit an und sieht durch die vertragliche Vereinbarung der Gemeinnützigkeit den endgültigen Abfluss des Stiftungsvermögens aus dem Vermögen des Stifters begründet. Hieraus für den Fall der Insolvenz des Stifters abzuleiten, das Vermögen der unselbständigen Stiftung falle nicht in die Insolvenzmasse, sondern sei dem Vermögen des Stiftungsträgers zugeordnet[142] und allenfalls im Wege der Insolvenzanfechtung nach § 134 InsO zur Insolvenzmasse zu ziehen, negiert im Kern den Treuhandcharakter des treuhänderischen Auftrags- oder Geschäftsbesorgungsverhältnisses.[143] Stattdessen ist die steuerliche Gemeinnützigkeit zwar ein typisches Element und die regelmäßige Zielsetzung der meisten Stiftungsgestaltungen,[144] muss aber gleichwohl lediglich das Resultat der zivilrechtlichen Abreden und der darauf beruhenden rechtlichen und wirtschaftlichen Folgen bleiben.[145] Dieses Verhältnis von zivilrechtlicher Ursache und steuerrechtlicher Wirkung darf nicht dergestalt umgekehrt werden, dass von der steuerlichen Gemeinnützigkeit auf die eine Unbeachtlichkeit insolvenzrechtlicher Rechtsfolgen geschlossen und die zivilrechtliche

---

140 *Westebbe*, Die Stiftungstreuhand, S. 142; *Küstermann*, ZSt 2008, 161, 165.

141 *Neuhoff*, in: Soergel, BGB, Vor § 80 Rn 26; *Küstermann*, ZSt 2008, 161, 165; seinerzeit noch *Rawert*, NJW 2002, 3151, 3152.

142 *Westebbe*, Die Stiftungstreuhand, S. 142.

143 *Weitemeyer*, in: MünchKommBGB, § 80 BGB Rn 266.

144 *Hüttemann*, Gemeinnützigkeits- und Spendenrecht, Rn 2.49ff; *K. Schmidt*, in: Stiftungsrecht in Europa, "Ersatzformen" der Stiftung - Unselbständige Stiftung, Treuhand und Stiftungskörperschaft, S. 176.

145 *Geibel*, in: BeckOGK, § 80 Rn 657.

Vermögenszuweisung ausgehebelt wird.[146] Insoweit dringt eine auf die – ohnehin nicht notwendige – Gemeinnützigkeit gestützte Argumentation zur Abwendung der Rechtsfolgen der §§ 115, 116 InsO nicht durch. Stattdessen muss es bei dem Erlöschen der Auftrags- und Geschäftsbesorgungsverhältnisse und in der Folge der Zugriffsmöglichkeit des Insolvenzverwalters auf das Stiftungsvermögen bleiben.

Zuzugeben ist diesem Ansatz allerdings, dass nach allgemeinem Verständnis dem *eigennützigen* Treuhänder in der Insolvenz des Treugebers immerhin ein Absonderungsrecht zusteht.[147] Dies bedeutet, dass das Insolvenzrecht der treuhänderischen Vermögensübertragung zwar keine dingliche Wirkung beimisst, den eigennützigen Treuhänder aber doch gegenüber Insolvenzgläubigern im Sinne des § 38 InsO bevorzugt und zumindest dessen schuldrechtliche Position als schützenswert anerkennt. Im Falle der unselbständigen Stiftung ist allerdings zu berücksichtigen, dass dieser Grundsatz auf das Sicherungseigentum zugeschnitten und aus dessen Würdigung hervorgegangen ist. Das Sicherungseigentum wird insoweit als mit einem Pfandrecht vergleichbar eingeordnet und dementsprechend behandelt.[148] Der Grundsatz lässt sich aber nicht auf fremdnützige Treuhandverhältnisse – wie im hiesigen Kontext für die unselbständige Stiftung unterstellt[149] – übertragen. Denn hier geht es nicht – zumindest nicht nur – um den Schutz der Interessen des Treuhänders, der wirtschaftliches Eigentum im eigenen Interesse hält. Ein aus einer Eigennützigkeit abgeleitetes Absonderungsrecht des Stiftungsträgers als Schutz der Stiftung in der Insolvenz des Stifters kommt somit ebenfalls nicht in Betracht, sodass der Fortbestand der unselbständigen Stiftung im Insolvenzfall durchaus in Frage gestellt ist.

Gleichwohl ist festzuhalten, dass die Frage, in wessen Interesse ein Treuhandverhältnis begründet wurde, für die insolvenzrechtliche Vermögenszuordnung

---

146 *Reuter*, in: Stiftungen in Deutschland und Europa, Die unselbständige Stiftung, S. 210f.; dass die steuerliche Rechtsfolge der zivilrechtlichen Einordnung zu folgen hat, ist auch Grundüberlegung der Entscheidung BFH, Urt. v. 25.1.2017 – II R 26/16, NJW 2017, 10, die eine Ersatzerbschaftssteuer der unselbständigen Stiftung gerade mit Blick auf die Vermögenszuweisung an den Stiftungsträger ablehnt.

147 *Brinkmann*, in: Insolvenzordnung, § 47 Rn 37 m.w.N, aus der ständigen Rechtsprechung vgl. nur BGH, Urt. v. 17.4.1986 – IX ZR 54/85, ZIP 1986, 720; Urt. v. 9.12.1970 – VIII ZR 52/69, WM 1971, 71ff.

148 § 51 InsO: „*Den in § 50 genannten Gläubigern stehen gleich…*“; *Brinkmann*, in: Insolvenzordnung, § 47 Rn 56.

149 Vgl. B.II.2.b).

eine leitende Rolle spielt.[150] *Westebbes* Ansatz, die für den Stifter erkennbar hohe Bedeutung der Interessen der Destinatäre in dieser Frage zu berücksichtigen, wendet diese Sichtweise zumindest konsequent auf die unselbständige Stiftung an.

Fürsprecher der Treuhandlösung lassen die Wirkung der §§ 115, 116 InsO – Erlöschen der Verträge – im Ergebnis ohnehin nicht als Argument gegen ein Verständnis der unselbständigen Stiftung als Treuhandvertrag gelten. Das Postulat der Dauerhaftigkeit verlange nämlich nicht nach einer Ewigkeitsgarantie. Erforderlich sei lediglich, dass die Stiftung ex ante auf die dauerhafte Zweckverfolgung ausgerichtet sei. Dass sich dieses Ziel unter dem besonderen Umstand der Vermögensinsuffizienz des Stifters ausnahmsweise nicht mehr umsetzen lasse, widerspreche – wie es auch hinsichtlich der rechtsfähigen Stiftung mehrheitlich vertreten wird[151] – gerade nicht der Dauerhaftigkeit und damit auch nicht dem Treuhandmodell insgesamt.[152]

Die Anforderungen an die Dauerhaftigkeit dergestalt zu begrenzen überzeugt, weil diese Reduzierung maßvoll ist. Höhere Anforderungen an das Kriterium der Dauerhaftigkeit zu richten wäre unrealistisch und würde im Ergebnis jedwede Stiftungsform verunmöglichen. Denn es ist stets ein Szenario vorstellbar, in dem der Fortbestand einer Stiftung nicht mehr garantiert wäre. Ausgangspunkt für diesbezügliche Überlegungen muss daher der übliche Geschäfts- bzw. Stiftungsbetrieb unter Berücksichtigung realistischer und nicht völlig fernliegender Belastungen sein. Das Szenario einer Insolvenz des Stifters fällt aus der Kulisse eines üblichen Geschäfts- bzw. Stiftungsbetriebs aber bereits heraus.[153]

Im Ergebnis kann die Dauerhaftigkeit der unselbständigen Stiftung in Gestalt eines Treuhandverhältnisses mit Blick auf eine mögliche Insolvenz des Stifters nicht in Frage gestellt werden, sodass diese Kritik an dem Treuhandverständnis der unselbständigen Stiftung nach hier vertretener Auffassung nicht durchdringen kann.

---

150 Vgl. hierzu sogleich unter B.II.3.c).

151 *Herzog*, Die unselbständige Stiftung des bürgerlichen Rechts, S. 44 m.w.N.

152 So noch *Rawert*, in: Staudinger, BGB (13. Aufl.), Vorbem zu §§ 80 ff. Rn 164; vgl. nun aber *Hüttemann/Rawert*, in: Staudinger, BGB, Vorbem zu §§ 80ff., Rn 346; *Herzog*, Die unselbständige Stiftung des bürgerlichen Rechts, S. 43.

153 So i.E. auch *Hüttemann/Rawert*, in: Staudinger, BGB, Vorbem zu §§ 80ff., Rn 346.

c) *Insolvenz des Stiftungsträgers*

Im Falle der Insolvenz des Stiftungsträgers wird dessen Insolvenzverwalter die Erfüllung des Auftrags bzw. der Geschäftsbesorgung regelmäßig gemäß § 103 InsO ablehnen und das zwischen dem Stifter und dem Stiftungsträger bestehende Treuhandverhältnis auf diese Weise beenden. Weitere Folge einer Eröffnung des Insolvenzverfahrens über das Vermögen des Stiftungsträgers neben dem Erlöschen des Treuhandverhältnisses ist, dass dem Stifter bzw. dessen Rechtsnachfolgern ein Aussonderungsrecht gemäß §§ 47, 48 InsO zusteht[154] und er von dem Insolvenzverwalter die Herausgabe des Stiftungsvermögens verlangen kann.[155] Als Grund hierfür wird zum einen angeführt, dass das Aussonderungsrecht aus der Verpflichtung des Stiftungsträgers resultiere, das Stiftungsvermögen wie in einer rechtsfähigen Stiftung zu verwalten.[156] Zum anderen genüge eine quasidingliche Vermögenszuordnung, um dem Treugeber das Recht zur Aussonderung gemäß § 47 InsO zuzubilligen.[157] Das Stiftungsvermögen kann dann nicht mehr zu Zwecken des Insolvenzverfahrens über das Vermögen des Stiftungsträgers – insbesondere der Gläubigerbefriedigung – eingesetzt werden.[158]

Im Rahmen der Einzelzwangsvollstreckung entspricht dieser Möglichkeit die Drittwiderspruchsklage gemäß § 771 ZPO, mit der der Stifter als Treugeber sein Eigentum an den Gegenständen des Stiftungsvermögens und damit deren Nichtzugehörigkeit zu dem Schuldnervermögen geltend machen kann.[159] Der bereits durch Eingehung des Treuhandverhältnisses dokumentierte Stifterwille und die andernfalls eintretenden steuerlichen Folgen – Verlust der Gemeinnützigkeit – lassen es in diesem Falle aber naheliegend erscheinen, dass der Stifter sein gemeinnütziges Engagement mit einem anderen Stiftungsträger fortsetzen wird.

---

154 *Prütting*, in: Non Profit Law Yearbook 2004, Insolvenz von Vereinen und Stiftungen, S. 152; *Schlüter*, Stiftungsrecht zwischen Privatautonomie und Gemeinwohlbindung, S. 236, 241; kritisch *Hüttemann/Rawert*, in: Staudinger, BGB, Vorbem zu §§ 80ff., Rn 356; a.A. *Westebbe*, Die Stiftungstreuhand, S. 142 (vgl. sogleich).

155 *Ganter*, in: MünchKommInsO, § 47 Rn 369a.

156 *Schlüter*, Stiftungsrecht zwischen Privatautonomie und Gemeinwohlbindung, S. 236, 241.

157 *Ganter*, in: MünchKommInsO, § 47 Rn 369a; kritisch hinsichtlich der Wahrung des Unmittelbarkeitsprinzips *Hüttemann/Rawert*, in: Staudinger, BGB, Vorbem zu §§ 80ff., Rn 357.

158 *Hof*, in: Stiftungsrechts-Handbuch, Rn 136; *Reuter*, in: Stiftungen in Deutschland und Europa, Die unselbständige Stiftung, S. 213.

159 *Jauernig/Berger/Lent*, Zwangsvollstreckungs- und Insolvenzrecht, § 13 IV; *Rosenberg/Gaul/Schilken/Lakkis*, Zwangsvollstreckungsrecht, § 41 IV (Rn 39).

Demgegenüber lehnt *Westebbe* ein Aussonderungsrecht des Stifters mit der Begründung ab, die unselbständige Stiftung diene nicht dessen Interessen und sei seinem Vermögen nicht mehr zuzuordnen, nachdem der Stifter selbst das Stiftungsvermögen einem von ihm gewählten Zweck unterstellt habe.[160] Ausgehend von der wirtschaftlichen Interessenlage müsse das Aussonderungs- und Drittwiderspruchsrecht denjenigen zustehen, die einen Anspruch aus dem Treugut oder seinen Erträgen haben und von einer Verwertung des Stiftungsvermögens zugunsten der Gläubiger des Stiftungsträgers negativ berührt werden. Dieses Recht soll auf alle Gegenstände erstreckt werden, die der Stiftungsträger von dem Stifter wie auch von Dritten – beispielsweise als Zustiftung – erhalten oder in sonstiger Weise erlangt hat, einschließlich möglicher Surrogate für das erhaltene oder erworbene Treugut.[161]

Unabhängig von der Frage, wem das Aussonderungsrecht an dem Stiftungsvermögen in der Insolvenz des Stiftungsträgers letztlich zukommt, bleibt aber festzuhalten, dass ein solches Aussonderungsrecht besteht und das Stiftungsvermögen nicht zur Insolvenzmasse zur Befriedigung der Träger-Gläubiger verwertet wird. Die Aussonderungsberechtigten werden dann regelmäßig – schon zur Wahrung der typischerweise zu berücksichtigenden Gemeinnützigkeit – einen alternativen Stiftungsträger auswählen, um die Treuhandstiftung mit diesem fortzusetzen. Die Insolvenz des Stiftungsträgers eröffnet insoweit zwar eine atypische Dispositionsmöglichkeit des Stifters oder seiner Erben (oder gar der Destinatäre), stellt aus sich heraus aber nicht die Fortsetzung der Stiftung in Frage.

d) Treuhandverhältnisse in der Zwangsvollstreckung

Die dargestellten Haftungszuordnungen des Stiftungsvermögens zu dem Stifter bzw. Stiftungsträger gelten auch außerhalb des Insolvenzverfahrens, also insbesondere im Rahmen der Zwangsvollstreckung entsprechend.

Eine Besonderheit ergibt sich allerdings für persönliche Verbindlichkeiten des Stiftungsträgers als Treunehmer, soweit dessen Gläubiger diese durch eine Aufrechnung mit gegen das Stiftungssondervermögen gerichteten Ansprüchen beitreibt. Hierbei handelt es sich letztlich nur um eine besondere Form des Haftungszugriffs.[162] Auf diese Weise soll es dem Gläubiger erlaubt sein, eine

---

160 *Westebbe*, Die Stiftungstreuhand, S. 145ff.
161 *Westebbe*, Die Stiftungstreuhand, S. 147.
162 *John*, Die organisierte Rechtsperson, S. 86.

Verrechnung auch mit solchen Ansprüchen vorzunehmen, die dem Stiftungsvermögen gegen den Gläubiger des Stiftungsträgers zustehen.[163]

Tatsächlich und nach mehrheitlich vertretener Auffassung dürfte eine solche Aufrechnung zumindest in Fällen offener Treuhandschaft indes unzulässig sein.[164] Denn die hier vorstellbaren Konstellationen bringen es regelmäßig mit sich, dass der aufrechnende Gläubiger stets auch Schuldner der unselbständigen Stiftung ist. Zwar wird hier auch der Stiftungsträger bei der Begründung des Anspruchs für die Stiftung gehandelt haben. Dabei dürfte aber die Trennung der Handlungssphären – Stiftungsträgerschaft einerseits und Handeln auf eigene Rechnung andererseits – für den Aufrechnenden auf der Hand gelegen haben. Im Falle einer solchen offenen Treuhand kommt nach überwiegender Auffassung eine Aufrechnung, die unterschiedliche Vermögensmassen miteinander saldiert, nicht in Betracht.

e) Zwischenergebnis

Im Ergebnis zeigt dieser Stresstest der unselbständigen Stiftung unter den Bedingungen von Insolvenz- und Zwangsvollstreckung über bzw. in das Vermögen des Stifters oder des Stiftungsträgers, dass die Bindung des Stiftungsvermögens an einen Zweck nebst Erteilung eines Auftrags zu dessen Verfolgung noch keine endgültige Vermögenszuordnung zum Stiftungsträger hin dergestalt bewirkt, dass eine unbegrenzte Fortsetzung der Stiftung garantiert ist. Vielmehr bleibt das Stiftungsvermögen letztlich noch dem Stifter selbst bzw. seiner Insolvenzmasse zugeordnet. Insofern korrespondiert das Aussonderungsrecht des Stifters in der Insolvenz des Stiftungsträgers mit dessen Widerrufsrecht,[165] sodass auch in diesem Zusammenhang die Frage nach der Dauerhaftigkeit aufgeworfen ist.

Auch hier muss aber gelten, dass ein Insolvenzszenario nicht geeignet ist, die Dauerhaftigkeit einer treuhänderischen Stiftungsgestaltung in Zweifel zu ziehen.[166] Denn die Anforderungen an eine Dauerhaftigkeit sollten nicht überzeichnet werden. Sie liegen nach hiesiger Auffassung bereits dann vor, wenn nach dem üblichen Geschäftsgang unter Berücksichtigung nicht völlig fernliegender Belastungen der Bestand der Stiftung nicht in Zweifel steht. Mit dem Eintritt

163 *John*, Die organisierte Rechtsperson, S. 209.

164 BGH, Urteil v. 25.6.1973 – II ZR 104/71, BGHZ 61, 72ff.; BGH, Urteil v. 22.6.1987 – III ZR 263/85, NJW 1987, 3250; *Schlüter*, in: MünchKommBGB, § 387 Rn 15.

165 *Hof*, in: Stiftungsrechts-Handbuch, Rn 136.

166 So i.E. auch *Hüttemann/Rawert*, in: Staudinger, BGB, Vorbem zu §§ 80ff., Rn 346.

einer Insolvenzlage ist der übliche Geschäftsgang aber bereits beendet. Dieser Fall kann daher für die Beurteilung der Dauerhaftigkeit keine Rolle spielen.

4. Kritik an der Einordnung als Treuhandverhältnis im Übrigen

Im Ergebnis ist festzuhalten, dass das stiftungsrechtliche Kriterium der Dauerhaftigkeit eingehalten wird, wenn der Stifter auf sein Recht zum Widerruf verzichtet. Umgekehrt wirft ein solcher Verzicht auf das Widerrufsrecht aber die Frage auf, ob eine so ausgestaltete Vermögensübertragung, die nur unter engen Voraussetzungen noch revidiert werden kann, noch als Treuhandverhältnis eingeordnet werden kann.

Zwar lässt sich der Rechtsprechung des Reichsgerichts und des Bundesgerichtshofs wie auch den Erklärungsansätzen der Literatur keine einheitliche und überzeugende Definition der Treuhand entnehmen. Ohne die in diesem Zusammenhang aufzuwerfenden Abgrenzungsfragen im hiesigen Rahmen erläutern zu müssen, kann im Kern doch festgehalten werden, dass in der Treuhand dem Treuhänder eine nur wirtschaftliche Rechtsinhaberschaft zugewiesen wird, die doch nur formeller Natur ist, wenn sie auch quasi-dingliche Wirkungen entfaltet. Dies gilt sowohl für die Treuhand im Sinne der *fiducia*, die eine Vollrechtsübertragung bei obligatorischer Beschränkung der Rechtsmacht des Treuhänders bedeutet, als auch für das deutschrechtliche Treuhandverständnis, das eine Vollrechtsübertragung mit dinglich wirkende Beschränkung, insbesondere der auflösenden Bedingung (§ 158 Abs. 1 BGB), beinhaltet. Dem Begriff der Treuhand ist somit eine letztlich nur für das Außenverhältnis maßgebliche, im Innenverhältnis demgegenüber nur eingeschränkt wirksame Vermögenszuordnung inhärent. Sie dient gerade keiner im Innenverhältnis zwischen Geber und Empfänger umfassend wirksamen, endgültigen Vermögensübertragung.

Im Einzelnen ist ein Treuhandverhältnis anhand der Merkmale (1) des wirtschaftlichen Eigentums des Treugebers, (2) der unabdingbaren Kündigungsmöglichkeit des Treugebers zumindest aus wichtigem Grund und (3) dem Vermögensrückfall im Falle der Insolvenz des Treuhänders charakterisiert.[167] Wesensmerkmal eines fremdnützigen Treuhandverhältnisses ist es also gerade, dass eine Vermögensübertragung nur (zweck-) bedingt und unter Vorbehalt erfolgen soll. Der Treuhänder eines solchen Vertragsverhältnisses wählt diese

167 BGH, Urteil v. 10.12.2003 - IV ZR 249/02, BGHZ 157, 178; *Rawert*, NJW 2002, 3151; ähnlich auch *K. Schmidt*, in: Stiftungsrecht in Europa, "Ersatzformen" der Stiftung - Unselbständige Stiftung, Treuhand und Stiftungskörperschaft, S. 182f.; *Hüttemann/ Rawert*, in: Staudinger, BGB, Vorbem zu §§ 80ff., Rn 333.

Vertragsform gerade, weil er sich nicht irreversibel von seinem Eigentum lösen möchte. Er will es sich regelmäßig gerade offenhalten, notfalls doch noch Zugriff auf das Treugut nehmen zu können.

Diese Zuspitzung veranschaulicht, dass letztlich Vorbehalte gegen ein Verständnis der unselbständigen Stiftung als Treuhandverhältnis verbleiben müssen. Dieser Einordnung steht mit einem wesentlichen Gesichtspunkt des Stiftungsgedankens im Widerspruch, der einer endgültigen Vermögensübertragung ausgeht.[168] Unabhängig davon, ob die Vermögensübertragung tatsächlich objektiv endgültig gelingt, muss diese zumindest von dem Stifter subjektiv vorgesehen sein. Der Stifter muss sich endgültig von dem zu stiftenden Vermögensbestandteilen lösen und darf dies nicht unter den Vorbehalt einer späteren Änderung oder Aufhebung seines Stifterwillens stellen. Ein Ausschluss einer Rückgabepflicht ist indes ist im Rahmen eines Treuhandverhältnisses wie dargetan nicht vollständig erreichbar.[169] Diese Zielsetzung greift das Steuerrecht unter dem Gesichtspunkt der Dauerhaftigkeit auf, wenn es die Voraussetzungen der Gemeinnützigkeit definiert, die immerhin für über 95 % aller (selbständigen und unselbständigen) Stiftungen von Bedeutung sind.[170] Der Grundsatz der Vermögensbindung gemäß §§ 55 Abs. 1 Nr. 4, 61 AO gewährt eine Steuerbegünstigung für Stiftungsdotationen gemäß § 10b EStG nur, wenn das eingesetzte Vermögen unumkehrbar gemeinnützigen Zwecken zur Verfügung gestellt wird und diesem Zweck nicht mehr entzogen werden kann.[171] Notwendig ist insoweit eine endgültige Vermögenswidmung zugunsten der Allgemeinheit.[172] Auch wenn richtig bleibt, dass die steuerliche Beurteilung nur Folge und nicht Grundlage der zivilrechtlichen Gestaltung ist (vgl. Seite 38), können die erkennbar beabsichtigten Rechtsfolgen den tatsächlichen Willen des Stifters durchaus indizieren.[173] Wer spendenbegünstigt stiften will, der will und muss dauerhaft und unumkehrbar stiften. Wer aber dauerhaft und unumkehrbar stiften will, bedarf regelmäßig der ein Treuhandverhältnis prägenden Vorbehalte nicht. Ein Auftragsverhältnis mit unverzichtbar außerordentlichem Widerrufsrecht ist für ihn nicht der vollständig treffende Vertragstyp. Gleichwohl muss festgehalten werden, dass die Praxis

---

168 *Hüttemann/Rawert*, in: Staudinger, BGB, Vorbem zu §§ 80ff., Rn 16.

169 *Hüttemann/Rawert*, npoR 2016, 168, 169.

170 *Hüttemann/Rawert*, in: Staudinger, BGB, Vorbem zu §§ 80ff., Rn 335.

171 Vgl. hierzu *Hüttemann/Herzog*, DB 2004, 1001; *Pöhlmann/Fölsing*, ZInsO 2010, 612.

172 Hierzu eingehend *Hüttemann/Rawert*, in: Staudinger, BGB, Vorbem zu §§ 80ff., Rn 334f.

173 OLG Oldenburg, Urt. v. 18.11.2003 – 12 U 60/03 –, juris.

der Finanzverwaltung unter einer wirtschaftlichen Betrachtungsweise durchaus Treuhandverträge als mögliche Rechtsgrundlagen zur Errichtung einer unselbständigen Stiftung anerkennt.[174]

Es ist somit nicht von der Hand zu weisen, dass sich ein Stifter, der über diese rechtlichen Zusammenhänge informiert ist und sich angesichts dessen vor die Wahl gestellt bewusst für eine Treuhandstiftung und gegen die Schenkung entscheidet, möglicherweise einen letzten Vorbehalt und eine ultimative Ein- und Zugriffsmöglichkeit offenhalten will.[175] Gleiches gilt für die von *Westebbe*[176] für die Stiftungstreuhand unterstellte These, dass der Stifter und Treugeber stets auf sein Recht zum ordentlichen Widerruf verzichte. Denn auch diese Annahme lässt die Möglichkeit zu, dass sich der Treugeber noch auf ein außerordentliches Widerrufsrecht berufen kann. Eine völlige Aufgabe des Zugriffs auf das Stiftungsvermögen liegt also auch bei einem Verzicht auf das ordentliche Kündigungsrecht nicht vor.

Ein solcher Stifter muss sich dann aber die Frage gefallen lassen, ob er tatsächlich eine Stiftung als *Zuwendung* von Vermögen zur Zweckverfolgung gründen will, oder ob er es nicht doch bei dem – wenn auch mit hoher Verbindlichkeit ausgestatteten – Auftrag an einen Dritten belassen möchte, sein Vermögen bis auf weiteres einem bestimmten Zweck zuzuführen. Denn vor der endgültigen Entscheidung zur Aufgabe der vorgesehenen Vermögensmasse schreckt er ja erkennbar zurück. Unter diesem Gesichtspunkt werden der Wille des Stifters und seine Motivation bei der Wahl des Vertragstypus' im Einzelfall zu ermitteln sein und bleibt die Errichtung einer unselbständigen Stiftung gerade unter diesem spezifischen Gesichtspunkt der Dauerhaftigkeit zu prüfen.

Diese Kritik, die die subjektive Willensrichtung des einzelnen Stifters in den Blick nimmt, greift aber eher im Bereich der nicht strukturierten, privaten Stiftungspraxis, wenn also Stiftungszwecke mit Hilfe eines hierauf nicht professionell eingerichteten Stiftungsträgers verfolgt werden sollen. Ist ein solcher Stiftungsträger noch nicht praxiserprobt, mag dies für ein Interesse des Stifters an einem Vorbehalt sprechen. Auch hier gilt allerdings, dass im Rahmen der Vertragsauslegung erkennbare Vorbehalte dem Stiftungsträger gegenüber nicht zwingend als solche gegen eine Dauerhaftigkeit der unselbständigen Stiftung interpretiert werden müssen. Denn das Kriterium der Dauerhaftigkeit einer unselbständigen Stiftung bemisst nicht die Verpflichtung des Stiftungsträgers, sondern der

---

174 *Hüttemann/Rawert*, in: Staudinger, BGB, Vorbem zu §§ 80ff., Rn 342.

175 *Weitemeyer*, in: MünchKommBGB, § 80 BGB Rn 205.

176 *Westebbe*, Die Stiftungstreuhand, S. 154.

Stiftung. Der Stiftungsträger kann demgegenüber ausgetauscht werden, ohne dass dies die Stiftung selbst in Frage stellen würde.

Im professionellen, typischerweise entgeltlichen Umfeld besteht für diese Annahme demgegenüber kein Anlass. Ohnehin hat hier die Rechtsformwahl des künftigen Stifters nur geringere Indizwirkung, schon weil er sich an den Vorgaben und Empfehlungen des Stiftungsträgers zumindest orientieren wird, wenn ihm praktisch überhaupt eine echte Gestaltungswahl zukommt.

Ob die Stiftungsträgerschaft entgeltlich oder unentgeltlich übernommen werden soll, hat daher im Kontext der hiesigen Überlegungen, ob der Stifter sein Vermögen wirklich vorbehaltlos übertragen will, keine ausschlaggebende Bewandtnis.

III. Die unselbständige Stiftung als Schenkung unter Auflage

1. Bereicherung des Stiftungsträgers

Diesen Bedenken gegen das Treuhandmodell begegnet die Auffassung und Gestaltungspraxis, dass die unselbständige Stiftung Schenkung unter Auflage und als solche auszugestalten sei.[177] Zentrale konstruktive Schwäche dieses Verständnisses ist aber, dass eine Schenkung stets eine Bereicherung des Beschenkten – also des Stiftungsträgers – voraussetzt.[178] Eine bereits aufgrund des Gesetzeswortlauts erforderliche Bereicherung muss tatsächlich und nicht nur formal zu einer Vermögensmehrung des Beschenkten führen.[179] Der Beschenkte muss also ein eigenes Interesse an der Zuwendung haben und darf nicht nur Durchgangsstation oder Vermittler ohne eigene Nutzungsmöglichkeit sein.[180]

Der hierauf gestützte Vorhalt der Gegenauffassung, es fehle an einer hierzu erforderlichen Bereicherung des Bedachten,[181] dringt nach der Auffassung

---

177 *Reuter*, in: Stiftungen in Deutschland und Europa, 1998, Die unselbständige Stiftung, S. 220; *Weitemeyer*, in: MünchKommBGB, § 80 BGB Rn 205.

178 *Hüttemann/Rawert*, in: Staudinger, BGB, Vorbem zu §§ 80ff., Rn 339; das Vorliegen einer solche Bereicherung problematisiert *Geibel*, Dachstiftungen, Stiftungszentren und Treuhandstiftungen, in: Non Profit Law Yearbook 2011/2012, S. 42, gerade durch den Vorwurf, das Stiftungsvermögen komme dem Stiftungsträger als Beschenktem unmittelbar und selbst zu, ohne dass ein Sondervermögen ausgebildet werde.

179 RG, Urteil v. 6.2.1905 – III 273/05, RGZ 62, 386, 390; RG, Urteil v. 8.11.1922 - IV 74/22, RGZ 105, 305, 308.

180 *J. Koch*, in: MünchKommBGB, § 516 Rn 12.

181 *J. Koch*, in: MünchKommBGB, § 516 Rn 12; *Pues/Scheerbarth*, Gemeinnützige Stiftungen im Zivil- und Steuerrecht, S. 83; *Westebbe*, Die Stiftungstreuhand, S. 68.

Reuters und *Weitemeyers* nicht durch. Zuzugeben sei, dass auf eine materielle Bereicherung nicht verzichtet werden könne.[182] Eine bloß formale Bereicherung im Sinne der Zuordnung einer Eigentumsposition kann hierzu nach herrschender und von dem Reichsgericht bereits 1905 vertretener Auffassung nicht ausreichen, es muss dem Beschenkten wirtschaftlich betrachtet ein Vorteil entstehen.[183] Diese notwendige materielle Bereicherung liege aber nach *Reuters* Auffassung immer dann vor, wenn dem Stiftungsträger dergestalt vorbehaltlos übertragen worden ist, dass er auch im Fall der unverschuldeten Unmöglichkeit, den Stiftungsauftrag zu erfüllen, das Stiftungsvermögen nicht zurück zu gewähren hat. Unter dieser Voraussetzung sei die Vermögensübertragung endgültig und eine Bereicherung anzunehmen.[184]

Vorrangig wird es daher wohl im Kern auf die Beantwortung der Frage ankommen, ob eine Vermögensübertragung unter einer Zweckbestimmung als Bereicherung angesehen werden kann.[185] Es wäre aber ein zu enges Verständnis, wenn hierbei nur solche Bereicherungen zu berücksichtigen wären, die dem Beschenkten zur unbeschränkt freien Verfügung gestellt werden. So hat das Reichsgericht in einer weiteren Entscheidung aus dem Jahr 1909 eine materielle Bereicherung schon dann angenommen, wenn eine juristische Person unter einer ihrem Zweck entsprechenden Auflage beschenkt werde. Denn eine juristische Person bestehe niemals um ihrer selbst willen, sondern um einen bestimmten Zweck zu verfolgen. Wer ihr etwas ohne Gegenleistung zuwendet, will deren Zweck fördern. Mit einer zweckentsprechenden Zuwendung bereichert er damit auch die juristische Person. Denn mit der Förderung ihres Zwecks fördert der Schenker auch die juristische Person selbst, die nicht von ihrem Zweck losgelöst gesehen werden kann. Eine solche Zuwendung bereichert damit nicht nur formal, sondern wirtschaftlich und endgültig.[186]

Diese Entscheidung hat allgemeine Zustimmung gefunden.[187] Anhand einer solchen Bereicherung des Stiftungsträgers in Form einer juristischen Person

---

182 *Weitemeyer*, in: MünchKommBGB, § 80 BGB Rn 207.

183 RG, Urteil v. 6.2.1905 – III 273/05, RGZ 62, 386; *J. Koch*, in: MünchKommBGB, § 516 Rn 12.

184 *Reuter*, in: Stiftungen in Deutschland und Europa, 1998, Die unselbständige Stiftung, S. 220; *Weitemeyer*, § 80, in: MünchKommBGB, Rn 207 i.E. ebenso OLG Oldenburg, Urt. v. 18.11.2003 – 12 U 60/03 –, juris.

185 Zustimmend *Weitemeyer*, in: MünchKommBGB, § 80 BGB Rn 207.

186 RG, Urteil v. 7.5.1909 – VII 365/08, RGZ 71, 140.

187 Vgl. nur *Rawert*, NJW 2002, 3151 m.w.N.; kritisch BGH, Urteil v. 10.12.2003 - IV ZR 249/02, BGHZ 157, 178 Rn 2.

durch Förderung eines von dem Träger selbst geförderten Zwecks wird deutlich, dass zumindest in diesem Kontext der Vorwurf einer fehlenden Bereicherung als notwendiger Bestandteil einer Schenkung nicht durchdringen kann.

Für den Bereich der professionellen Stiftungsverwaltung, die typischer Weise in Trägerschaft einer juristischen Person durchgeführt wird, bedeutet dies, dass der Vorhalt fehlender Bereicherung jedenfalls bei zumindest vergleichbaren Stiftungszwecken nicht zutrifft.

Gesondert zu beurteilen sind aber solche sich als Stiftungsträger anbietende juristische Personen, die allgemein die Verwaltung des Vermögens unselbständiger Stiftungen anbieten, ohne selbst eine spezifische inhaltlich Zweckrichtung zu verfolgen, in deren Verfolgung sie bereichert sein könnten. Insbesondere bankgebundene Anbieter sind hier zu nennen. Verfolgen diese aber gerade den (eigenen) Zweck, unselbständige Stiftungen gegen Entgelt gemäß deren jeweiligen (fremden) Zwecken zu betreuen und zu unterstützen, so stellt sich die Frage, ob eine solche Vermögensübertragung zur Verfolgung fremder Zwecke deshalb ausreichend ist, weil der Anbieter ja nur dergestalt mittelbar seinen eigenen Zweck der Übernahme von Stiftungsträgerschaften und sein Entgeltinteresse verfolgen kann.

Diese Frage ist zu bejahen. Denn für die Annahme einer Schenkung genügt es bereits, dass dem Beschenkten nach dem subjektiven Parteiwillen eine (wenn auch nur geringfügige) Bereicherung verbleibt.[188] Diese auch nur geringe Bereicherung kann materiell oder immateriell sein.[189] Eine Vermögenszuwendung zur entgeltlichen Stiftungsträgerschaft beinhaltet zumindest den Vorteil, die entgeltliche Tätigkeit ausüben zu können. Hierin liegt die Bereicherung des sich erbietenden Stiftungsträgers.

Ist demgegenüber eine Bereicherung auch bei einer natürlichen Person eingetreten, der Vermögenswerte unter der Auflage der Stiftungszweckverfolgung zugewendet werden? Dies wird unter dem Hinweis abgelehnt, dass die beschenkte natürliche Person wirtschaftlich betrachtet nur eine Durchgangsstation sei, ohne den Vermögensgegenstand selbst nutzen zu können.[190] Anders als bei einer juristischen Person diene die Vermögenszuwendung damit nicht dem

188 *J. Koch*, in: MünchKommBGB, § 516 Rn 4.

189 Mot. II 292; BGH, Urt. v. 18.9.2012 – II ZR 51/11, NJW-Spezial 2013, 47; *J. Koch*, in: MünchKommBGB, § 516 Rn 5.

190 *J. Koch*, in: MünchKommBGB § 516 Rn 12; *Gehrlein*, in: BeckOK, § 516 Rn 5; *Wimmer-Leonhardt*, in: Staudinger, BGB, § 516 Rn 28f.

eigenen Zweck des Beschenkten, sondern einem fremden Zweck. Es fehle daher an der erforderlichen Bereicherung des Beschenkten.[191]

Dass es für die Bestimmung des Vertragstypus‘ auf die Identität der Vertragsparteien – juristische oder natürliche Person als Beschenkte – ankommen soll, erscheint indes ungereimt und kaum überzeugend.[192] Und auch in der Sache ist diese Unterscheidung künstlich. Denn im Kern soll dann die Schenkung an eine natürliche Person daran scheitern, dass sie auch ohne Satzung existiert und daher keinem abschließenden Zweck zugewiesen ist. Nur deshalb kann die Zweckverpflichtung nicht entsprechend einer juristischen Person dokumentiert werden. Hierauf kann es aber nicht ankommen. Denn selbstverständlich hat die natürliche Person andere Möglichkeiten, sich verbindlich einem bestimmten Zweck zu verschreiben. Gerade indem die natürliche Person die Schenkung unter Auflage und damit ihre Bestellung zum Stifter annimmt, dokumentiert sie ebenso nachdrücklich, dass sie sich mit dem Stiftungszweck identifiziert und diesen Zweck verfolgen will.[193] Sie verschreibt sich selbst – zumindest mit einem Teil ihrer Schaffenskraft – diesem Zweck. Damit muss aber auch die zweckgebundene Schenkung zur Begründung einer unselbständigen Stiftung eine Bereicherung einer dergestalt selbstverpflichteten natürlichen Person darstellen. Diese gegen die Schenkung unter Auflage als Vertragstypus zur Begründung einer unselbständigen Stiftung vorgetragenen Argumente dringen daher nicht durch.

2. *Insolvenz des Stifters*

Gegenüber der als Treuhand ausgestalteten unselbständigen Stiftung erscheint die Schenkung unter Auflage nach Auffassung ihrer Fürsprecher weniger insolvenzanfällig und schon deshalb vorzugswürdig.[194] Der in der Ausgestaltung aus Schenkung liegende Verzicht auf den auftrags- bzw. geschäftsbesorgungsrechtlichen Herausgabeanspruch gemäß § 667 BGB begründe die endgültige Vermögenszuordnung, so dass ein so gestaltetes Vertragsverhältnis nicht mehr

191 *Kollhosser*, ZEV 2004, 115, 117; *Muscheler*, ZEV 2002, 415, 417.

192 So auch *Hüttemann/Rawert*, in: Staudinger, BGB, Vorbem zu §§ 80ff., Rn 340.

193 *Geibel*, in: BeckOGK, § 80 Rn 659; *Hüttemann/Rawert*, in: Staudinger, BGB, Vorbem zu §§ 80 ff., Rn 340; m.w.N.; *K. Schmidt*, in: Stiftungsrecht in Europa, “Ersatzformen” der Stiftung - Unselbständige Stiftung, Treuhand und Stiftungskörperschaft, S. 182; *Herzog*, Die unselbständige Stiftung des bürgerlichen Rechts, S. 47ff.; *Rawert*, NJW 2002, 3151, 3152; OLG Oldenburg, Urteil v. 18.11.2003 - 12 U 60/03, BeckRS 2009, 13899.

194 A.A. *Fritsche*, ZSt 2008, 3, 13.

als Auftragsverhältnis qualifiziert werden könne.[195] Ein insolvenz- oder vollstreckungsspezifisches Rückforderungsrecht besteht in diesem Falle allenfalls nach § 134 InsO (Schenkungsanfechtung).[196] Anfechtbar ist dabei – abweichend von den Regelungen der Konkursordnung – bereits das Stiftungsgeschäft, weil bereits das Schenkungsversprechen (§ 518 BGB) eine unentgeltliche Leistung darstellt. Insoweit handelt es sich bei einer solchen Anfechtung aber um einen Eingriff in die Grundlage der Stiftungserrichtung selbst. Eine solche Gefährdung ist von dem Stiftungsgeschäft immanenten und vertragstypologisch vorgesehenen Eingriffsmöglichkeiten (Kündigung, Widerruf etc.) zu unterscheiden. Die Schenkungsanfechtung negiert die Stiftungserrichtung insgesamt, greift aber nicht in den Vollzug einer anerkanntermaßen wirksam errichteten Stiftung ein. Somit kann die Schenkungsanfechtung auch nicht die Dauerhaftigkeit einer errichteten Stiftung in Frage stellen, weil sie bereits gedanklich zuvor den Gründungsakt selbst angreift.

Die – ohnehin befristete und gemäß § 134 InsO bereits nach vier Jahren entfallende – Möglichkeit der Insolvenzanfechtung wegen Unentgeltlichkeit kann überdies auch nicht mit der Option des Stifters gleichgesetzt werden, bei Vorliegen der Voraussetzungen das Stiftungsgeschäft aus wichtigem Grund zu widerrufen. Denn unter dem Aspekt der Dauerhaftigkeit kommt es wie angesprochen nicht auf den Ausschluss theoretischer Rückfallszenarien an. Maßgeblich ist stattdessen, ob es der Stifter in der Hand hat, seine Stiftungsentscheidung zu revidieren. Aus dem Blickwinkel des Stifterwillens kann eine Insolvenz nicht mit der Widerrufmöglichkeit des Stifters gleichgesetzt werden. Stellt das außerordentliche Widerrufrecht noch als eine Form der Vermögensdisposition des Stifters dar, so zeichnet sich die Insolvenz des Stifters gerade dadurch aus, dass er die Möglichkeit, über sein Vermögen zu verfügen, verloren hat (§ 80 Abs. 1 InsO). Die Gefahr eines Rückfalls wegen der Insolvenz des Stifters ist mithin keine, die den Stifterwillen zur Dauerhaftigkeit oder gar Endgültigkeit in Zweifel ziehen könnte.

---

195 *Reuter*, Die unselbständige Stiftung, in: Stiftungen in Deutschland und Europa, 1998, 212; *Reuter*, in: FS Hadding, Die Stiftung zwischen Verwaltungs- und Treuhandmodell, S. 241.

196 LG Baden-Baden, Urteil v. 16.6.2005 - 3 O 98/03, ZSt 2005, 218; *Hirte*, in: Gründen und Stiften, Stiftung und Insolvenz, S. 234f.; *Roth/Knof*, KTS 2009, 163, 184; a.A. *Hinz*, Die Haftung der Stiftung für Verbindlichkeiten des Stifters, S. 42ff.; *Jakob*, ZSt 2005, 99 (für eine Abwägung zwischen Stiftungsautonomie und Gläubigerinteressen, als deren Ergebnis der Stiftungsautonomie der Vorrang zukommen müsse).

3. *Insolvenz des Stiftungsträgers*

Schließlich bestreitet *Reuter* auch, dass es ein besonderer Vorzug der Treuhandlösung sei, dass der Stifter das Stiftungsvermögen dem Zugriff der Gläubiger des Stiftungsträgers im Wege der Drittwiderspruchsklage (§ 771 ZPO) oder der Aussonderung (§ 47 InsO) schützen könne.[197] Denn das in diesem Fall bestehende außerordentliche Kündigungsrecht des Stifters könne nicht weiter gehen als das schenkungsrechtliche Widerrufsrecht nach §§ 527, 528 BGB.

Zu einem entsprechenden Ergebnis gelangen jüngere Vorschläge, diese vollstreckungsrechtlichen Rechtsbehelfe auch dem Stifter im Rahmen der Auflagenschenkung zuzubilligen, weil dieser wirtschaftlich betrachtet Eigentümer des Stiftungsvermögens bliebe und der Stiftungsträger qua Auflage verpflichtet sei, das Stiftungsvermögen so zu verwalten, als ob er Vorstand einer rechtsfähigen Stiftung wäre.[198] Im Ergebnis bestünde daher ein gleiches Schutzniveau.

Die Einräumung derlei insolvenz- bzw. vollstreckungsrechtlicher Sonderrechte ist allerdings mit Vorsicht zu betrachten. Solche Ausnahmen bedürfen der Rechtfertigung schon deshalb, weil ein effektiver Gläubigerschutz auch auf der Transparenz der Vermögensverhältnisse basiert. Dass die unselbständige Stiftung eine solche Publizität „in guten Tagen“ nicht verlangt, muss mit einem geringeren Schutzniveau des Stiftungsvermögens in Vollstreckung und Insolvenz korrespondieren. Die hieraus folgende Zugriffsmöglichkeit der Gläubiger des Stiftungsträgers auch auf das Stiftungsvermögen ist daher hinzunehmen, weil es aus dem Wesen der unselbständigen Stiftung folgt.

Unzulässig sei ferner der „*Nachbesserungsversuch*“ *Westebbes*, das Stiftungsvermögen dergestalt abzuschirmen, dass es nicht dem Stifter oder Stiftungsträger, sondern den Destinatären bzw. Anfallberechtigten zuzuordnen sei.[199] Diese Auffassung missachtet nach *Reuter* die Maßgeblichkeit der dinglichen Vermögenszuordnung für Vollstreckungsschutz und -zugriff. Auf diese Weise entstehe

---

197 *Reuter*, in: Stiftungen in Deutschland und Europa, 1998, Die unselbständige Stiftung, S. 220.

198 *Herzog*, Die unselbständige Stiftung des bürgerlichen Rechts, S. 101; *K. Schmidt*, in: Stiftungsrecht in Europa, “Ersatzformen” der Stiftung - Unselbständige Stiftung, Treuhand und Stiftungskörperschaft, S. 184f.; *Schlüter*, Stiftungsrecht zwischen Privatautonomie und Gemeinwohlbindung, S. 236.

199 *Westebbe*, Die Stiftungstreuhand, S. 147; zur Frage des eigenen Leistungsanspruchs der Destinatäre vgl. BGH, Urt. v. 15.12.2016 – I ZR 63/15, NZG 2017, 268 (für die rechtsfähige Stiftung); hierzu *Zimmermann/Raddatz*, NJW 2018, 516; *Muscheler*, WM 2003, 2213, 2214.

eine systemfremde Haftungsexklave. Der bloß schuldrechtliche Anspruch auf eine Leistung rechtfertige auch sonst weder den Drittwiderspruch noch ein Aussonderungsrecht. Auf diese Weise würde die unselbständige Stiftung gegenüber dem Konkurs unzulässig immunisiert.[200]

Für den Fall der Insolvenz des Stiftungsträgers bedeute dies, dass das Vermögen der unselbständigen Stiftung im Grundsatz auch für die Verbindlichkeiten des Stiftungsträgers haftet und hierauf zugegriffen werden kann, und zwar unabhängig davon, ob diese Verbindlichkeiten des Stiftungsträgers in ihrer Begründung Bezug zu der unselbständigen Stiftung haben.[201]

4. *Zwischenergebnis*

Der Ausgestaltung der unselbständigen Stiftung als Schenkung unter Auflage kann nicht überzeugend entgegengehalten werden, es fehle an einer Bereicherung des Stiftungsträgers. Dies gilt unabhängig davon, ob die Trägerschaft in Händen einer juristischen oder natürlichen Person liegt. Die Errichtung im – gegenüber der Vermögensübertragung im Rahmen einer Treuhand – konsequenteren Weg der Auflagenschenkung bringt es aber mit sich, dass das Stiftungsvermögen dem Haftungszugriff der Trägergläubiger ausgesetzt ist. Dies spricht nicht per se gegen diese Ausgestaltung, bleibt aber bei der Gestaltung zu berücksichtigen.

IV. Vermittelnde Auffassung

Nach anderen Auffassungen erfolgt die Errichtung einer Stiftung entweder alternativ oder kombiniert als Schenkungs- und/oder Auftragsgeschäft,[202] so dass beide Vertragstypen Anwendung finden. So unterscheidet *Schlüter* zwischen der Vermögensübertragung und dem Organisationsakt. Er präferiert – letztlich aufgrund der von *Reuter* vorgetragenen Bedenken – einerseits die Schenkung unter Auflage als Weg der Vermögensübertragung, erkennt aber andererseits aufgrund einer funktionalen Betrachtung des Stiftungsgedankens auch in der

---

200 *Reuter*, in: Stiftungen in Deutschland und Europa, 1998, Die unselbständige Stiftung, S. 215; hierzu sogleich eingehender (S. 63).

201 *Hüttemann/Rawert*, in: Staudinger, BGB, Vorbem zu §§ 80 ff, Rn 355; *Hüttemann*, Gemeinnützigkeits- und Spendenrecht, Ziff. 2.50; *Pues/Scheerbarth*, Gemeinnützige Stiftungen im Zivil- und Steuerrecht, S. 87f.; *Weitemeyer*, § 80, in: MünchKommBGB, Rn 202; *Westebbe*, Die Stiftungstreuhand, S. 144.

202 BGH, Urteil v. 12.3.2009 - III ZR 142/08, NJW 2009, 1738; *Schauhoff*, in: Handbuch der Gemeinnützigkeit, § 3 Stiftungsrecht, Rn 186; *Weitemeyer*, in: MünchKommBGB, § 80 BGB Rn 199ff.

unselbständigen Stiftung einen Treuhandcharakter.[203] Während die Vermögensübertragung in Form der Schenkung erfolgt, wird die fiduziarische Bindung des Schenkungsempfängers/Stiftungsträgers durch ein Auftrags- oder Geschäftsbesorgungsverhältnis erreicht. Mithin wird durch ein Auftragsverhältnis eine Treuhandabrede begründet. Die Errichtung einer unselbständigen Stiftung sei also beides: Schenkung unter der Auflage, die in dem Auftrags- oder Geschäftsbesorgungsverhältnis vorgesehene Vermögensverwendung zu beachten.[204]

Dieser für die unselbständige Stiftung auf den ersten Blick reizvolle Gedanke bleibt aber kritischen Fragen ausgesetzt. Es ist letztlich nicht klar zu erkennen, welchen über die Schenkungsauflage hinausgehenden Regelungsinhalt der Auftrag oder die Geschäftsbesorgung haben soll. Der als Treuhandabrede eingeordnete Organisationsakt der unselbständigen Stiftung kann in gleicher Weise auch durch die Auflage im Rahmen einer Schenkung umgesetzt werden. Soweit *Schlüter* hier die Notwendigkeit eines Treuhandelements konstatiert,[205] ist dies in der Auflage bereits enthalten.[206] Insoweit ist ein Treuhandelement auch in der Schenkung – wenn auch in nur rudimentärer Form – enthalten.[207]

V. These der virtuellen juristischen Person

1. *Der Simulationsgedanke* K. Schmidts

In die Diskussion über die dogmatische Einordnung der unselbständigen Stiftung kam neue Bewegung, als *K. Schmidt* diese im Jahr 2000 als eine virtuelle juristische Person bezeichnete.[208] Was meint er damit?

Voranzustellen ist, dass die unselbständige Stiftung nach der Auffassung *K. Schmidts* ausdrücklich nicht juristische Person im rechtsdogmatischen Sinn ist. Sie sei auch nicht auf dem Weg dorthin. Eine Entwicklung, wie sie die Gesellschaft bürgerlichen Rechts genommen hat, vermag er nicht zu erkennen oder gar zu postulieren. Diese hatte sich von einem bloßen Schuldverhältnis mit

---

203 *Schlüter*, Stiftungsrecht zwischen Privatautonomie und Gemeinwohlbindung, S. 56f.

204 *Schlüter*, Stiftungsrecht zwischen Privatautonomie und Gemeinwohlbindung, S. 223f.

205 *Schlüter*, Stiftungsrecht zwischen Privatautonomie und Gemeinwohlbindung, S. 223.

206 *Reuter*, AcP 207 (2007) 1, 11.

207 *Koos*, Fiduziarische Person und Widmung, S. 70, 103.

208 *K. Schmidt*, in: Stiftungsrecht in Europa, "Ersatzformen" der Stiftung - Unselbständige Stiftung, Treuhand und Stiftungskörperschaft.

gebundenem Gesamthandsvermögen der Gesellschafter im Wege der Rechtsfortbildung zum echten Rechtsträger entwickelt.[209]

Die unselbständige Stiftung ist also auch nach *K. Schmidt* nicht Rechtsträgerin – Rechtsträger ist allein der Stiftungsträger –, sondern ein Schuldverhältnis. Die Analyse dieses Schuldverhältnisses und der sich daraus ergebenden Pflichtenstellung des Stiftungsträgers eröffne aber einen neuen Blick auf die Rechtsstellung des Stiftungsträgers. Wie bereits erörtert, überträgt der Stifter zur Begründung einer unselbständigen Stiftung Vermögenswerte auf den Stiftungsträger. Ob dies im Wege eines Treuhandverhältnisses oder als Schenkung unter Auflage geschieht, mag in diesem Zusammenhang zunächst dahinstehen. Jedenfalls wird der Stiftungsträger verpflichtet, dieses Vermögen im Rahmen des Stiftungszwecks zu verwalten und einzusetzen.[210] Insoweit tritt der Stiftungsträger nach *K. Schmidts* These von der virtuellen juristischen Person in eine Quasi-Organstellung im Verhältnis zum Stiftungsvermögen als einer gedachten Rechtsperson ein. Durch die Simulation einer juristischen Person würde also ein organschaftliches Verhältnis zu dem Stiftungsträger als Quasi-Organ simuliert.

Wie geht diese Simulation genau vonstatten? Hier lohnt es sich, Stiftungsgeschäft und Stiftungsvermögen im Einzelnen gründlicher zu betrachten.

2. Das Stiftungsgeschäft

Das Stiftungsgeschäft bewirkt die Zuwendung eines Vermögens für den Stiftungszweck. Die – wie dargestellt umstrittene – Frage der dogmatischen Einordnung des Stiftungsgeschäfts hält *K. Schmidt* für gegenstandslos. Nach seiner Auffassung steckt in der unselbständigen Stiftung beides: Schenkung unter Auflage und Treuhandvertrag.

Zunächst erfolge die Vermögensübertragung im Wege der Schenkung unter Auflage in notarieller Form, § 518 BGB. Die Zuwendungsempfängerin soll dabei nach *K. Schmidt* nur rechtstechnisch der Stiftungsträger sein. Wirtschaftlich werde das Stiftungsvermögen einer so erschaffenen virtuellen juristischen Person zugewendet.

---

209 BGH, Urteil v. 29.1.2001 – II ZR 331/00, BGHZ 146, 341, zur Grundbuchfähigkeit BGH, Beschluss v. 4.12.2008 – V ZB 74/08, BGHZ 179, 102; *Krüger*, NZG 2010, 801; kritisch *Reymann*, BB 2009, 346; ablehnend noch BayObLG, Beschluss v. 31.10.2002 – 2 Z BR 70/02, BB 2002, 2518.

210 Zu dem jedem Stiftungsgeschäft zugrunde liegenden Vertrauenstatbestand vgl. *Hof*, ZSt 2012, 14.

Der darüber hinaus erforderliche Organisationsakt, durch den die Aufgaben, Rechte und Pflichten des Stiftungsträgers definiert werden, würde indes durch einen simulierten Treuhandvertrag vollzogen. Dies sei aber kein Treuhandvertrag des Stiftungsträgers mit dem Stifter. Der Treuhandvertrag verpflichte den Stiftungsträger stattdessen gegenüber der nur gedachten Rechtsperson zur bestimmungsgemäßen Verwaltung und Verwendung des Stiftungsvermögens. Auf diese Weise werde der Stiftungsträger in eine quasi organschaftliche Stellung eingesetzt, wodurch gleichermaßen das sonst übliche Verhältnis zwischen Rechtsperson und deren Organ simuliert wird.[211] Die üblicherweise festzulegende Satzung als Produkt des Organisationsakts einer unselbständigen Stiftung definiere insofern eine treuhänderische Pflichtenstellung des Stiftungsträgers, wie es die im Gesellschaftsrecht bekannten Satzungen mit Blick auf die Gesellschaftsorgane gleichermaßen bestimmen.[212] Die treuhänderische Bindung des Stiftungsträgers zur Verwendung und Verwaltung des Stiftungsvermögens ist Gegenstand der mit der Schenkung verbundenen Auflage.[213]

3. Das Stiftungsvermögen

Diese rechtliche Einordnung des Stiftungsvermögens hilft nach *K. Schmidt*, die unselbständige Stiftung zu verstehen. Dabei gehe es insbesondere um die Vermögenszuordnung,[214] also um die Frage, ob einerseits das Stiftungsvermögen auch für Verbindlichkeiten des Stiftungsträgers haftet, andererseits, ob auch Gläubiger des Stifters Zugriff nehmen können.

Wie bereits von *Reuter* angesprochen[215] soll das Stiftungsvermögen zumindest für die Verbindlichkeiten eines der beiden potentiellen Schuldner – des Stifters oder des Stiftungsträgers – haften. Andernfalls wäre die unselbständige

---

211 *K. Schmidt*, in: Stiftungsrecht in Europa, "Ersatzformen" der Stiftung - Unselbständige Stiftung, Treuhand und Stiftungskörperschaft, S. 183.

212 Vgl. hierzu plastisch *Rawert*, in: Festschrift für Karsten Schmidt zum 70. Geburtstag, Karsten Schmidt und das Stiftungsrecht, S. 1332ff.

213 *K. Schmidt*, in: Stiftungsrecht in Europa, "Ersatzformen" der Stiftung - Unselbständige Stiftung, Treuhand und Stiftungskörperschaft, S. 183 insoweit unter Übernahme der inzwischen überwiegenden und auch hier vertretenen Auffassung.

214 *K. Schmidt*, in: Stiftungsrecht in Europa, "Ersatzformen" der Stiftung - Unselbständige Stiftung, Treuhand und Stiftungskörperschaft, S.184ff.

215 Vgl. unter B.II.3.c).

Stiftung völlig von Zugriffen von außen abgeschirmt und im Ergebnis sogar gegenüber juristischen Personen bevorzugt (sog. Haftungsexklave).[216]

Nach Auffassung von *K. Schmidt* hält das Verständnis der unselbständigen Stiftung als virtuelle juristische Person auch hier eine andere Lösung bereit. Ausgangspunkt ist hierbei die Frage, wem gegenüber der Stiftungsträger treuhänderisch verpflichtet ist. Nach *K. Schmidts* Verständnis ist der Stiftungsträger nicht gegenüber dem Stifter oder gar den Destinatären, sondern gegenüber der unselbständigen Stiftung selbst als virtuellem Rechtsträger verpflichtet. Aus diesem simulierten Treuhandverhältnis folgt dann auch, dass die unselbständige Stiftung nur für die auf sie bezogenen Verbindlichkeiten haftet, nicht aber für die Verbindlichkeiten ihres Quasi-Organs, des Stiftungsträgers.[217]

Die so erzielte Haftungsaussonderung entspricht in der Rechtsfolge, insbesondere durch Widerspruchsklage und Aussonderungsrecht derjenigen, die auch das Verständnis der unselbständigen Stiftung als Treuhandvertrag hervorbringt. Die Kritik, dieses Verständnis lasse den Typenzwang des Gesellschaftsrechts – wie soeben angesprochen – unberücksichtigt, begegnet *K. Schmidt* lediglich mit dem Zugeständnis, dass der Stiftungsträger auch als Quasi-Organ seinerseits für die auf das Stiftungsvermögen bezogenen Verbindlichkeiten haftet.[218] Die Simulation einer juristischen Person kraft Schuldverhältnis' mag – und kann auch nur – an dieser Stelle unvollständig gelingen.

4. Kritik

*a) Systematische Kritik (*Reuter*)*

Reuter betrachtet diese Bemühungen um eine Emanzipierung der unselbständigen Stiftung kritisch.[219] Ansatzpunkt seiner Kritik ist gerade der mögliche Zugriff der Stiftungsgläubiger auf das Vermögen des Stiftungsträgers. Dieser Zugriff müsse schon deshalb möglich bleiben, weil die Auflage den Stiftungsträger lediglich schuldrechtlich binde, er aber gleichwohl (rechtlicher und)

---

216 Vgl. oben (S. 59); *Reuter*, in: Stiftungen in Deutschland und Europa, 1998, Die unselbständige Stiftung, S. 215.

217 *K. Schmidt*, in: Stiftungsrecht in Europa, „Ersatzformen" der Stiftung - Unselbständige Stiftung, Treuhand und Stiftungskörperschaft, S. 185; a.A. *Reuter*, in: FS Hadding, S. 243; *Weitemeyer*, in: MünchKommBGB, § 80 BGB Rn 281.

218 *K. Schmidt*, in: Stiftungsrecht in Europa, "Ersatzformen" der Stiftung - Unselbständige Stiftung, Treuhand und Stiftungskörperschaft, S. 185f.

219 *Reuter*, in: Non Profit Law Yearbook 2010/2011, Der funktionale Stiftungsbegriff - ein Meilenstein in der stiftungsrechtlichen Diskussion, S. 74.

wirtschaftlicher Eigentümer des Stiftungsvermögens bleibe. Aussonderungs- und Vollstreckungsabwehrrechte könnten schon daher einem nur fingierten Treugeber nicht zustehen.[220] Im Ergebnis zeige dies, dass der Gedanke einer quasi-juristischen Person mit simulierten organschaftlichen Pflichten des Stiftungsträgers zwar ein hilfreiches Erklärungsmodell für die Rechtsbeziehungen im Innenverhältnis darstelle.[221] Angesichts des Außenverhältnisses zu den Stiftungsgläubigern und der damit verbundenen Frage nach dem richtigen Vertragstypus – Schenkung unter Auflage oder Treuhandverhältnis – bliebe dieses Modell aber letztlich unergiebig und könne die Rechtsnatur der unselbständigen Stiftung nicht erklären.[222] Überdies stehe den postulierten Rechtsbehelfen des Stifters auch die hierzu von der Rechtsprechung[223] verlangte Unmittelbarkeit der Vermögensübertragung entgegen, weil tatsächlich nicht die unselbständige Stiftung, sondern der Stifter selbst das Stiftungsvermögen dem Stiftungsträger überträgt.[224]

Reuters Auffassung nach droht die unselbständige Stiftung in ihren Möglichkeiten zu der selbständigen Stiftung nicht nur aufzuschließen, sondern diese mit dem zusätzlichen Vorteil zu überholen, nicht der Staatsaufsicht zu unterliegen. So unterliege allein die selbständige Stiftung der Staatsaufsicht und damit der Kontrolle, ob die zur Verfügung stehenden Mittel zu dem ausweislich der Stiftungssatzung verfolgten Zweck ausreichend sind.[225] Nur wenn die Stiftung diese Bewährungsprobe bestehe, könne sie zur Teilnahme am Rechtsverkehr zugelassen werden. Aufgrund dieser staatlichen Aufsicht sei die selbständige Stiftung im Ergebnis als gesetzlich geregelte Stiftungsform für den Rechtsanwender uninteressant.[226]

Ferner kompensiere die Staatsaufsicht die fehlende mitgliedschaftliche Kontrolle. Ausgehend vom Vereinsrecht als Urform der juristischen Personen[227] erkennt *Reuter* in der Identifikation der Mitglieder mit dem Vereinszweck und

---

220 *Reuter*, in: MünchKommBGB (6. Aufl.), Vorbemerkung zu §§ 80 – 88, Rn 110; *Reuter*, in: FS Hadding, S. 242f..

221 *Weitemeyer*, in: MünchKommBGB, § 80 BGB Rn 212.

222 *Reuter*, in: MünchKommBGB (6. Aufl.), Vorbemerkung zu §§ 80 – 88, Rn 110f.

223 BGH, Urteil v. 7.4.1959 – VIII ZR 219/57, NJW 1959, 1223, 1225.

224 *Hüttemann/Rawert*, in: Staudinger, BGB, Rn 356.

225 Vgl. oben (Fn 31).

226 *Reuter*, in: Stiftungen in Deutschland und Europa, 1998, Die unselbständige Stiftung, S. 207; *Weitemeyer*, in: MünchKommBGB, § 80 BGB Rn 212.

227 BGH, Urteil v. 21.1.1991 - II ZR 144/90, NJW 1991, 1727, 1727; *Waldner/Schweyer/Wörle-Himmel/Sauter*, Der eingetragene Verein, Rn 1.

somit auch mit dem Verein ein entscheidendes natürliches Regulativ. Weil die Mitglieder sich mit dem Vereinszweck identifizieren und nicht – zumindest nicht ausschließlich – wirtschaftliche Interessen verfolgen, sei die Versuchung zur Selbstbereicherung reduziert. Wenn der Staat die selbständige Stiftung zur eigenständigen Rechtsperson erhebt, ohne dass diese Mitglieder hätte, so kompensiere er diesen Kontrollmangel durch die Staatsaufsicht. Diese Staatsaufsicht sei durch Recht und Gesetz gebunden. Sie unterliege verwaltungsgerichtlicher Kontrolle und begründe daher nicht die Gefahr einer staatlichen Selbstbereicherung, etwa indem das Stiftungsvermögen zu staatlichen Aufgaben herangezogen und insofern missbraucht würde.[228] Wer der unselbständigen Stiftung die eigene Rechtspersönlichkeit zugesteht, umgehe diese gesetzlich etablierte Kontrollmechanik, solange er nicht auch die unselbständige Stiftung der Staatsaufsicht unterwerfe.[229] Dies wolle aber niemand.

*b) Virtualität inkonsequent gegenüber der (Teil-)Rechtsfähigkeit (*Koos*)*

Während *Reuter* den Gedanken einer simulierten juristischen Person also als zu weitgehend bezeichnet, erkennt *Koos* in seiner Kritik dieses Modells eine bloße Flucht vor dem in seinen Augen nur vermeintlich Undenkbarem.[230] Er propagiert die zumindest teilweise Rechtsfähigkeit der unselbständigen Stiftung. Doch umgekehrt wirft diese Argumentation die Frage auf, ob nicht die Annahme der Rechtsfähigkeit der unselbständigen Stiftung nicht selbst ein Fluchtversuch ist, um die mit dem schuldrechtlichen Verständnis der unselbständigen Stiftung verbundenen Probleme allzu handstreichartig zu lösen. So muss auch *Koos* einräumen,[231] dass der Personifikationsgrad der unselbständigen Stiftung unvollkommener ist als der von Gesamthandsgemeinschaften.[232] Auch und allein die von ihm postulierte Ähnlichkeit mit Verbänden und Körperschaften erscheine hierzu nicht ausreichend. Denn eine bloße Ähnlichkeit oder eine Vergleichbarkeit sei kein geeignetes Kriterium, um die Übertragung einer Vermögensmasse vom Stifter auf den Stiftungsträger als Begründung einer rechtlich – wenn auch nur beschränkt – handlungs- und rechtsfähigen Einheit zu interpretieren.

---

228 *Reuter*, in: Stiftungen in Deutschland und Europa, 1998, Die unselbständige Stiftung, S. 206.

229 *Reuter*, in: FS Hadding, S. 244.

230 *Koos*, Fiduziarische Person und Widmung, S. 282; zustimmend *Elicker*, ZStV 2012, 137f.

231 *Koos*, Fiduziarische Person und Widmung, S. 283.

232 Vgl. hierzu vertiefend unter B.VI

Auch der Verweis auf den anerkannten und gerade in Treuhandverhältnissen anzutreffenden Gedanken des wirtschaftlichen Eigentums[233] könne die Annahme einer beschränkten Rechtsfähigkeit der unselbstständigen Stiftung nicht nachhaltig stützen. Auch hier sei zwar eine gewisse Ähnlichkeit in dem Umstand zu erkennen, dass eine schuldrechtliche Abrede verdinglicht wird und damit eine abweichende rechtliche Beurteilung und Behandlung verlangt.[234] Dass der Treuhänder seine Eigentumsposition nur formal erlange, das Eigentum aber materiell-wirtschaftlich dem Treugeber zuzuordnen sei, hat demgemäß auch schon früh Unbehagen ausgelöst und über die Hürde des Unmittelbarkeitskriteriums ein Korrektiv erhalten.[235] Bei einem Vergleich des wirtschaftlichen Eigentums mit der vorgeschlagenen Einordnung der unselbständigen Stiftung als (beschränktem) Rechtsträger darf aber nicht verkannt werden, dass ersteres nur eine abweichende Vermögenszuordnung innerhalb des vorhandenen Bestands von Rechtsträgern leistet. Dieser Vorgang darf jedoch nicht gleichgesetzt werden mit der Erschaffung eines neuen Rechtsträgers.

Insoweit verlangt letztere einen deutlich größeren argumentativen Aufwand. *Koos*[236] hat diesen Aufwand mit der Überlegung betrieben, dass sich die Handlungsfähigkeit des Stiftungsträgers verglichen mit anderen Treuhandverhältnissen im erheblich höheren Maße von dem Willen des Stifters bzw. Treugebers entfernt und stattdessen dem objektivierten Stiftungszweck unterliegt.[237] Wenn der Stiftungsträger somit *„gleichsam als Organ zur Ausführung des objektivierten Stiftungszwecks"* handelt, läge damit im Kern eine Handlungsorganisation vor. Diese begründe aber nach *John* ein Personifikationselement,[238] das einen Ansatzpunkt zur Annahme der Rechtsfähigkeit der unselbständigen Stiftung darstelle. Wie *Koos* aber selbst formuliert, handelt der Stiftungsträger – auch nach der Vorstellung *K. Schmidts* – nicht *„als Organ"*, also aufgrund einer durch Gesetz und/oder Satzung definierten Organstellung, sondern nur *„gleichsam als*

---

233 *Koos*, Fiduziarische Person und Widmung, S. 283; zum Principal-Agent-Konflikt in gemeinnützigen Körperschaften vgl. *Kreutz*, ZRP 2007, 50.

234 Hierzu ohnehin kritisch *Bitter*, Rechtsträgerschaft für fremde Rechnung, S. 264ff., 271.

235 *Löhnig*, Treuhand, S. 84ff.

236 *Koos*, Fiduziarische Person und Widmung, S. 210ff.

237 *Koos*, Fiduziarische Person und Widmung, S. 211: *„...so kann doch zumindest festgestellt werden, dass die Stiftungsverwaltung durch den Träger jedenfalls im Rahmen einer gegenüber der selbständigen Stiftung unvollkommenen Verselbständigung des Stiftungszwecks vom aktuellen Stifterwillen im Hinblick auf einen verobjektivierten Stiftungszweck erfolgt."*

238 *John*, Die organisierte Rechtsperson, S. 208f., vgl. eingehend unter B.VI.2.d).

Organ", wobei die sonst durch Gesetz und/oder Satzung definierten organschaftlichen Pflichten nur abgebildet werden. Somit liege auch das Personifikationsindiz einer Handlungsorganisation nicht vor, sondern es werde lediglich ein Pflichtenkreis definiert, der dem eines in einer Handlungsorganisation agierenden Organs nachgebildet ist. Es bliebe dabei, dass eine Handlungsorganisation lediglich simuliert werde, ohne aber tatsächlich zu bestehen.

*c) Unselbständige Stiftung als atypische bürgerlich-rechtliche Gesellschaft (*Geibel*)*

Wohl auch in Reaktion auf die gesellschaftsrechtlich geprägten Überlegungen *K. Schmidts* will demgegenüber *Geibel* die unselbständige Stiftung als atypische bürgerlich-rechtliche Gesellschaft verstehen, die von dem Stifter und dem Stiftungsträger gegründet werde.[239] Unter diesem Verständnis würden nicht nur organschaftliche Pflichten im Innenverhältnis simuliert, sondern darüber hinaus sogar eine (Teil-) Rechtsfähigkeit der Stiftung begründet. Die Bildung eines dinglich geschützten Sondervermögens sei nach diesem Verständnis möglich.[240]

Indes ist eine hierzu erforderliche gemeinsame Zweckverfolgung nicht erkennbar, sondern wird allein unterstellt. Realistisch dürfte demgegenüber ein Rangverhältnis zwischen Stifter und Stiftungsträger dergestalt zu erkennen sein, dass der Stiftungsträger an die in Stiftungssatzung und -zweck formulierten Vorgaben des Stifters als seinem Prinzipal gebunden ist, sodass von der gemeinsamen Zweckverfolgung keine Rede sein kann. [241] Ferner kann auch *Geibel* das Problem der aus diesem Verständnis resultierenden persönlichen Haftung der vermeintlichen Gesellschafter nicht überzeugend lösen.[242]

Unbeschadet der Frage, ob die von *Geibel* vorgeschlagene rechtliche Einordnung der unselbständigen Stiftung als Gesellschaft dogmatisch konstruktiv denkbar ist, so erscheint diese Einordnung unter Berücksichtigung des typischen Parteiwillens doch regelmäßig künstlich. Bei der Einrichtung einer

---

239 *Geibel*, Treuhandrecht als Gesellschaftsrecht, S. 422ff.; *ders.*, in: BeckOGK, § 80 Rn 672ff.; ebenfalls einem gesellschaftsrechtlichen Verständnis folgt *Bruns*, JZ 2009, 840.

240 *Geibel*, in: Non Profit Law Yearbook 2011/2012, Dachstiftungen, Stiftungszentren und Treuhandstiftungen, S. 56.

241 *Hüttemann/Rawert*, in: Staudinger, BGB, Vorbem zu §§ 80 ff, Rn 337; unter diesem Gesichtspunkt weniger kritisch *Weitemeyer*, in: MünchKommBGB, § 80 BGB Rn 270.

242 *Hüttemann/Rawert*, in: Staudinger, BGB, Vorbem zu §§ 80 ff, Rn 336, 337; *Weitemeyer*, in: MünchKommBGB, § 80 BGB Rn 204; *Weitemeyer*, in: MünchKommBGB, § 80 BGB Rn 270.

unselbständigen Stiftung liegt es den Beteiligten doch ferne, eine gemeinsame, wenn auch höchst atypische Gesellschaft mit allen damit – teils unabdingbar – verbundenen Rechten und Pflichten zu begründen. In der Praxis werden sich hierzu kaum belastbare Anhaltspunkte finden lassen.[243]

VI. Rechtspersönlichkeit und -fähigkeit der unselbständigen Stiftung

1. Überlegungen zur Verselbständigung der unselbständigen Stiftung

Ob der von *K. Schmidt* vorgestellten Ansatz, das Innenverhältnis zwischen Stiftungsträger und Stiftungsvermögen als quasi-organschaftlich zu betrachten und einzuordnen, demgegenüber mit *Koos* in eine Teilrechtsfähigkeit oder gar in eine Rechtspersönlichkeit der unselbständigen Stiftung einmünden kann, ist im Folgenden zu beleuchten.

Wie bereits angesprochen führt *Koos*[244] den Gedanken der virtuellen juristischen Person weiter und wirft die Frage auf, ob die von ihm als fiduziarisch bezeichnete unselbständige Stiftung personifikationsfähig sei.[245] Mit *K. Schmidt* stellt *Koos* dabei klar, dass eine Anerkennung der unselbständigen Stiftung als juristische Person nicht in Betracht komme.[246] Denn mit der Schaffung der selbständigen Stiftung habe der Gesetzgeber eine kodifizierte Stiftungsform bereitgestellt und damit abschließend die Möglichkeiten zur Etablierung von Stiftungen als juristische Person festgelegt. Es ergibt sich hieraus eine Sperrwirkung für die Annahme weiterer Stiftungseinheiten als vollständiger Rechtsperson.[247] Gleichwohl lohnt es sich, das Phänomen „*juristische Person*“ zum Ausgangspunkt von Überlegungen über einen möglichen Personifikationsgrad der unselbständigen Stiftung zu machen, wobei indes insbesondere die Erwägungen des Bundesverwaltungsgerichts zu berücksichtigen sind, das eine Rechtsfähigkeit – und damit a fortiori eine Rechtspersönlichkeit – wie auch die daraus gemäß § 61 Nr. 2 VwGO folgende Parteifähigkeit abgelehnt hat.

---

243 Vgl. OLG Naumburg, Beschl. v. 6.3.2014 – 1 W 2/14, NZG 2014, 714.

244 *Koos*, Fiduziarische Person und Widmung, S. 206ff.

245 Diese hierin liegende Offenheit für eine Weiterentwicklung der unselbständigen Stiftung nicht per se verwerflich. Vielmehr liegt hierin der Vollzug des durch den historischen Gesetzgeber der Rechtsprechung und Literatur erteilten Auftrags, die unselbständige Stiftung fortzuentwickeln, insoweit zutreffend *Elicker*, ZStV 2012, 135–139, 169–177, 135.

246 *Koos*, Fiduziarische Person und Widmung, S. 279f.

247 *Koos*, Fiduziarische Person und Widmung, S. 279f.

Diese Überlegungen dürfen sich nicht auf die juristische Person beschränken, sondern müssen deren Abgrenzung zu anderen rechtlich anerkannten oder tatsächlich existierenden Einheiten und Verbänden im Blick behalten. Im Kern geht es also einerseits um eine sachgerechte Grenzziehung[248] zwischen denjenigen Verbänden, denen die Rechtspersönlichkeit beigemessen wird, und denjenigen, die mit Rechtsfähigkeit beschieden werden, und andererseits um die Abgrenzung letzterer von nichtrechtsfähigen Kollektiven. Der Begriff der Rechtssubjektivität kann[249] und soll auch hier mit dem der Rechtspersönlichkeit gleichgesetzt werden. Er sollte aber möglichst ganz vermieden werden, schafft er doch aufgrund seines sprachlichen Verweises auf die Rechtsperson eher Verwirrung[250] als er einen darstellerischen Mehrwert bietet.

Die Grenzziehung zwischen den Bezeichnungsbereichen der Rechtspersönlichkeit einerseits und der Rechtsfähigkeit andererseits wurde in der Literatur maßgeblich in Bezug auf Personenkollektive bearbeitet. Die dabei entwickelten Kriterien können auf die Einordnung und Behandlung von Zweckvermögen und insbesondere die hier interessierende unselbständige Stiftung übertragen und angewendet werden.[251]

2. *Begründungsansätze zur Rechtspersönlichkeit der juristischen Person*

a) *Einleitung*

Das aktuelle Verständnis der juristischen Person ist Resultat eines langjährigen Entwicklungsprozesses, der in seinen einzelnen Strömungen und Aspekten

---

248 Dass diese Grenzziehung keine nur theoretische Frage, sondern der praktischen Rechtsanwendung geschuldet ist, zeigt ausdrücklich Art. 19 Abs. 3 GG, wonach die Grundrechte juristischen Personen nur soweit zugutekommen, als sich ihrem Wesen nach auf diese anzuwenden sind. Die Verfassung stellt hiermit die Möglichkeit einer grundsätzlichen Grundrechtsträgerschaft von Körperschaften als juristischen Personen ausdrücklich klar. Dies ist erforderlich, weil sich diese von ihren Mitgliedern emanzipiert haben. Gleichwohl besteht der Grundrechtsschutz juristischer Personen nicht unmittelbar, sondern nur abgeleitet von dem Grundrechtsschutz der Mitglieder, um deren freiheitliche Entfaltung auch als Kollektiv zu schützen, vgl. *Rupp-v. Brünneck*, in: FS Arndt, S. 354ff., 359.

249 *Koos*, Fiduziarische Person und Widmung, S. 139, 141.

250 *Beuthien*, NJW 2005, 855, 856.

251 *Koos*, Fiduziarische Person und Widmung, S. 141.

hier nicht aufbereitet werden kann.[252] Zwei Grundströmungen lassen sich aber erkennen: auf der einen Seite steht der normativ-positivistische Ansatz insbesondere der sog. *Fiktionstheorie*, auf der anderen Seite ein inhaltlich-soziales Verständnis des Begriffs in der *Theorie der realen Verbandspersönlichkeit*.[253]

b) Fiktions- und Zweckvermögenslehre

Dem normativ-positivistischen Ansatz liegt der Gedanke zugrunde, dass das Phänomen der juristischen Person das Produkt einer gesetzgeberischen Entscheidung ist. So geht die *Fiktionslehre*[254] davon aus, dass im Grunde nur natürliche Personen als Rechtssubjekte Bezugspunkte von Rechten und Pflichten sein können.[255] Nach dieser Lehre bestehen juristische Personen als Rechtssubjekte, weil der Gesetzgeber diesen Begriff als Rechtsbegriff vorgegeben und bestimmten Einheiten zugewiesen hat.[256] In ihrem radikalen Verständnis knüpft die *Fiktionslehre* sogar an überhaupt keine irgendwie gearteten rechtssoziologischen Umstände an. Dies führt so weit, dass nicht einmal dem Menschen aus sich heraus eine Rechtspersönlichkeit zugewiesen wird, sondern diese Rechtspersönlichkeit

---

252 Eingehend dargestellt bei *Raiser*, AcP 199 (1999), 104, ferner bei *Koos*, Fiduziarische Person und Widmung, S. 168ff. und *Tolani*, "Teilrechtsfähigkeit" von Personenvereinigungen, S. 34ff.

253 Vgl. hierzu sehr plastisch *K. Schmidt*, Gesellschaftsrecht, S. 186ff., der auch an anderer Stelle explizit darauf hinweist, dass weder *von Savigny*, in: System des heutigen römischen Rechts, die soziale Realität des Verbands geleugnet noch von Gierke die Frage der Rechtspersönlichkeit als rein soziologische Frage betrachtet (*K. Schmidt*, Einhundert Jahre Verbandstheorie im Privatrecht, S. 13).

254 Im ihrem Kern beschreibt die Fiktionslehre allerdings nur die Existenzgrundlage einer juristischen Person. Sie enthält hingegen keine Aussage darüber, welche Voraussetzungen an den Bezugspunkt der normativen Aussage zu richten sind. Aufgrund dieses beschränkten Gehalts bleibt die Fiktionslehre im Ergebnis inhaltsleer und musste es der Ansatz von *John*, Die organisierte Rechtsperson sein, den – durchaus normativ verstandenen – Begriff der juristischen Person auch inhaltlich zu bestimmen und wesensnotwendige Elemente zu definieren. Dies sollen sein: unter einem bestimmten Namen a) die Fähigkeit zu handeln und b) die Pflicht zu haften (*John*, Die organisierte Rechtsperson, S. 72ff.).

255 Der Ansatz resultierte aus der römischrechtlichen Tradition und entsprach auch dem christlich-theologischen Verständnis, nach dem Mensch Gott als Individuum – und nicht im Verband mit anderen – gegenübersteht und ihm gegenüber Verantwortung tragen kann, vgl. *Raiser*, AcP 199 (1999), 104, 111.

256 *Neubecker*, Vereine ohne Rechtsfähigkeit, S. 35ff.

allein auf dem gesetzgeberischen Willen basiert, eine natürliche Person als taugliches Subjekt im Rechtsverkehr anzuerkennen.[257]

Im Grundansatz verwandt, aber im Hinblick auf die hier interessierende Frage der Einordnung der unselbständigen Stiftung deutlich ergiebiger ist das Verständnis der *Zweckvermögenslehre*. Diese Lehre geht zwar – insoweit abweichend – von einer Rechtssubjektivität des Menschen aus sich heraus aus. Eine Fiktionalität greift aber in dem folgenden Schritt ein, wenn diese Lehre Personenverbände den Individuen qualitativ gleichsetzt. Auf diese Weise sollen auch subjektlose Vermögensmassen als Bezugspunkt von Rechten und Pflichten anerkannt werden, wenn sie einem bestimmten Zweck dienen.[258] Nicht die Identität von Personen, sondern die des Vermögenszwecks ist demgemäß das für die Annahme einer Vermögenseinheit maßgebliche Kriterium. Zwar könne grundsätzlich nur der Mensch persönlich für Verbindlichkeiten in Anspruch genommen werden. Es seien aber auch Rechte denkbar, die unabhängig vom Rechtssubjekt bestünden.[259] Als deren Zuordnungseinheit dienen juristische Personen als *„mitgliedsunabhängige Sondervermögen“*[260].

---

257 So ausdrücklich *Brecher*, in: FS Hueck, S. 238: *„Für das BGB ist sie* [die Person] *eigentlich schlechthin und immer „juristische Person“. Sie besteht kraft Befehls des Gesetzgebers, weil und wenn sie dem Begriff ‚Person‘ unterfällt, dem Begriff, den jeder Gesetzgeber bestimmen und deren formales Gegebensein er herbeiführen kann. Ob dahinter eine Existenz mit materiellen Personqualitäten steht, ist nicht rechtserheblich, für Subsumtion und Definition gleichgültig; es mag bei rechtsethischen oder rechtspolitischen Vorüberlegungen eine Rolle spielen, in den Rechtssatz gehen diese nicht ein.“* Völlig zurecht weist *Raiser*, AcP 199 (1999), 118, auf die Gefahr hin, die mit einer Loslösung der Rechtssubjektivität von rechtsethischen und rechtspolitischen Grundannahmen verbunden sind. Denn auf diese Weise ist der Gesetzgeber in seiner Anerkennungsentscheidung nicht mehr an die tradierte und in den Grundrechten gespiegelte Maßgabe gebunden, dass der Mensch um ihrer selbst willen grundsätzlich die Fähigkeit hat, Rechte zu erwerben und Pflichten eingehen zu können.

258 Im Ergebnis werden „Zweckgebundenheiten“ analog mit subjektiven Rechten ausgestattet: *„Jedes Privatrecht setzt nach seinem Inhalt und seiner Entstehung ein Rechtssubjekt voraus. Will man also die Bindung von Gütern für die Zwecke jener Organisationen mit dem übrigen Privatrecht in Einklang bringen, so kann das nur geschehen, indem man die Organisationen als Rechtssubjekte anerkennt.“* (*Enneccerus/Nipperdey*, Bürgerliches Recht, S. 291). Dieser Analogie liegt letztlich auch ein Fiktionsgedanke zugrunde (*K. Schmidt*, Gesellschaftsrecht, S. 188, Fn 29).

259 *Koos*, Fiduziarische Person und Widmung, S. 170f.

260 *Wiedemann*, Gesellschaftsrecht, S. 196.

Nach *Wiedemann* verlangt die darin liegende Rechtsverleihung und -zuordnung nach einer Organisation, die eine Willensbildung ermöglicht.[261] Hierauf wird noch einzugehen sein. Schon jetzt ist allerdings auf die dieser Sichtweise anhaftende Problematik hinzuweisen, dass dieses „*mitgliedsunabhängige Sondervermögen*" erst aufgrund der organisierten Willensbildung ihrer Mitglieder entsteht, deren Organisation – etwa bei den Kapitalgesellschaften – sich infolge dessen erst konstituiert, obwohl sie Voraussetzung einer juristischen Person sein soll.[262]

Anders mag es sich indes bei der (unselbständigen) Stiftung verhalten, deren Mitgliedsunabhängigkeit gerade in der mitgliederlosen Form der Willensbildung im Rahmen der Zweckbestimmung durch den Stifter zum Ausdruck kommt.[263] So scheint die Zweckvermögenslehre gerade auf die unselbständige Stiftung unmittelbar anwendbar und käme als Grundlage für deren Einordnung als juristische Person auf den ersten Blick in Betracht. Denn sie postuliert, dass juristische Personen lediglich eine Entscheidungsorganisation und eine Vermögensausstattung benötigen, um im Rechtsverkehr handlungsfähig zu sein.[264] Ein Mitgliederbestand – mithin vermögenstragende Rechtssubjekte – sei demgemäß nicht erforderlich. Der von der Zweckvermögenslehre gewählte Ansatz könnte daher zum Verständnis, wie sich Stiftungsträger und Stiftungsvermögen zueinander verhalten, und zur Beantwortung der Ausgangsfrage nach der Rechtsfähigkeit oder gar -persönlichkeit unselbständiger Stiftungen einen Ansatz liefern.

c) Theorie der realen Verbandsperson

Die insbesondere mit dem Namen *Otto von Gierke* verbundene *Theorie der realen Verbandsperson*[265] steht der *Fiktionstheorie* in ihren verschiedenen, teils dargestellten Ausprägungen gegenüber. Sie begreift die juristische Person nicht als Kunstgriff der Rechtsentwicklung und Objekt gesetzgeberischer Entscheidungen, sondern als tatsächlich existierendes Rechtssubjekt.[266] In dem Verband bestünde „*ein besonderes geistiges Wirkungszentrum der Objektivität*",

---

261 *Wiedemann*, Gesellschaftsrecht, S. 197.

262 Explizit gegenteiliger Auffassung *Wiedemann*, Gesellschaftsrecht, S. 197.

263 *K. Schmidt*, Gesellschaftsrecht, S. 188 (Fn 29).

264 *Raiser*, AcP 199 (1999), 112; *Koos*, Fiduziarische Person und Widmung, S. 174.

265 *Gierke*, Deutsches Privatrecht, S. 469ff.

266 *Gierke*, Deutsches Privatrecht, S. 470 „*Die Verbandsperson ist eine wirkliche, nicht bloß erdichtete Person.*"

dessen Realität unbestreitbar sei.[267] Diese Wirkungseinheit ist von den beteiligten natürlichen Personen (Mitglieder, Organvertreter) unterscheidbar und zu unterscheiden.

Konkretisierend suchte *Teubner* den Kern des Verbandsphänomens nicht in den Einzelelementen, sondern verstand den Verband als ein System, dessen Elemente nicht Personen oder Sachen, sondern Handlungen und soziale Interaktionen sind.[268] Demgemäß definiert er den Verband als ein offenes organisiertes System, das gegenüber seinen relevanten Umwelten, insbesondere gegenüber der Mitgliederumwelt, bestimmte Leistungen erbringt und dessen Programmstrukturen von diesen Umweltleistungen abhängen.[269] Das insoweit von *Teubner* forcierte Verständnis des Verbands, dessen Mitglieder außerhalb dessen stehen, sieht den Verband also nicht als eine nur in sich geschlossenen Wirkungseinheit, sondern als Organismus, der mit anderen Rechtssubjekten in einer funktionalen Beziehung steht und daher selbst Rechtssubjekt ist.[270]

Gleichermaßen stützt auch *Flume* sein Verständnis der juristischen Person nicht auf die Realität der Einzelaspekte an sich, sondern erkennt, dass deren Konstituierung in einem *„idealen Ganzen"* die juristische Person ausmacht.[271] Im Kern sei der Begriff der juristischen Person jedoch ein Abstraktionsbegriff, dessen Aufgabe weniger in einer möglichst umfassenden, aber auch präzisen Umschreibung vorhandener Verbandsphänomene liegt, sondern der normativ einen Rahmen zur Einordnung dieser Phänomene liefern soll.[272]

---

267 *Rittner*, Die werdende juristische Person, 211.

268 *Teubner*, Organisationsdemokratie und Verbandsverfassung, S. 136, wobei er an anderer Stelle (*Teubner*, KritV 1987, 61, 73) unter Hinweis auf die Merkmale (1) organisiertes Handlungssystem, (2) Selbstbeschreibung als kollektive Identität und (3) Verknüpfung von Identität und Handlung über Zurechnungsmechanismen einen durchaus vergleichbaren Kriterienkatalog entwickelt.

269 *Teubner*, Organisationsdemokratie und Verbandsverfassung, S. 135.

270 *Teubner*, Organisationsdemokratie und Verbandsverfassung, S. 137; *Teubner*, KritV 1987, 61, 67.

271 *Flume*, Allgemeiner Teil des bürgerlichen Rechts, S. 30.

272 *"Die Lehre von der juristischen Person betrifft als juristische Lehre nicht die Realität der Wirkungseinheit, sondern ihre Verfassung, durch welche sie als juristische Personen konstituiert werden."*, *Flume*, Allgemeiner Teil des bürgerlichen Rechts, S. 30.

d) *Personifikationskriterien der Identitätsausstattung nach* John

aa) *Wesenselemente der juristischen Person*

Damit ist aber noch keine Aussage darüber getroffen, was denn die Realität eines Verbands ausmacht und was ihre tatsächlichen Voraussetzungen sind. Denn im Kern gehen diese Überlegungen der Frage nach, auf welcher Grundlage das Phänomen der juristischen Person legitimiert ist. Hinsichtlich der Frage, welche Aspekte die juristische Person ausmachen und unter welchen Voraussetzungen soziale Phänomene als juristische Personen subsumiert werden dürfen, können diese Überlegungen allenfalls mittelbaren Ertrag bieten.

John lehnt daher die vorstehende Diskussion über Realität oder Fiktionalität der juristischen Person ab. Es handele sich um verschiedene, aber nicht zwingend widersprüchliche Betrachtungsweisen auf *„je einen Aspekt der gleichen Sache"*.[273] Die juristische Person könne als Rechtsbegriff verstanden werden, der einen bestimmten Stellenwert im Gesamtzusammenhang des (bürgerlichen) Rechts hat und die systematische Zusammengehörigkeit von Rechtssätzen anzeigen soll. Dabei könne mit dem Begriff *„juristische Person"* sowohl der Inbegriff der dieses Phänomen beschreibenden Rechtssätze als auch das reale Substrat des Rechtssatzes – die im Rechtsverkehr auftretende Gesellschaft mit beschränkter Haftung oder der Verein – gemeint sein.[274]

Als Wesenselement der juristischen Person identifiziert *John* (1) die Handlungsorganisation, (2) einen Haftungsverband und (3) eine Identitätsausstattung als wesensnotwendige Elemente, die eine Rechtspersönlichkeit ausmachen.[275]

bb) *Handlungsorganisation*

Das Personifikationskriterium der Handlungsorganisation ist nach *John* erfüllt, wenn es der Einheit aufgrund einer entsprechenden Binnenorganisation insbesondere möglich ist, mit einem nach außen gerichteten Willen aufzutreten.[276] Bei der selbständigen Stiftung sind diese Kriterien klar erkennbar, weil diese die Bildung eines Stiftungsvorstands gemäß § 81 Abs. 1 Satz 3 Nr. 5 BGB zwingend voraussetzt und die selbständige Stiftung damit stets über ein willensfähiges Handlungsorgan verfügt. In Verbindung mit der nach dem für

273 *John*, Die organisierte Rechtsperson, S. 67.
274 *John*, Die organisierte Rechtsperson, S. 67f.
275 *John*, Die organisierte Rechtsperson, S. 72ff.
276 *John*, Die organisierte Rechtsperson, S. 76.

Stiftungen geltenden Konzessionssystem gemäß § 80 BGB erforderlichen staatlichen Genehmigung fügt sich die selbständige Stiftung so unproblematisch in die Gruppe der juristischen Person ein.[277]

Soweit *Koos* eine vergleichbare verbandsmäßige Verfassung der unselbständigen Stiftung unter Hinweis auf eine Bindung von Stifter und Stiftungsträger an einen objektivierten Stiftungszweck begründen will,[278] erscheint eine solche Argumentation zirkelschlüssig.[279] Denn die Annahme einer solchen Emanzipation des Stiftungszwecks aufgrund dessen vermeintlicher Nähe zu einer verbandsähnlichen Struktur stellt dann gerade den Versuch dar, hierin eine verbandsähnliche Struktur zu erkennen. Insoweit wird eine verbandsähnliche Struktur gerade mit dem Argument begründet, der unselbständigen Stiftung läge ein objektivierter Stiftungszweck zugrunde. Ob ein solcher von dem Stifter losgelöster und objektivierter Stiftungszweck überhaupt vorliegt, ist aber gerade die Frage.

Vereinen sich Rechtsträger – natürliche oder juristische Personen –, um gemeinsam einen bestimmten Zweck zu verfolgen, kann der so geschaffenen Gesellschaft nur dann und soweit eine Rechtsträgerschaft zukommen, wie die Gesellschafter dies übereinstimmend wollen.[280] Im Falle der unselbständigen Stiftung kann der Wille, Rechtsfähigkeit zu erzielen, aber nicht ohne weiteres unterstellt werden. Hiergegen spricht bereits die Option jedes Stifters, nicht (nur) eine unselbständige, sondern auch eine selbständige Stiftung ins Leben zu rufen und auf diese Weise einen jedenfalls rechtsfähigen Rechtsträger zu schaffen.[281] Der Stifter einer unselbständigen Stiftung bringt mit seinem Entschluss für dieses Stiftungsmodell aber gerade zum Ausdruck, sich gegen diese Option entschieden zu haben.

---

277 *Reuter*, in: MünchKommBGB, Vor § 80 Rn 26; *Neuhoff*, in: Soergel, BGB, Vor § 80 Rn 16.

278 *Koos*, Fiduziarische Person und Widmung, S. 211f.

279 So schreibt *Koos*, Fiduziarische Person und Widmung, S. 268 in Abgrenzung zu dem herrschenden organisationsvertraglichen Verständnis des zwischen dem Stifter und dem Stiftungsträger abgeschlossenen Vertrags: „*Anders fällt die Beurteilung der Rechtsnatur des fiduziarischen Stiftungsgeschäfts aus, wenn man mit der hier vertretenen Auffassung auch bei fiduziarischen Stiftungen eine weitreichende Emanzipation des Stiftungszwecks vom Stifter annimmt und die Errichtung eines solchen Gebildes eher als Gründung einer Personifikation ansieht* […].“

280 *Geibel*, Treuhandrecht als Gesellschaftsrecht, S. 346f.

281 Zu praktischen Kriterien der Wahl der richtigen Stiftungsform vgl. *Küstermann*, ZSt 2012, 67.

Dass er sich darüber hinaus vor den weiteren damit verbundenen nachteiligen Folgen der Begründung einer selbständigen (rechtsfähigen) Stiftung gescheut haben mag, steht dem nicht entgegen. Dass die Gründung einer selbständigen Stiftung mit größerem Aufwand verbunden ist und den beaufsichtigenden Staat in sein Vorhaben zwingend einbezieht, bedeutet gerade nicht, dass jeder Stifter dies möglichst vermeiden will und nur deshalb notwendigerweise in Kauf nimmt, um so den Segen der Rechtspersönlichkeit zu erlangen. Vielmehr setzen die Stifter mit der Einrichtung einer unselbständigen Stiftung doch positiv den Wunsch um, ihr Vermögen einem geeigneten Stiftungsträger anzuvertrauen, damit dieser es zu dem von ihm benannten Zweck verwendet. Dies kann aber nicht sogleich und stets als der Wunsch interpretiert werden, eine handlungsfähige Organisation zu schaffen. Eine solche Annahme würde den Realitäten sowohl im privaten, unentgeltlichen als auch im professionellen und typischerweise entgeltlichen Kontext nicht entsprechen und das Handeln des Stifters überinterpretieren.

In der sodann errichteten unselbständigen Stiftung findet eine Willensbildung und -betätigung in der bzw. durch die Person des Stiftungsträgers als Handlungsorgan selbst statt.[282] Der Stiftungsträger hat sich bei Annahme des Stiftungsgeschäfts indes dessen Bindungen schuldrechtlich unterworfen,[283] und ist somit nicht berechtigt, frei über das Stiftungsvermögen zu entscheiden. Stattdessen ist er den inhaltlichen Vorgaben hinsichtlich der Verwendung des Stiftungsvermögens, aber gegebenenfalls auch den nach dem Stiftungsgeschäft vorgesehenen weiteren Vorgaben – zum Beispiel organisatorische Auflagen zur Sicherung einer bestimmten Transparenz – unterworfen. Ebenfalls hat die Rechtsprechung die Möglichkeit einer Bindung an Weisungen anderer Stiftungsorgane in einer Treuhandstiftung anerkannt.[284] Angesichts solcher Bindungen, die durchaus und regelmäßig so weitgehend sein können, dass *K. Schmidt* hierin nachvollziehbar die Simulation organschaftlicher Bindungen erkennt, ist der Stiftungsträger nicht mehr als außenstehender Sachwalter anzusehen. Stattdessen ist er in eine durch das Stiftungsgeschäft geschaffene Binnenstruktur der unselbständigen Stiftung dergestalt eingebunden, dass er als integriertes Organ der Willensbildung der unselbständigen Stiftung erscheint. Die Simulation einer

282 *Koos*, Fiduziarische Person und Widmung, S. 211f.; zur Wissenszurechnung OLG Hamburg, Urt. v. 23.2.2016 – 2 U 18/15, ZErb 2016, 204 (juris Rn 46f.).

283 So auch OLG Sachsen-Anhalt, Beschl. v. 23.8.2013 – 1 W 28/13, NZG 2014, 470 (juris Rn 12); Beschl. v. 6.3.2014 – 1 W 2/14, NZG 2014, 714 (juris Rn 5).

284 BGH, Urt. v. 22.1.2015 – III ZR 434/13, npoR 2015, 126.

Organstellung begründet aber somit schuldrechtliche Bindungen, die der Stiftungsträger bei der Ausübung seiner Tätigkeit zu beachten hat. Gerade aufgrund dieser Verpflichtung, die er durch Annahme der auflagenbelasteten Schenkung wie auch durch Abschluss des Treuhandvertrags akzeptiert hat, hat ihm der Stifter eine beschränkte Handlungskompetenz verliehen.

Der Stiftungsträger ist damit einer Binnenorganisation unterworfen, die ihn sowohl bindet als auch autorisiert. Dass auf diese Weise nach der These *K. Schmidts* eine Organstellung nur simuliert wird, steht dem Resultat der mit der Simulation erreichten schuldrechtlichen Bindung und dessen Einordnung als Organisationsakt nicht entgegen.[285] Auf diese Weise erhält die unselbständige Stiftung somit eine für die Annahme der Personifikation nach *John* notwendige Handlungsorganisation.

cc) Haftungsverband

Weiteres notwendiges Personifikationskriterium nach *John* ist ferner das Vorliegen eines Haftungsverbands. [286] Es muss eine abgesonderte Haftungsmasse bestehen, sodass ein Vermögensbestand nur für die eigenen Gläubiger reserviert ist und die Gläubiger von etwaigen Mitgliedern oder Destinatären hierauf also keinen Zugriff haben.[287] Dass – wie beispielsweise bei der offenen Handelsgesellschaft – neben dem Gesellschaftsvermögen noch weitere Vermögensmassen zur Vollstreckung von Ansprüchen zur Verfügung stehen – vgl. § 128 HGB – ist dabei unschädlich, solange Vermögenszugriffe auf das Gesellschaftsvermögen selbst ausgeschlossen sind, die nicht auf ein Verhalten der Gesellschaft selbst ausgelöst wurden oder ihr zurechenbar sind.

In dem Kapitalerhaltungs- und Haftungssystem der etablierten juristischen Personen wird das Fehlen der ansonsten erforderlichen persönlichen Haftung zumindest eines Gesellschafters hinreichend kompensiert.[288] Dabei kann der bloße (anfängliche) Bestand einer Haftungsmasse allerdings nicht ausreichend sein. Vielmehr ist auch deren weitere Sicherung erforderlich. Eine effektive Sicherung setzt – wie bei den privatrechtlichen Körperschaften auch üblich – voraus, dass (1) eine Insolvenzreife und damit verbundene Insolvenzantragspflicht nicht

---

285 *Koos*, Fiduziarische Person und Widmung, S. 211f.; a.A. BVerwG, Urteil v. 9.4.2014 – 8 C 23.12, npoR 2014, 243, Rn 19.

286 *John*, Die organisierte Rechtsperson, S. 209f.

287 So auch *Wiedemann*, Gesellschaftsrecht, § 4 I 2, unter dem Verständnis einer mitgliedsunabhängigen Sondervermögensordnung.

288 *Canaris*, ZGR 2004, 69, 95.

erst bei Eintritt der Zahlungsunfähigkeit entsteht, sondern bereits im Falle der Überschuldung, (2) ein Liquidationsverfahren die Rechte der Gläubiger auf vollständige Befriedigung verfahrensrechtlich garantiert, und dass (3) vor der Auflösungsphase das Verbot besteht, Vermögensbestandteile an die Mitglieder ohne spezielle Gläubigersicherung unter Schmälerung der Haftungsmasse auszukehren.[289]

Wie die selbständige Stiftung als juristische Person auf diese Weise schlüssig zu erklären ist, so deutlich zeigt sich, dass die unselbständige Stiftung dies nicht leisten kann. Unschädlich ist zwar, dass auch der Stiftungsträger mit seinem gesamten Vermögen für solche Verbindlichkeiten haftet, die er im Rahmen der Stiftungsverwaltung eingeht. Angesichts dessen könnte eine Rechtsfähigkeit der unselbständigen Stiftung anerkannt werden. Denn soweit zusätzlich eine natürliche Person persönlich für solche Verbindlichkeiten einzustehen hat, sind weitere Mechanismen der Kapitalsicherung nicht erforderlich. Denn nur juristische Personen haben mit dem Insolvenzgrund der Überschuldung[290] und den rechtsformspezifischen Kapitalerhaltungsvorschriften[291] einen Preis für die beschränkte Haftung zu zahlen. Ist demgegenüber der Stiftungsträger selbst juristische Person, so finden die für juristische Personen geltenden Gläubigerschutzmechanismen entsprechende Anwendung (§§ 19 Abs. 3 InsO, §§ 131 Abs. 2, 172 Abs. 6 HGB).

Weder als Treuhandstiftung[292] noch als Schenkung[293] verstanden oder eingerichtet kann die selbständige Stiftung aber die erforderliche Vermögensabsonderung ihres eigenen Stiftungsvermögens aufbieten. Es fehlt an der erforderlichen,[294] für Dritte erkennbaren[295] und durchsetzbaren Trennung von anderen Vermögenseinheiten, die einen Zugriff auf das Stiftungsvermögen *von* außen unterbindet. Das Vermögen einer unselbständigen Stiftung bleibt rechtlich letztlich und im Kern dem Stiftungsträger zugeordnet und ist vor Haftungseingriffen wegen Verbindlichkeiten des Stifters/Stiftungsträgers nicht immun. Auch wenn der Stiftungsträger das Stiftungsvermögen pflichtgemäß separiert, ist eine vollständige Vermögenstrennung nicht zu erreichen. Demzufolge kann

289 *Reuter*, AcP 207 (2007), 673, 688.
290 *Uhlenbruck/Berscheid*, Insolvenzordnung, § 16 Rn 4.
291 Kritisch *K. Schmidt*, JZ 1982, 165, 171f.; *ders.*, ZIP 1980, 233, 237f.
292 Vgl. Seite 43ff.
293 Vgl. Seite 58.
294 *Wiedemann*, Gesellschaftsrecht, S. 196.
295 Hierzu kritisch *Koos*, Fiduziarische Person und Widmung, S. 213f.

die unselbständige Stiftung das Personifikationskriterium eines geschlossenen Haftungsverbands nicht erfüllen.[296]

dd) Identitätsausstattung

Gleiches gilt für die von *John* als drittes Personifikationskriterium verlangte Identitätsausstattung. So ist es der Name, der bei der Würdigung rechtlichen Handelns erkennbar macht, welche Rechtsperson handelt oder auf wen sich die Handlung bezieht.[297] Die Namenskennzeichnung ist mithin entscheidend, um beispielsweise den passiv betroffenen Haftungsverband zu identifizieren. Vor diesem Hintergrund weist *John* auch explizit auf die Bedeutung der Eintragung von Rechtspersonen in öffentlichen Registern hin, was die Anerkennung der bloßen Namensgebung als personifizierende Identitätsausstattung zweifelhaft erscheinen lässt.[298] Jedenfalls sei zu verlangen, dass dem Rechtsverkehr unzweifelhaft vor Augen geführt wird, dass die Gesamthand einerseits und deren Mitglieder / Gesellschafter andererseits unterschiedliche Rechtssubjekte sind. Hierzu könne eine eindeutige Namensgebung – und selbstverständlich die Namensverwendung im Außenverhältnis – bereits ausreichend sein.[299] Ferner müsse für den Rechtsverkehr ein Sitz der Organisation erkennbar sein. Denn nur so könnten deren Gläubiger ihre Rechte gegenüber der Organisation wahrnehmen und durchsetzen.[300]

Zu der Namensidentifikation von Treuhandverhältnissen merkt *John* an,[301] dass es regelmäßig der Treunehmer ist, der nach außen in Erscheinung tritt. Schon aus diesem Grunde entfalte die Treuhand keine eigene Identität, sondern werde von derjenigen des Treunehmers mitgetragen.[302]

Doch auch in dem Fall, dass eine Treuhandstiftung unter einem eigenen Namen auftritt,[303] kann dies deren Rechtsfähigkeit nicht begründen. Unbenommen ist hier, dass auch die unselbständige Stiftung im Einzelfall den Schutz ihres

296 A.A. *Koos*, Fiduziarische Person und Widmung, S. 212f.

297 *John*, Die organisierte Rechtsperson, S. 93.

298 *John*, Die organisierte Rechtsperson, S. 93f.

299 *Reuter*, AcP 207 (2007), 673, 683.

300 *Reuter*, AcP 207 (2007), 673, 684f.

301 *John*, Die organisierte Rechtsperson, S. 210.

302 So i.E. auch OLG Düsseldorf, Beschl. v. 12.8.2019 – I-3 Wx 231/17, ZIP 2020, 767 (juris Rn 13); abweichend und gegen eine Umdeutung der Erbeinsetzung als an den Stiftungsträger gerichtet OLG Hamm, Beschl. v. 22.12.2011 – I-15 W 712/10, ZErb 2012, 195 (juris Rn 54).

303 Zu dieser Möglichkeit differenzierend *Geibel*, in: BeckOGK, § 80 Rn 693.

Namens gemäß § 16 MarkenG für sich beanspruchen kann.[304] Der Bundesgerichtshof hat der von einem Versicherungsverband betriebenen „*Christopherus-Stiftung*“ den Markenschutz ausdrücklich deshalb zugebilligt, weil diese über dreißig Jahre lang ununterbrochen nach festgelegten Regeln betrieben worden war und sich zu einem „*so stark verfestigten und institutionalisierten Organisationsbereich entwickelt*[e], *dass sie gegenüber dem übrigen Geschäftsbereich des Klägers ausreichend abgegrenzt und selbständig*“ war.[305] Noch weitgehender will *Koos* der unselbständigen Stiftung auch den Namensschutz des § 12 BGB beimessen, und damit dessen Anwendungsbereich nicht über die natürlichen und juristischen Personen hinaus ausdehnen.[306] Dies ist aber nur soweit anerkannt, als der Namensschutz des § 12 BGB auch Personenvereinigungen zukommen soll.[307]

Sowohl die beiden genannten und mit der „*Christopherus-Entscheidung*“ befassten Gerichte als auch *Koos* lassen in diesem Zusammenhang einen von *John* angesprochenen, ganz wesentlichen Aspekt unberücksichtigt. Dieser stellte zentral darauf ab, dass die durch einen Namen erwachsende Identitätsausstattung nur deshalb taugliches Personifikationskriterium sein könne, weil der hinter dem Namen stehende Haftungsverband oder die natürliche Person durch die Eintragung in ein öffentliches Register für die Gläubiger erfassbar und ermittelbar sind. Der Gläubiger kann seine Unkenntnis über die Identität des Haftenden nur beseitigen oder seine diesbezügliche Zufallskenntnis nur überprüfen, wenn er anhand öffentlicher Register im Stande ist, den Haftungsträger eindeutig zu identifizieren bzw. zu verifizieren. Identifizierungsmerkmal ist also weniger der Name des Haftungsträgers, sondern vielmehr seine Registrierung. Der Name stellt mithin nur eine Chiffre dar, die den Rechtsverkehr erleichtern und bei Unternehmen gegebenenfalls auch Werbebotschaften übermitteln soll. Die bloße Namensgebung ohne Registerverknüpfung rechtfertigt es aber noch nicht, den Namensträger als eigenständige Rechtsperson anzuerkennen und somit als Haftungsträger im Rechtsverkehr zuzulassen.

---

304 BGH, Urteil v. 28.1.1988 - I ZR 21/86, BGHZ 103, 171 („*Christopherus Stiftung*“).

305 BGH, Urteil v. 28.1.1988 - I ZR 21/86, BGHZ 103, 171, hierzu auch *K. Schmidt*, in: Stiftungsrecht in Europa, “Ersatzformen” der Stiftung - Unselbständige Stiftung, Treuhand und Stiftungskörperschaft, S. 186.

306 *Koos*, Fiduziarische Person und Widmung, S. 215; so auch Thüringer Oberlandesgericht, Urt. v. 17.10.2012 – 2 U 41/12 (Rn 13), ZStV 2013, 192.

307 OLG Hamburg, Urteil v. 19.12.1985 - I ZR 211/86, NJW-RR 1986, 1305; *Heinrich*, in: Palandt, BGB, § 12 Rn 31.

e) Zwischenergebnis

Auch wenn die verschiedenen Ansätze aufgrund erkennbar unterschiedlicher Ansatzpunkte kaum vollständig miteinander in Einklang gebracht werden können, so liefern sie doch wichtige Beiträge für eine möglichst vollständige Betrachtung des Phänomens der juristischen Person.[308] Gleichwohl muss aber doch festgehalten werden, dass eine überzeugende abschließende und positive Beschreibung des Wesenskerns der juristischen Person bislang nicht gelungen ist.[309] Letztlich bleibt nicht nachvollziehbar oder inhaltlich begründbar, warum beispielsweise die (eingetragene) Aktiengesellschaft oder Gesellschaft mit beschränkter Haftung nach allgemein anerkanntem Verständnis juristische Personen sind, die offene Handels- oder Kommanditgesellschaft trotz ihrer allgemein angenommenen Teilrechts- und insbesondere Vermögensfähigkeit und ihrer praktischen, also rechtstatsächlichen Vergleichbarkeit hingegen nicht.[310]

Möglicherweise scheiterte die abschließende dogmatische Durchdringung der juristischen Person schlicht daran, dass die juristischen Personen wie auch die gängigen Verbände, die nicht als juristische Personen anerkannt sind, auch ohne eine dogmatisch überzeugende und abschließende Erfassung im Rechtsverkehr uneingeschränkt notwendig und regelmäßig praktikabel sind.[311] Der Rechtsverkehr kommt auch ohne ein abschließendes Unterscheidungskriterium zurecht und weiß mit den historisch entwickelten Vorgaben umzugehen.[312] Mithin entleerte sich der Begriff der juristischen Person aufgrund seiner praktischen Handhabbarkeit zunehmend zum einen seiner ihn historisch prägenden Bezüge und verlor zum anderen den Anschluss an die soziale Wirklichkeit der Verbände, sodass letztlich die juristische Person zu einer juristischen Rechnungseinheit verkam. Die unterschiedlichen Vorgaben und Folgen forcierten diesen Prozess noch. Übrig blieb ein formales, gesetzespositivistisches Verständnis der juristischen Person, das mithin einem „*Umbruch vom Tatsächlichen ins Rechtliche*“[313] unterlag.

---

308 *Raiser*, AcP 199 (1999), 104, 113ff.

309 *Beuthien*, NJW 2005, 855.

310 Insoweit auch kritisch gegenüber *Flume*: *John*, AcP 185 (1985), 209, 212.

311 *Raiser*, AcP 199 (1999), 104, 117; *Teubner*, KritV 1987, 61.

312 *K. Schmidt*, Gesellschaftsrecht, § 8 II 1, der aber gerade vor einer Verselbständigung der Rechtsfigur warnt, wenn sie sich von ihren Wertungsgrundlagen loslöst und sich unkontrolliert verselbständigt.

313 *Flume*, Allgemeiner Teil des bürgerlichen Rechts, S. 30; *Teubner*, KritV 1987, 61, 63, beklagten wiederum, dass die rechtliche Auseinandersetzung mit der juristischen

So bleibt es dem Gesetzgeber vorbehalten zu entscheiden, unter welcher Voraussetzung er Rechtssubjektivität anerkennt. Der Anspruch eines inhaltlich-soziologischen Gehalts braucht dabei nicht auf der Strecke zu bleiben, sondern sollte dem gesetzgeberischen Gestaltungsauftrag gerade als Orientierung dienen. Dem steht nicht entgegen, dass das Phänomen der juristischen Person nach der gesetzgeberischen Maßgabe beinhaltet, dass das so bezeichnete Gebilde durch eine konstitutive Eintragung in ein öffentliches Register oder durch Verwaltungsakt – also unter Beachtung bestimmter tatbestandlicher Voraussetzungen – die Rechtsfähigkeit erlangt hat.[314] Denn auf diese Weise kanalisiert der Gesetzgeber die Verschiedenartigkeit sozialer Gruppenphänomene und macht diese Phänomene rechtspraktisch handhabbar. Die Forderung, die etablierte Unterscheidung zwischen juristischen Personen und sonstigen rechtsfähigen Gebilden aufzugeben,[315] kann daher nicht überzeugen. Diese Ansicht verkennt die erheblichen haftungsrechtlichen Unterschiede zwischen den so eingeordneten Kollektiven und bietet keine überzeugenden Lösungsansätze für die aus deren Einebnung resultierenden Fragestellungen und praktischen Defizite.[316]

Unabhängig von der Frage, anhand welcher Maßstäbe die erprobte Unterscheidung zwischen juristischen Personen und anderen Vereinigungen zu erfolgen hat, bleibt im Ergebnis jedenfalls und entgegen der Auffassung von *Koos* festzuhalten, dass anhand der von *John* identifizierten Kriterien eine Rechtspersönlichkeit der unselbständigen Stiftung nicht zu begründen ist. Zwar genügt es, dass durch die bloße Simulation einer Organstellung eine Handlungsorganisation erreicht wird. Es fehlt aber an einer hinreichenden Absonderung des Stiftungsvermögens von dem Vermögen des Stiftungsträgers. Damit kommt auch die Zuerkennung einer Rechtsfähigkeit unter Anwendung der grundsätzlich geeignet erscheinenden Zweckvermögenslehre *Wiedemanns* nicht in Betracht. Die bei der unselbständigen Stiftung ohne weiteres denkbare Identitätsausstattung kann diesem Mangel nicht abhelfen. Denn ohne gesicherte Haftungsmasse kann der Zweck der Identitätsausstattung, dem Gläubiger einen Zugriff auf diese zu ermöglichen, nicht erreicht werden.

Die für die gegenteilige Auffassung von *Koos* vorgetragene Argumentation überzeugt nicht. Denn sie will eine Rechtsfähigkeit der unselbständigen Stiftung

---

Person diesen auf seine Bedeutung als Schnittpunkt von Individualinteressen reduziert und insoweit dessen Verbandsrealität nur ungenügend würdigt.

314 *Hadding*, in: FS Kraft, S. 144.

315 *Hadding*, in: FS Kraft, S. 145.

316 *Beuthien*, ZIP 2011, 1589, 1592.

mit dem Hinweis herleiten, dass diese mit dem Identitätsmerkmal des – vorgeblich[317] – geschützten Namens über eine hinreichende Personifikation verfüge. Dieser als Prämisse genutzte Namensschutz wird aber nur in der Weise erzielt, dass eine namensrechtliche Gleichbehandlung mit rechtsfähigen Einheiten postuliert wird. Im Kern wird durch das Postulat, dass die unselbständige Stiftung namensrechtlich mit rechtsfähigen Personengesellschaften vergleichbar sei, die Rechtsfähigkeit der unselbständigen Stiftung selbst begründet. Die Frage, ob ein Namensschutz der unselbständigen Stiftung besteht, kann daher keine Antwort auf die Frage ihrer (Teil-) Rechtsfähigkeit oder gar Rechtspersönlichkeit geben, sondern ist von deren Beantwortung gerade abhängig.

Die unselbständige Stiftung genügt aufgrund der nach außen unklaren Vermögensabsonderung mithin nicht dem Transparenzanspruch, den der Gesetzgeber als minimale Voraussetzung für die Anerkennung von Rechtspersönlichkeit an solche Kollektive oder Vermögensmassen richtet. Das Erfordernis einer Haftungsimmunität und das gesetzgeberische Konzept der Registerpublizität oder des Verwaltungsakts stellen insoweit Hürden auf, die die unselbständige Stiftung nach derzeit geltendem Recht nicht zu überwinden im Stande ist. Ohnehin würde die unselbständige Stiftung *de lege ferenda* gerade ihre Vorzüge gegenüber der selbständigen Stiftung einbüßen, würde deren Gründung einem registerrechtlichen Verfahren unterzogen. Die Einordnung der unselbständigen Stiftung als juristische Person kommt damit *de lege lata* unabhängig von den weiteren Anforderungen nicht in Betracht.

3. *Zur Rechtsfähigkeit der unselbständigen Stiftung*

a) *Rechtspersönlichkeit und Rechtsfähigkeit*

Im Weiteren ist daher zu prüfen, ob der unselbständigen Stiftung, wenn sie zwar nicht juristische Person ist, nicht doch zumindest eine Rechtsfähigkeit zuzubilligen ist. Das Kriterium der Rechtsfähigkeit ist in diesem Zusammenhang daher nicht „*nach oben hin*“ von der juristischen Person abzugrenzen. Zu klären ist lediglich, ob die zur Annahme einer Rechtsfähigkeit erforderlichen Voraussetzungen vorliegen. Es ist insoweit eine Abgrenzung der Rechtsfähigkeit „*nach unten hin*“ notwendig.

---

317 Gerade unter Hinweis auf das Fehlen der hier zu hinterfragende Rechtspersönlichkeit lehnen *Hüttemann/Rawert*, in: Staudinger, BGB, Vorbem zu §§ 80 ff, Rn 326 einen eigenen Namensschutz der unselbständigen Stiftung ab und leiten einen solchen nur aus dem Recht des Stiftungsträgers ab.

Dies wirft ganz generell die Frage auf, ob und unter welchen Voraussetzungen ein Sondervermögen wie die unselbständige Stiftung wenn schon nicht als Rechtsperson, so doch als (teil-)rechtsfähig anzuerkennen ist.[318] Schon diese Frage suggeriert ein Stufenverhältnis zwischen den Begriffen der Rechtsfähigkeit und der Rechtspersönlichkeit.[319] So ist nach dem hier angewendeten Begriffsverständnis die Rechtsfähigkeit zwar notwendige Folge der Rechtspersönlichkeit und von ihr vorausgesetzt, ihr Vorliegen ist aber umgekehrt nicht hinreichend, um auch die Rechtspersönlichkeit eines jeden rechtsfähigen sozialen Gebildes anzuerkennen. Soweit einem nicht als juristische Person anerkannten Verband also eine (Teil-)Rechtsfähigkeit zuerkannt werden soll, bedarf dies eines besonderen Begründungsaufwands.[320]

b) *Sachlich gebotene und gesetzlich umgesetzte Unterscheidung*

Ausgangspunkt für die Annahme einer (Teil-)Rechtsfähigkeit eines Personenverbands – die Übertragbarkeit deren Voraussetzungen auf die unselbständige Stiftung ist anschließend zu beleuchten – ist der hierauf gerichtete kollektive Wille der Mitglieder. Insoweit begründet dieser Wille zum Zusammenschluss im Verband eine soziologische Tatsache, die vom Gesetzgeber aufzugreifen ist. Angesichts dieser sozialen Tatsache hat bereits *Gierke* für die Gesamthand herausgearbeitet, dass diese weder gescheiterte Rechtsperson noch eine Zwischenstufe hin zur Rechtsperson ist, sondern als Personenverband eigenständig auftritt. Rechte und Pflichten sind den Mitgliedern der auftretenden Personengruppe insgesamt als Konsorten zugeordnet, nicht hingegen einem Rechtssubjekt, das von den Mitgliedern losgelöst in Erscheinung träte.[321] Dementsprechend ist es auch nicht das Gesamthandsvermögen, das die Gesamthand „*im Innersten zusammenhält*",[322] sondern der auf diesen Zusammenhalt gerichtete und

---

318 *Koos*, Fiduziarische Person und Widmung, S. 189; BFH, Urteil v. 29.1.2003 - I R 106/00, DStRE 2003, 663, 664 schließt aus der Körperschaftssteuerpflichtigkeit auch unselbständiger Stiftungen als eigenes Steuersubjekt gemäß § 1 Abs. 1 Nr. 5 KStG auf deren Parteifähigkeit im finanzgerichtlichen Verfahren. Dies wird indes argumentativ nicht näher beleuchtet und gibt für die hier interessierende Frage der Rechtsfähigkeit nichts her, sodass dieser steuerliche Ansatz hier nicht weiter verfolgt werden soll.

319 So wohl auch *Koos*, Fiduziarische Person und Widmung, S. 186ff., 189.

320 *Beuthien*, ZIP 2011, 1589, 1594; *John*, BB 1982, 505, 508, erkennt im Hinblick auf die Einmann-Vor-GmbH den Unterschied zwischen der „*Vollrechtsfähigkeit*" und der „*Teilrechtsfähigkeit*" in einer Verschiebung der Argumentationslast.

321 *Gierke*, Deutsches Privatrecht, S. 676; *Flume*, ZHR 136 (1972), 177, 188.

322 *Flume*, ZHR 136 (1972), 177, 191.

organisierte[323] Wille der Gesamthänder.

Organisationsrechtlich nehmen die Mitglieder der Gesamthand nicht nur eine funktionelle Rolle darin ein, sondern sie bilden diese *„kollektive Einheit“* selbst.[324] Dies findet im Prinzip der Selbstorganschaft seinen Ausdruck. Denn nur wenn die Rechtseinheit ein eigenes Interesse verfolgt, ist sie praktisch relevant und beachtenswert.[325] Dass solchen Gruppen auch außerhalb der ausdrücklichen Zuweisung durch den Gesetzgeber die Rechtsfähigkeit zukomme – zu denken ist an den nichtrechtsfähigen Verein und die Außen-GbR –, ist Produkt zulässiger[326] richterlicher Rechtsfortbildung auf dem Boden des gesetzgeberisch legitimierten dogmatischen Grundkonzepts.

Somit sind neben den juristischen und den natürlichen Personen auch andere soziale Systeme als Träger von Rechten und Pflichten anzuerkennen.[327] Exemplarisch ist hier an die Personenhandelsgesellschaften zu denken, denen diese Fähigkeit schon qua Gesetz zugebilligt wird (§§ 124 Abs. 1, 161 Abs. 2 HGB). Historisch betrachtet und nach überkommener Auffassung sollte die mit der Rechtsfähigkeit verbundene Möglichkeit mehrerer (natürlicher oder juristischer) Personen, unter einem Gesamtnamen gemeinsam handeln zu können, die Personenhandelsgesellschaft aber nicht gleich rechtsfähig, sondern zunächst nur verkehrstauglich machen.[328] Die soziale Wirklichkeit verlangte es von dem Gesetzgeber, bestimmten Personengruppen wenn auch nicht die Rechtspersönlichkeit, so aber doch eine (Teil-)Rechtsfähigkeit zuzubilligen (*„gekorene Rechtsfähigkeit“*). Dies gerade weil sie in der Realität wahrzunehmen sind und sich in der Gesellschaft, deren Ordnung dem Gesetzgeber obliegt, bewegen und als Außengesellschaften in Erscheinung treten.

Unabhängig davon hat der Gesetzgeber allein auf die soziale Realität abgestellt und auf formale Anforderungen wie insbesondere eine konstitutive Registereintragung insoweit verzichtet, als er – unabhängig von der Pflicht zur

---

323 *Reuter*, AcP 207 (2007), 673, 681.

324 *Flume*, ZHR 136 (1972), 177, 192.

325 *Reuter*, AcP 207 (2007), 673, 680.

326 Dem steht nicht entgegen, dass der Gesetzgeber sich hierzu nicht ausdrücklich äußert und die Rechtsfähigkeit der Gesellschaft bürgerlichen Rechts nicht ausdrücklich normiert. Die Protokolle (Prot. II, 430) zeigen vielmehr, dass der Gesetzgeber diese – auch seinerzeit umstrittene Frage – bewusst offen ließ und an die Rechtswissenschaft verwies, vgl. *Lindacher*, JuS 1986, 431, 434; *K. Schmidt*, JZ 1985, 909; a.A. noch *Larenz*, Lehrbuch des Schuldrechts, S. 396.

327 *Hadding*, in: FS Kraft, S. 139.

328 *Beuthien*, NJW 2005, 855.

deklaratorischen Registereintragung gemäß § 106 Abs. 1 HGB – die Wirksamkeit der offenen Handels- und Kommanditgesellschaft und damit auch ihre (Teil-)Rechtsfähigkeit (§ 124 Abs. 1 HGB) ab dem Zeitpunkt des Geschäftsbeginns anerkannte (§ 123 Abs. 2 HGB).[329] Der Gesetzgeber differenziert also erkennbar zwischen der Rechtspersönlichkeit und der Rechtsfähigkeit. Andernfalls käme dem Begriff der Rechtsfähigkeit keine eigene Bedeutung zu, weil er mit dem Begriff der Rechtspersönlichkeit, die den juristischen und natürlichen Personen zukommt, synonym wäre.[330] § 14 BGB bringt das Gegenteil zum Ausdruck und setzt voraus, dass es neben den juristischen Personen auch Personengesellschaften gibt, die rechtsfähig sind.[331]

Festzuhalten bleibt damit, dass keine vorrechtlichen Strukturen über den auf Etablierung eines Verbands gerichteten Willen der Mitglieder hinaus zwingend sind, um einen rechtsfähigen Organismus zu errichten.

c) Fehlende Vergleichbarkeit mit der Gesamthand

Dieses für die Personenverbände bereits angesprochene Minimalkonzept, aufgrund der praktischen Notwendigkeit und des akzeptierten Willens der Mitglieder eine Rechtsfähigkeit der so begründeten Gesamthand anzuerkennen, kann nicht unmittelbar auf die Anstalten und Stiftungen übertragen werden.[332] Hierzu fehlt es an der Ausbildung einer Gesamthand.[333] Die Gesamthand, die sich nach herrschender Lehre an dem Gesamthandsvermögen bildet,[334] setzt einen dem Mitgliederwillen entsprechenden Organisationsakt voraus, also ein gemeinsames und zweckgerichtetes Handeln der Mitglieder, aufgrund dessen das Vermögen der Mitglieder zu einem Sondervermögen verselbständigt wird.[335] Die

---

329 *Hadding*, in: FS Kraft, S. 141; vor diesem Hintergrund kritisch zu betrachten ist somit ein Verständnis, die Registereintragung sei ein originärer Weg zur Erlangung von Rechtsfähigkeit (so *Reinhardt/Schultz*, Gesellschaftsrecht, S. 33f.), vielmehr ist die Registereintragung notwendiger Schritt zur Etablierung einer Haftungsbeschränkung.

330 *Zöllner*, in: FS Gernhuber, S. 569, wirf der Lehre der Rechtsfähigkeit von Personengesellschaften aus diesem Grunde Perplexität vor; ebenfalls kritisch *Bälz*, in: FS Zöllner, S. 39f.

331 *Koos*, Fiduziarische Person und Widmung, S. 144.

332 Vgl. hierzu *Flume*, ZHR 136 (1972), 177.

333 BVerwG, Urt. v. 9.4.2014 – 8 C 23/12 (Rn 19), ZStV 2015, 59 = npoR 2014, 243; *Hüttemann/Rawert*, in: Staudinger, BGB, Vorbem zu §§ 80 ff, Rn 337; a.A. *Geibel*, Treuhandrecht als Gesellschaftsrecht, S. 82, 422ff.

334 *Thur*, Der allgemeine Teil des deutschen Bürgerlichen Rechts, Allg. Teil I, § 3 II u. III.

335 *Huber*, Vermögensanteil, Kapitalanteil und Gesellschaftsanteil an Personalgesellschaften des Handelsrechts, S. 61ff.

aus der Gesamthand abgeleitete Rechtsfähigkeit setzt daher eine Mehrzahl an Mitgliedern voraus, die als Gruppe zur gemeinsamen Zweckverfolgung ein Sondervermögen bilden.[336]

Diesem Bild der Gesamthand entspricht die unselbständige Stiftung indes nicht. Insbesondere gilt dies im Falle eines Zusammenwirkens von Stifter einerseits und einem professionellen, entgeltlich handelnden Dienstleister andererseits. Stifter und Stiftungsträger schließen sich nicht zu einer gemeinsamen Zweckverfolgung zusammen, sondern stehen sich als Vermögensgeber und Dienstleister gegenüber.[337] Schon hier wird deutlich, dass die Prinzipien der Gesamthand auf die unselbständige Stiftung nicht übertragbar sind und für die Frage der Rechtsfähigkeit unselbständiger Stiftungen keinen Ertrag bringen können. Es kommt hinzu, dass auch die mit dem Konstrukt einer solchen atypischen Gesellschaft bürgerlichen Rechts ungelöste Haftungsfragen aufgeworfen werden, weil der Stifter als Gesellschafter analog § 128 HGB unbegrenzt und mit seinem gesamten Vermögen für Verbindlichkeiten der Stiftung einzustehen hätte.[338]

Eine solche Qualifizierung als atypische Gesellschaft bürgerlichen Rechts kommt auch dann nicht in Betracht, wenn mehrere Stifter gemeinsam ein Sondervermögen zusammenstellen, das im Rahmen einer unselbständigen Stiftung verwendet werden soll. Denn hier ist der die Bildung des Gesamthandvermögens von dem Stiftungsakt zu unterscheiden. Die Gesamthand ist dann Stifter-, und nicht das Stiftungsvermögen.

d) Anknüpfung an die Rechtsprechung zur bürgerlich-rechtlichen Gesellschaft

aa) Urteil des Bundesgerichtshofs vom 29. Januar 2001

Da eine Prüfung der Rechtsfähigkeit unter dem Gesichtspunkt des Mitgliederwillens also nicht möglich ist, ist nach anderen Konzepten zu fragen, anhand derer die Rechtsfähigkeit von sozialen Phänomenen oder Vermögensallokationen wie

336 So im Kern auch BVerwG, Urt. v. 9.4.2014 – 8 C 23/12 (Rn 19), ZStV 2015, 59 = npoR 2014, 243. Soweit allerdings dort von der Organisation auf den personellen Zusammenschluss geschlossen wird, setzt die Organisation umgekehrt zunächst einen personellen Zusammenschluss voraus.

337 *Hüttemann/Rawert*, in: Staudinger, BGB, Vorbem zu §§ 80 ff, Rn 337; OLG Naumburg, Beschl. v. 23.9.2013 – 1 W 28/13, NZG 2014, 470 m. Anm. *Rawert*, npoR 2014, 131; OLG Naumburg, Beschl. v. 6.3.2014 – 1 W 2/14, NZG 2014, 714.

338 *Hüttemann/Rawert*, in: Staudinger, BGB, Vorbem zu §§ 80 ff, Rn 337.

der unselbständigen Stiftung festgestellt werden kann und festgestellt wurde. Prominentestes Anschauungsobjekt für Überlegungen zur Rechtsfähigkeit war in Vergangenheit die Gesellschaft bürgerlichen Rechts, an der diese Frage eingehend diskutiert und Kriterien zur Verleihung der Rechtsfähigkeit erkennbar wurden.

Das Urteil des Bundesgerichtshofs[339] vom 29. Januar 2001, in dem dieser die Rechtsfähigkeit der Außengesellschaft bürgerlichen Rechts gemäß §§ 705ff. BGB anerkannte, war Endpunkt einer langjährigen Entwicklung, die bereits von *Gierke*[340] angestoßen, von *Flume*[341] wiederbelebt und in der Rechtsprechung mit Entscheidungen zur Mitgliedsfähigkeit in der eingetragenen Genossenschaft[342] und zur Scheckfähigkeit[343] aufgegriffen wurde. Diese Entscheidung durfte daher nicht völlig überraschen. Hilfreich ist dieses Urteil in unserem Zusammenhang, weil der Bundesgerichtshof die nach seiner Auffassung auf der Grundlage der rechtswissenschaftlichen Diskussion zur Anerkennung einer (Teil-) Rechtsfähigkeit notwendigen Voraussetzungen darlegt.

Ausgehend von den Entscheidungsgründen des Bundesgerichtshofs sind diese Voraussetzungen im Kern auffallend gering: da der Gesetzgeber selbst keine Aussage zur Rechtsfähigkeit der Gesellschaft bürgerlichen Rechts getroffen habe, bestünde Raum für eine den praktischen Bedürfnissen dienende Beurteilung.[344] Dabei sei die vom Gesetz (§§ 718 bis 720 BGB) gewollte rechtliche Absonderung des Gesellschaftsvermögens vom Privatvermögen der Gesellschafter zu berücksichtigen, um eine Vermischung der Vermögen zu vermeiden.[345]

bb) Praktisches Bedürfnis nach einer Verstetigung

Der Bundesgerichtshof akzeptiert eine Rechtsfähigkeit zunächst ausdrücklich nur für die Außengesellschaft. Dies schon deshalb, weil für Innengesellschaften, die erst gar nicht nach außen hin erkennbar in Erscheinung treten, ein Bedürfnis nach einer Anerkennung der Rechtsfähigkeit von Vornherein nicht bestünde.[346] Gerade für gemeinnützige unselbständige Stiftungen wird es demgegenüber

---

339 BGH, Urteil v. 29.1.2001 - II ZR 331/00, BGHZ 146, 341.
340 *Gierke*, Deutsches Privatrecht, S. 663ff., 682.
341 *Flume*, ZHR 136 (1972), 177.
342 BGH, Urteil v. 4.11.1991 - II ZB 10/91, NJW 1992, 499.
343 BGH, Urteil v. 15.7.1997 - XI ZR 154/96, BGHZ 136, 254.
344 BGH, Urteil v. 29.1.2001 - II ZR 331/00, BGHZ 146, 341, Tz. A.2.
345 BGH, Urteil v. 29.1.2001 - II ZR 331/00, BGHZ 146, 341, Tz. A.2.a).
346 *Geibel*, Treuhandrecht als Gesellschaftsrecht, S. 334.

regelmäßig unverzichtbar sein, nach außen hin erkennbar tätig zu werden, wenn sie ihren Stiftungszweck erfüllen sollen. Daher ist dieses Unterscheidungskriterium für die hier interessierenden unselbständigen Stiftungen ohne verwertbaren Gehalt.

Anders verhält es sich allerdings mit der Begründung des Bundesgerichtshofs für die Frage, ob eine Anerkennung der Rechtsfähigkeit von Gesellschaften bürgerlichen Rechts überhaupt sinnvoll oder gar erforderlich ist. So sei andernfalls nicht widerspruchsfrei zu erklären, warum der Wechsel im Gesellschafterbestand ohne Auswirkungen auf die Rechtsverhältnisse der Gesellschaft sei und infolge dessen sogar neu in die Gesellschaft eintretende Gesellschaften für die bestehenden Altverbindlichkeiten haften sollten.[347]

Der Bundesgerichtshof hält es gerade im Blick auf mögliche Wechsel im Gesellschafterbestand für vorzugswürdig, von einer Rechtsfähigkeit der Außen-GbR auszugehen.[348] Das Bedürfnis nach einer in der Rechtsfähigkeit ausgedrückten Kontinuität im Außenverhältnis erwachse aus der fehlenden Kontinuität im Innenverhältnis. Diese damit ohnehin primär auf praktische Erfordernisse ausgerichtete Argumentation kann aber nicht dahingehend umgedeutet und ausgedehnt werden, dass jeder Wunsch nach einer Schuldnerkontinuität unmittelbar durch die Annahme und Anerkennung einer Rechtsfähigkeit zu erfüllen wäre, und auch im Falle vorhandener Kontinuität stets und unmittelbar ebenfalls von einer Rechtsfähigkeit ausgegangen werden müsse. Stattdessen sollte ein erhebliches Bedürfnis nach einer solchen Kontinuität im Außenverhältnis deshalb vorhanden sein, weil sich die im Rechtsverkehr auftretende Gesamthand (oder allgemein: Vermögensmasse) in der praktischen Anwendung so sehr verselbständig hat und anerkannt wird, dass auch deren rechtliche Anerkennung als rechtsfähig gerade zum Schutz des Rechtsverkehrs geboten erscheint.

Eine Rechtsfähigkeit, die somit Rechtsunsicherheiten im geschäftlichen Verkehr der Außen-GbR vorbeugen soll, kann auf dieser Grundlage der unselbständigen Stiftung gerade nicht zuerkannt werden. Aufgrund der klaren Vertretungsregelung, die den Stiftungsträger für die unselbständige Stiftung legitimiert, besteht ein solches Schutzbedürfnis des Rechtsverkehrs praktisch nicht. Auch das Problem der Diskontinuität, das sich bei der Gesellschaft bürgerlich Rechts aus möglichen Wechseln des Mitgliederbestands ergab, besteht bei der unselbständigen Stiftung zumindest in diesem Umfang nicht. Vielmehr stellt das notwendige Kriterium der Dauerhaftigkeit einer Stiftung eine solche

347 *Geibel*, Treuhandrecht als Gesellschaftsrecht, S. 334, 340.
348 BGH, Urteil v. 29.1.2001 - II ZR 331/00, BGHZ 146, 341.

Verstetigung bereits sicher. Umgekehrt ist also eine Rechtsfähigkeit der unselbständigen Stiftung gerade deshalb verzichtbar, weil die Gefahr wechselnder Haftungspersonen nicht besteht. Ein praktisches Bedürfnis besteht hier mithin nicht.[349]

cc) Umwandlungsrecht

Den Aspekt der im Falle der Außen-GbR erklärungsbedürftigen Gesellschaftskontinuität greift der Bundesgerichtshof unter Hinweis auf das Umwandlungsrecht auf. Nur bei Anerkennung der Rechtsfähigkeit bürgerlich-rechtlicher Außengesellschaften seien Umwandlungsvorgänge zur offenen Handelsgesellschaft widerspruchsfrei erklärbar.[350] Dies könnte bereits indizieren, dass der Bundesgerichtshof seine Entscheidung nur auf solche Gesellschaften bürgerlichen Rechts bezog, die ein Unternehmen zum Gegenstand haben.[351] Eine trennscharfe Definition, unter welchen Umständen ein „*Unternehmen*" vorliegt, ist allerdings nicht erkennbar.[352]

Ohnehin erscheint dieses Kriterium angesichts des Zuschnitts und der Tätigkeit unselbständiger Stiftungen regelmäßig nicht übertragbar.[353] Auch ist eine praktisch zwingende Notwendigkeit, unselbständige Stiftung durch Anerkennung der Rechtsfähigkeit umwandlungsrechtlich mit unternehmenstragenden Gesellschaftsformen kompatibel zu machen, nicht zu erkennen. Auf den Übergang von einer unselbständigen auf eine selbständige Stiftung ist das Umwandlungsgesetz ohnehin nicht anwendbar.[354] Ein praktisches Bedürfnis fehlt auch angesichts unternehmenstragender Stiftungen,[355] die zwar auch als unselbständige Stiftungen denkbar sind,[356] denen aber soweit ersichtlich keine spürbare praktische Bedeutung zukommt.

Der nur theoretisch denkbare Gesichtspunkt des Umwandlungsrechts kann eine entsprechende Anerkennung der Rechtsfähigkeit der unselbständigen Stiftung daher ebenfalls nicht rechtfertigen, geschweige denn erforderlich machen.

---

349 *Geibel*, Treuhandrecht als Gesellschaftsrecht, S. 336 m.w.N.

350 BGH, Urteil v. 29.1.2001 - II ZR 331/00, BGHZ 146, 341.

351 *Geibel*, Treuhandrecht als Gesellschaftsrecht, S. 335.

352 *Habersack*, BB 2001, 478.

353 Zu unmittelbar unternehmenstragenden Stiftungen und den dort regelmäßig anzutreffenden Problemen vgl. *Richter*, Unternehmensstiftung, in: Stiftungsrechts-Handbuch, Rn 4ff.

354 *Muscheler*, ZEV 2018, 187; *Werner*, ZErb 2018, 164.

355 *Richter*, in: Stiftungsrechts-Handbuch, Unternehmensstiftung, 68f.

356 *Hüttemann/Rawert*, in: Staudinger, BGB, Vorbem zu §§ 80 ff, Rn 338.

dd) Zuweisung des Gesellschaftsvermögens

Für eine Rechtsfähigkeit der unselbständigen Stiftung könnte daher nur der von dem Bundesgerichtshof[357] weiter angesprochene Umstand sprechen, dass nach der Gruppenlehre entgegen dem traditionellen Verständnis[358] nicht die Gesellschafter über ein Gesellschaftsvermögen verfügen, sondern die Gesellschaft bürgerlichen Rechts selbst. Die darin liegende sachenrechtliche Zuweisung des Gesellschaftsvermögens an eine andernfalls nicht rechtsfähige Gesellschaft weist nach Auffassung des Bundesgerichtshofs konzeptionelle Schwächen auf, die Anlass gäben, von der Rechtsfähigkeit zumindest der Außengesellschaft bürgerlichen Rechts auszugehen.

So erkannte bereits *Flume* für die Gesamthand das Handeln als Gruppe als wesensnotwendige Voraussetzung der Rechtsfähigkeit an.[359] Denn nur wenn die Gruppe als Einheit handelt und deren Mitglieder an einzelnen Gegenständen des Gesamthandvermögens kein besonderes Recht haben, bildet die Gesamthand den Endpunkt von Rechtsbeziehungen. Dies ist Inhalt und Beschreibung von Teilrechtsfähigkeit, die der Gesellschaft bürgerlichen Rechts im Ergebnis zuzuschreiben sei.[360] Die Rechtsfähigkeit setzt somit voraus, dass überhaupt ein neuer, von bestehenden Rechtsträgern gesonderter Endpunkt für Rechtsbeziehungen geschaffen wird, der selbst zum Träger von Rechten und Pflichten werden kann.

Die unselbständige Stiftung ist hierzu nicht geeignet. Dies gilt auch unter der Annahme quasi-organschaftlicher Pflichten des Stiftungsträgers. Denn auch unter dieser Prämisse ist die unselbständige Stiftung von Vornherein nicht darauf ausgelegt, Rechtsbeziehungen eigenständig tatsächlich auf- und wahrzunehmen. Auch nach der Lehre von der quasi-juristischen Person ist die unselbständige Stiftung allenfalls im Stande, solche Rechtsbeziehungen im Innenverhältnis zu simulieren. Endpunkt aller Rechtsbeziehungen der unselbständigen Stiftung im Außenverhältnis bleibt gleichwohl nicht sie selbst als Zweckvermögen, sondern unabhängig von seinen schuldrechtlichen Bindungen allein der Stiftungsträger. Er kann Vermögensdispositionen zugunsten und zulasten des Stiftungsvermögens durchführen. Dabei ist er zwar rechtlich beschränkt, um auf diese Weise durch die Pflicht zur Beachtung dieser Maßgaben das Stiftungsvermögen zu

357 BGH, Urteil v. 29.1.2001 - II ZR 331/00, BGHZ 146, 341.

358 *Zöllner*, in: FS Gernhuber, S. 563ff.; dieses verteidigend *Hueck*, in: FS Zöllner, S. 275ff.

359 *Flume*, ZHR 136 (1972), 177, 194.

360 *Flume*, ZHR 136 (1972), 177, 196.

schützen. Es ist aber nicht die Zielsetzung des Stifters, für das Stiftungsvermögen selbst Rechte zu begründen oder es rechtlich zu verpflichten.

Überdies hat bereits *Geibel* herausgearbeitet, dass auch das Vorhandensein eines Gesellschaftsvermögens nicht zwingend die Rechtsfähigkeit erfordere[361], und unter diesem Gesichtspunkt den Wertungen des Bundesgerichtshofs widersprochen. Denn zunächst zeige § 718 Abs. 1 BGB, der das Gesellschaftsvermögen als gemeinschaftliches Vermögen der *Gesellschafter* bezeichnet, für die Gesellschaft bürgerlichen Rechts ganz ausdrücklich, dass auch die Gesellschafter selbst Träger des Gesellschaftsvermögens sein können,[362] und unter diesem Gesichtspunkt nicht zwingend von einer Rechtsfähigkeit der Gesellschaft selbst auszugehen ist. Auch ergäben sich keine Widersprüche hinsichtlich des Vermögenszugriffs in der Zwangsvollstreckung gegen den Gesellschafter, weil die Frage des Zugriffs auf das Gesellschaftsvermögen allein von dem zu dem Gläubiger bestehenden Rechtsverhältnis abhinge. Es sei somit nicht entscheidend, ob die Gesellschaft rechtsfähig sei oder nicht.[363]

Wie bereits im Hinblick auf Haftungsfragen in der unselbständigen Stiftung als Treuhandverhältnis[364] bzw. als Schenkung unter Auflage[365] deutlich wurde, können dogmatische Brüche bei der herkömmlichen Vertragstypisierung gleichermaßen – wie auch nach Auffassung des Bundesgerichtshofs bei der Gesellschaft bürgerlichen Rechts – nicht ausgeschlossen werden. Dies kann aber kein ausreichender Grund sein, die offenen Fragen zu übergehen und sich in eine Rechtsfähigkeit der unselbständigen Stiftung zu flüchten. Denn dies hätte letztlich auch zur Folge, dass sich die unselbständige Stiftung der selbständigen Stiftung gemäß §§ 80ff. BGB so sehr annähern würde, dass eine Unterscheidbarkeit oder zumindest Unterscheidungsnotwendigkeit nicht mehr bestünde.[366] Es würde damit das systematische Konzept, dass Nachteile von Gründungsaufwand und Staatsaufsicht einerseits mit den Vorzügen der Rechtspersönlichkeit

---

361 *Geibel*, Treuhandrecht als Gesellschaftsrecht, S. 174ff., 344ff.

362 Vgl. hierzu *Kießling*, in: FS Hadding, S. 484, 491ff., der in der Anerkennung der Rechtsfähigkeit der Außen-GbR eine Aushöhlung des Gesamthandprinzips sieht.

363 *Geibel*, Treuhandrecht als Gesellschaftsrecht, S. 344f.

364 Vgl. S. 40ff.

365 Vgl. S. 52, 54.

366 *Reuter*, in: Stiftungen in Deutschland und Europa, 1998, Die unselbständige Stiftung, S. 207; *Schultze*, Jherings Jahrbücher für die Dogmatik des bürgerlichen Rechts 43, 1901, S. 33f.: *„Eine volle juristische Lösung bot solche Annahme zwar nicht. Zubilligung juristischer Persönlichkeit wollte sie selbst nicht bedeuten und konnte dies auch gar nicht wollen; denn damit wäre ja der Gegensatz zur rechtsfähigen Stiftung verschwunden.“*

und damit verbundenen besonderen Handlungsmöglichkeit und einer Stabilität andererseits korrelieren, aufgebrochen und praktisch aufgehoben.

ee) Zwischenergebnis

Damit besteht keine Notwendigkeit, die unselbständige Stiftung als Rechtsträger anzuerkennen, dem das Stiftungsvermögen zugeordnet werden kann. Anders als in der Außengesellschaft bürgerlichen Rechts mit wechselndem und mehrgliedrigem Gesellschafterbestand ist das Vermögen hier eindeutig dem Stiftungsträger zugeordnet. Ein Defizit an Rechtsklarheit und Rechtssicherheit ist damit nicht verbunden und wird auch nicht beklagt. Es besteht schon von daher kein Ansatzpunkt, die letztlich auf praktischen Bedürfnissen beruhende Argumentation des Bundesgerichtshofs auf die unselbständige Stiftung anzuwenden.

Im Ergebnis können die von dem Bundesgerichtshof herangezogenen Gesichtspunkte der Schuldnerkontinuität im Rechtsverkehr eine Rechtsfähigkeit der unselbständigen Stiftung nicht begründen. Denn da diese Stiftung ohnehin bereits auf eine Dauerhaftigkeit angelegt ist und auch sonst Wechsel in einem Gesellschafterbestand nicht zu befürchten sind, enthält dieses Kriterium für die unselbständige Stiftung keine Aussagekraft. Entsprechendes gilt im Hinblick auf etwaige Umwandlungsvorgänge. Hieraus folgt, dass die unselbständige Stiftung anders als die Außengesellschaft bürgerlichen Rechts nicht an einem Mangel an Rechtsklarheit in der Frage der Vermögenszuordnung leidet. Die Erörterungen des Bundesgerichtshofs hinsichtlich der Rechtsfähigkeit der Außen-GbR können daher keinen Beitrag für die Anerkennung der Rechtsfähigkeit der unselbständigen Stiftung leisten.

e) Vergleich mit dem Sammelvermögen unter Pflegschaft (§ 1914 BGB)

Kriterien für die Annahme eines Verbandscharakters treuhänderisch gehaltener Vermögensmassen ohne mitgliedschaftliche Struktur sollen weiter den Regelungen betreffend das Sammelvermögen unter Pflegschaft gemäß § 1914 BGB entnommen werden können, das herrschend als fiduziarisches Eigentum des Sammlers angesehen wird.[367] Eine gewisse Strukturähnlichkeit mit der

367 *Koos*, Fiduziarische Person und Widmung, S. 260f.; vgl. hierzu *Gierke*, Deutsches Privatrecht, S. 672, Fn 43: „*Wer aber ist das Subjekt? Man darf weder mit Brinz, Bekker und Dernburg ein selbständiges Zweckvermögen noch mit Regelsberger ein fiduziarisches Eigenthum der Sammler noch mit Krückmann ein bedingtes römisches Miteigenthum des Komitees oder Ausschusses annehmen. Vielmehr besteht daran eine Eigenthumsgemeinschaft zur gesamten Hand, deren Träger aber nicht die Sammler, sondern sämtliche Beitragsspender sind. Mag auch die Beitragsgesellschaft lediglich durch einen von sich*

fiduziarischen Stiftung mag hier nicht zu verleugnen sein. Soweit *Koos* ausführt, dass verschiedene gegen die verbandsrechtliche Konstruktion des Sammelvermögens vorgetragene Argumente – Fehlen eines Gesellschaftsvertrags, Unmaßgeblichkeit der Spenderidentität, gegen einen Zusammenschluss gerichteter Spenderwille sowie das Fehlen des gemeinsamen Zwecks[368] – sich nicht auf die fiduziarische Stiftung übertragen ließen, ist ihm zuzugeben, dass diese Argumente nicht zwingend gegen eine verbandsartige Verfassung der fiduziarischen Stiftung sprechen müssen. Ihm muss aber umgekehrt entgegengehalten werden, dass diese erkannten Unterschiede zwischen dem Sammelvermögen unter Aufsicht und der fiduziarischen Stiftung eine verbandsmäßige Verfassung letzterer erst recht nicht positiv begründen können. Insoweit sind keine zwingenden oder zumindest nachdrücklichen Ansatzpunkte ersichtlich, die eine erforderliche Begründung der Anerkennung einer gesetzlich nicht angeordneten Rechtsfähigkeit darstellen könnten.

f) Anknüpfung an Personifikationsbemühungen bzgl. des Nachlasses unter Testamentsvollstreckung

Ferner zieht *Koos* für die unselbständige Stiftung eine Parallele zu früheren Diskussionen über das Wesen der Testamentsvollstreckung. Diese Parallele begründet er mit strukturellen Ähnlichkeiten des Verhältnisses zwischen Testamentsvollstrecker und Nachlass mit dem Verhältnis zwischen Stiftungsträger und Stiftungsvermögen.[369] Dabei darf nicht verkannt werden, dass der Stiftungsträger der unselbständigen Stiftung Eigentümer des Stiftungsvermögens ist. Das Stiftungsvermögen geht also nicht nur – anders als bei Testamentsvollstrecker – aufgrund seiner Funktion in seinen Besitz übergeht, sondern der Stiftungsträger erlangt volles Eigentum. Vergleichbar sind beide Sachverhalte indes unter dem

---

aus zusammengetretenen oder von Anderen eingesetzten Ausschuß ins Leben gerufen oder von ihm vollkommen repraesentirt werden, so bleibt doch diese engere Personengemeinschaft Geschäftsführerin einen umfassenderen Personengemeinschaft, der jeder Beitragende beitritt. Das zweckbestimmte Sondervermögen ist somit ein Gemeinschaftseigenthum, an dem nach Verhältnis der Beiträge bemessene Antheile in der durch sie gesammte Hand bewirkte Gebundenheit bestehen. […] Bei manchen Formen der Sammlung ist freilich die Gesammtheit der Betheiligten so unbestimmt und verfließend, dass ihre Vermögensträgerschaft unpraktisch ist und nur als Grundlage eines öffentlichen Einschreitens (insbesondere strafrechtlich) bedeutungsvoll wird."

368 *Koos*, Fiduziarische Person und Widmung, S. 263.

369 *Koos*, Fiduziarische Person und Widmung, S. 251f.

Gesichtspunkt, dass ein Sondervermögen treuhänderisch zu verwalten und die diesbezügliche Verfügungsbefugnis bzw. Verfügungsmacht beschränkt ist.[370]

Auch hinsichtlich des unter Testamentsvollstreckung stehenden Nachlasses wurden Versuche unternommen, dieses Sondervermögen rechtlich zu separieren und Ansatzpunkte für dessen Personifikation zu finden. Auch hier galt es also, den Schritt vom Rechtsobjekt zum Rechtssubjekt zu gehen.[371] Auffällig ist dabei, dass die aktuell von *K. Schmidt* für die unselbständige Stiftung vorgeschlagene Simulation der Rechtspersönlichkeit für die Testamentsvollstreckung bereits in der Vergangenheit diskutiert wurde.[372]

Diese Überlegungen betreffend die Testamentsvollstreckung haben sich aber nicht durchgesetzt und können für die hier interessierende unselbständige Stiftung daher keine weitere Anregung liefern. Stattdessen ist die Testamentsvollstreckung inzwischen als Führung eines privaten, vom Erblasser übertragenen Amts anerkannt, aufgrund dessen der Testamentsvollstrecker regelmäßig zur Umsetzung des Erblasserwillens (§§ 2203ff. BGB) hinsichtlich des Nachlasses verpflichtet ist.[373] (Auch) der Nachlass ist dabei Sondervermögen, dem weder Rechtspersönlichkeit noch -fähigkeit zukommt.

4. *Stellungnahme*

Wie für treuhänderisch geprägte Rechtsverhältnisse allgemein,[374] erscheint es im Ergebnis auch für die nach außen auftretende unselbständige Stiftung nicht angängig, dieser eine auch nur begrenzte Teilrechtsfähigkeit zuzubilligen. Denn die Annahme einer Rechtsfähigkeit bedarf außerhalb der juristischen und natürlichen Personen eines Grunds und spezifischer Eigenschaften, die diese Annahme über die gesetzlichen Vorgaben hinaus erfordern. Die Rechtsfähigkeit

---

370 *Koos*, Fiduziarische Person und Widmung, aaO.

371 *Hellwig*, Anspruch und Klagrecht, S. 237f.

372 *Förster/Eccius*, Preußisches Privatrecht, Band 4, § 255, S. 460. Besonders frappierend ist dabei die Ähnlichkeit der Formulierungen, mit denen bereits seinerzeit der Simulationsansatz vertreten wurde: „*Die Verwaltung soll, als ob sie ein vom Erben gesondertes Rechtssubjekt wäre, im Leben stehen. Das ist ein anderer Ausdruck dafür, daß die Verwaltung als Rechtssubjekt mit einem besonderen Kreis von Aktiven und Passiven fingiert wird, das handelnd und leidend in das Rechtsleben einzugreifen bestimmt ist; die Verwaltung des Testamentsvollstreckers ist somit eine eigenthümliche juristische Persönlichkeit.*“; ablehnend diesbezüglich *Schultze*, Jherings Jahrbücher für die Dogmatik des bürgerlichen Rechts 43, 1901, S. 71.

373 *Reimann*, in: Staudinger, BGB, Vorbem zu §§ 2197ff. Rn 10ff., 14ff.

374 *Geibel*, Treuhandrecht als Gesellschaftsrecht, S. 350f.

ist aber nicht bereits dann einzuräumen, wenn keine sonstigen Gründe entgegenstehen.[375]

Praktische Bedürfnisse können dabei kein ausreichender Grund sein, eine Rechtsfähigkeit unselbständiger Stiftungen zu begründen.[376] Ohnehin müsste zunächst die Frage beantwortet – und wohl negiert – werden, ob ein solches Bedürfnis überhaupt besteht. Doch selbst dies unterstellt, würde eine solche Herangehensweise nur dazu führen, die bewährten Kategorien zur Einordnung von Verbänden, Körperschaften und sonstigen Phänomenen zweckgebundener Vermögenseinheiten aufzulösen. Die Folge wäre, dass eine klare Zuordnung zu den von Gesetzgeber und Rechtsprechung angebotenen und entwickelten Regelungsregimen nicht mehr möglich wäre. Dass eine solche Entwicklung dem Bedürfnis der Praxis nach Rechtssicherheit noch weniger genügt, liegt auf der Hand.

Nicht überzeugen kann auch eine Argumentation, die weniger auf inhaltliche Gesichtspunkte bei einer rechtlichen Bewertung der unselbständigen Stiftung abstellen, sondern sich auf allgemeine Überlegungen stützen. So kann der Umstand, dass unselbständige Stiftungen gemäß § 1 Abs. 1 Nr. 5 KStG und § 34 Abs. 1 Satz 1 AO als Steuersubjekte anerkannt sind,[377] auch unter dem Postulat der Einheit der Rechtsordnung nicht die Notwendigkeit begründen, diese Stiftungen als rechtsfähig[378] oder gar als juristische Personen[379] anzuerkennen. Denn dies würde wieder zu dem von *Reuter* bereits erkannten Fehler führen (vgl. B.II.3.b) oben, S. 43), dass das Zivilrecht dem Steuerrecht folgte. Tatsächlich ist es aber das Steuerrecht, das zivilrechtlich geregelte Tatbestände und deren wirtschaftlichen Ergebnisse aufgreift und mit steuerlichen Rechtsfolgen verknüpft.[380] Wenn das Steuerrecht – aus nachvollziehbaren Gründen – für die selbstständige und die unselbständige Stiftung unter bestimmten Aspekten die gleiche Rechtsfolge der Steuersubjektivität anordnet, kann daraus nicht der Schluss gezogen werden, dass beide Sachverhalte auch zivilrechtliche dergestalt

---

375 So argumentiert im Kern aber zu Unrecht *Bruns*, JZ 2009, 842.

376 So aber *Elicker*, ZStV 2012, 138, der sogar formalen Strukturprinzipien des geltenden Zivilrechts keine vorrangige Bedeutung beimessen will.

377 BVerwG, Urt. v. 9.4.2014 – 8 C 23/12 (Rn 22), ZStV 2015, 59 = npoR 2014, 243; BFH, Urteil v. 29.1.2003 - I R 106/00, DStRE 2003, 663 2003, 664; *Hüttemann*, Gemeinnützigkeits- und Spendenrecht, Ziff. 2.49.

378 So indes *Werner*, ZErb 2013, 1, 1f.

379 A.A. *Bruns*, JZ 2009, 842.

380 *Geibel*, in: BeckOGK, § 80 Rn 657; vgl. insbesondere BFH, Urt. v. 25.1.2017 – II R 26/16, NJW 2017, 10.

gleichlaufen müssten, dass beiden Stiftungsformen eine Rechtsfähigkeit oder gar Rechtspersönlichkeit zukäme.[381] Die Einheit der Rechtsordnung verlangt einen solchen Gleichlauf gerade nicht. Unterschiedliche Regelungsziele können und müssen durchaus auf der Ebene des Tatbestands an unterschiedliche Kriterien anknüpfen, um diese Tatbestände zur Erreichung des Regelungsziels sachgerecht erfassen zu können. Gleiches gilt im Hinblick auf kirchenrechtliche Regelungen, die eine Rechtsfähigkeit von Treuhandstiftungen (ohnehin nur) fingieren.[382]

Wie der Hinweis auf die Einheit der Rechtsordnung, so kann auch der Gesichtspunkt des Grundrechts auf Stiftungen[383] nicht die Zuerkennung von Rechtspersönlichkeit oder Rechtsfähigkeit einer unselbständigen Stiftung begründen.[384] Die Möglichkeit, sein Vermögen oder Vermögensteile einem bestimmten Zweck zu unterwerfen, also zu stiften, ist Gegenstand der Eigentumsfreiheit.[385] Entschließt sich der Stifter in diesem Zusammenhang, eine juristische Person zu schaffen und hierfür die zivilrechtlichen Instrumentarien des Stiftungsrechts (§§ 80 ff. BGB) zu nutzen, ist dies durch die allgemeine Handlungsfreiheit (Art. 2 Abs. 1 GG) und somit ebenfalls grundrechtlich geschützt.[386] Hieraus folgt der Rechtsanspruch auf Genehmigung einer Stiftung. Der Genehmigungsbehörde steht daher nur noch ein enger und gerichtlich überprüfbarer Ermessensspielraum zu, ob die Stiftungsgründung nicht das Gemeinwohl gefährdet oder die Erreichung des Stiftungszwecks unmöglich ist. Ist hierfür nichts ersichtlich, hat der Stifter bei der Gründung einer selbständigen Stiftung einen Anspruch auf Genehmigung.[387]

Ist aber durch diesen Prüfungsmaßstab bereits die Ausübung des Stiftungsrechts in seiner grundrechtlich geschützten Dimension sichergestellt und ein Schutz vor verfassungswidrigen Einschränkungen dieser Handlungsfreiheit gewährleistet, so besteht kein grundrechtlich schutzwürdiges Bedürfnis, diese Handlungsfreiheit ohne eine – grundrechtlich flankierte – Genehmigung auszuüben.[388] Vielmehr muss es dem Gesetzgeber freistehen, für das Stiftungswesen

---

381 A.A. auch hier *Elicker*, ZStV 2012, 139.

382 So *Bruns*, JZ 2009, 842 hinsichtlich des evangelischen Kirchenrechts.

383 Zu dessen Verwirklichung kritisch *Reuter*, in: FS Hadding, S.234ff.

384 BVerwG, Urt. v. 9.4.2014 – 8 C 23/12 (Rn 23), ZStV 2015, 59 = npoR 2014, 243; VGH Baden-Württemberg, Urt. v. 15.5.2012 – 6 S 998/11; hierzu auch OLG Hamburg, Urt. v. 23.2.2016 - 2 U 18/15, Rn 47; a.A. *Bruns*, JZ 2009, 841; *Elicker*, ZStV 2012, 169.

385 *Reuter*, NZG 2004, 939, 942f.

386 *Hüttemann/Rawert*, in: Staudinger, BGB, Vorbem zu §§ 80ff., Rn 38.

387 *Hof*, Verfassungsrechtliche Grundlagen, in: Stiftungsrechts-Handbuch, Rn 14.

388 *Hüttemann/Rawert*, in: Staudinger, BGB, Vorbem zu §§ 80 ff., Rn 41.

einen Ordnungsrahmen zu gestalten, soweit dieser den Anforderungen des Grundgesetzes entspricht.[389] Der Anspruch, eine Stiftung genehmigungsfrei als Rechtsperson oder rechtsfähiges Gebilde begründen zu dürfen, könnte daher nur dann grundrechtlich geboten sein, wenn die Maßstäbe der Genehmigungserteilung nicht im Einklang mit den Vorgaben des Grundrechtsschutzes stünden. Da hierfür aber keine ernstzunehmenden Ansatzpunkte erkennbar sind, würde mit diesem Postulat einer freien Rechtspersönlichkeit oder Rechtsfähigkeit der Inhalt des Grundrechts zu stiften überdehnt.

Wenn schon Wertungsgesichtspunkte eine Rechtsfähigkeit – und erst recht Rechtspersönlichkeit – der unselbständigen Stiftung nicht begründen können, so gilt dies erst recht angesichts der dogmatischen Voraussetzungen, die bei aller bereits angesprochener Unsicherheit im Einzelnen[390] gegen eine solche Einordnung sprechen. Die Rechtsfähigkeit verlangt eine abgesonderte Haftungsmasse und Handlungsorganisation. Eine solche Haftungsmasse ist dann abgesondert, wenn sie der Befriedigung solcher Ansprüche dient, die durch die unselbständige Stiftung begründet wurden oder zumindest durch deren Tätigkeit bedingt sind. Insoweit korreliert die Fähigkeit, rechtliche Verpflichtungen einzugehen, mit der Bereitschaft, eine Haftungsmasse zu grundsätzlich ausschließlich deren Bedienung bereit zu halten.

Dies ist bei einer unselbständigen Stiftung, die als Treuhandverhältnis organisiert ist, aber gerade nicht der Fall. Denn wie für den Fall der Insolvenzeröffnung über das Vermögen des Stifters dargetan,[391] erlöschen in diesem Fall gemäß §§ 115, 116 InsO dessen Auftrags- und Geschäftsbesorgungsverhältnisse. Der Stiftungsträger hat nach überwiegender Auffassung das Stiftungsvermögen an den Insolvenzverwalter über das Vermögen des Stifters herauszugeben, § 667 BGB. Dass die Versuche, diese Rechtsfolge zu umgehen, nicht überzeugen können, wurde erörtert.

Entsprechendes gilt für den Fall der Auflagenstiftung. Hier fehlt es an einer hinreichenden Vermögensabsonderung hinsichtlich des Stiftungsträgers. Denn dieser ist nicht nur wirtschaftlicher, sondern auch rechtlicher Eigentümer des Stiftungsvermögens.[392] Für eine Verselbständigung des Stiftungsvermögens mit dem Ziel, es sowohl gegen Zugriffe der Gläubiger des Stifters als auch gegen Inanspruchnahmen der Gläubiger des Stiftungsträgers zu immunisieren, sieht

---

389 Dies verkennend *Elicker*, ZStV 2012, 169ff.

390 Vgl. oben, B.II

391 Vgl. § 1 B. II. 2.b) (i).

392 *Hüttemann/Rawert*, in: Staudinger, BGB, Vorbem zu §§ 80 ff, Rn 355.

das deutsche Treuhandrecht (anders als der anglo-amerikanische Trust) nicht vor.[393] Eine Rechtsfähigkeit der unselbständigen Stiftung kommt daher nicht in Betracht.[394]

5. *Zwischenergebnis*

Somit können die Versuche einer Emanzipation der unselbständigen Stiftung nicht gelingen. Im Kern ist es die klare Vermögenszuordnung zum Stiftungsträger als das Charakteristikum der unselbständigen Stiftung insbesondere gegenüber der (selbständigen) bürgerlich-rechtlichen Stiftung, die einer solchen Emanzipation entgegensteht und diese verhindert.

Im Innenverhältnis kann der Gedanke einer quasi-organschaftlichen Bindung des Stiftungsträgers an den Stiftungszweck dessen Funktion und Stellung plastisch veranschaulichen. Dies kann aber stets nur das Innenverhältnis betreffen. Im Außenverhältnis bleibt es demgegenüber bei der dinglichen Vermögenszuordnung ausschließlich zu dem Stiftungsträger selbst, die ihn im Rechtsverkehr – zutreffend – als Berechtigten und Verpflichteten erscheinen lässt.

VII. Ergebnis

1. *Zur Verfügung stehende dogmatische Formen*

Die unselbständige Stiftung lässt sich im Ergebnis nur befriedigend als Schenkung unter Auflage oder Treuhandverhältnis einordnen. Dabei muss aber konstatiert werden, dass sowohl die dogmatischen Einordnungen der unselbständigen Stiftung als eine Schenkung unter Auflage als auch als ein Treuhandverhältnis nicht frei von Widersprüchen ist.

Zwar dringt der gegen die Einordnung als Auflagenschenkung gerichtete Vorwurf einer fehlenden Bereicherung letztlich nicht durch.[395] Gegen dieses Verständnis[396] muss aber konstatiert werden, dass dies dem Stifterwillen unter dem Aspekt des Vermögensanfalls bei Unmöglichkeit widersprechen kann. Ist die Erreichung des festgelegten Stiftungszwecks unmöglich geworden, ohne dass der Stiftungsträger dies zu vertreten hat, wird der beschenkte Stiftungsträger von der Auflage frei und das geschenkte Vermögen fällt ungebunden dessen Vermögen

393 *Reuter*, AcP 207 (2007), 673, 707f.

394 So auch OLG Sachsen-Anhalt, Beschl. v. 23.8.2013 – 1 W 28/13, NZG 2014, 470 (juris Rn 12).

395 Vgl. B.III.1.

396 Zu deren rechtsvergleichender Einordnung in Europa überwiegend als Schenkung unter Auflage *Weitemeyer*, in: MünchKommBGB, § 80 BGB Rn 221.

zu.[397] Dass diese Rechtsfolge dem Willen des Stiftungsträgers regelmäßig entspricht, muss bezweifelt werden. Vielmehr wird es dem Willen des Stiftungsträgers entsprechen, dass „*sein*" Stiftungsvermögen auch im Fall der Unmöglichkeit des ursprünglich in der Satzung festgelegten Stiftungszwecks weiter einem naheliegenden und vergleichbaren Stiftungszweck dient und zugeführt wird. Es wird der Wunsch des Stifters sein, dass sein Vermögen altruistisch – möglichst einem dem ursprünglichen Zweck ähnlich, jedenfalls aber gemeinnützig – gebunden bleibt, und gerade nicht ungebunden in das Vermögen des Stiftungsträgers fällt.

Gegen die Einordnung als Treuhandverhältnis muss wie dargetan angeführt werden, dass eine nur treuhänderische Vermögensübertragung stets das Element des Vorbehalts bei dem Stifter beinhaltet, dass dem Stifterwillen gerade nicht entsprechen sollte. Eine bewusste Ausgestaltung als Treuhandverhältnis ließe die Annahme zu, dass es an der erforderlichen Dauerhaftigkeit mangels erforderlichen Stifterwillens zu einer endgültigen Widmung seines Vermögens fehlt.

Letztlich müssen also beide Formen der Ausgestaltung zwar dogmatische Kritik hinnehmen, wobei die Kritik unzureichender Dauerhaftigkeit in der Treuhandstiftung schwerer wiegt.[398] Diese ist indes zu akzeptieren, schon um der praktischen Verbreitung der Treuhandstiftung Rechnung zu tragen. Dem entspricht auch die höchstrichterliche Rechtsprechung, die es letztlich angesichts etablierter Praxis ermöglicht, eine unselbständige Stiftung sowohl in Gestalt der Schenkung unter Auflage als auch als Treuhandverhältnis nach dem Parteiwillen zu errichten.[399]

2. *Zuordnung durch Auslegung*

Soweit es auf diese Auslegungsfrage ankommt,[400] in welcher rechtlichen Ausgestaltung ein Stiftungsgeschäft vorliegt, ist als Wortlautargument die Bezeichnung der Stiftung selbst zwar beachtlich, aber nicht zwingend.[401] Zuvörderst ist

---

397 BGH, Urt. v. 3.12.1971 – V ZR 134/69, NJW 1972, 247; BGH, Urt. v. 14.2.1952 – IV ZR 63/51, NJW 1952, 620; *Gehrlein*, in: BeckOK, § 527 Rn 1.

398 So auch OLG Oldenburg, Urt. v. 18.11.2003 – 12 U 60/03 m. Anm. Plodeek, ZSt 2007, 38.

399 BGH, Urt. v. 22.1.2015 – III ZR 434/13, ZIP 2015, 923.

400 Das OVG Münster (Urt. v. 31.5.2016 – 16 A 172/13, npoR 2016, 257 m. Anm. *Hüttemann/Rawert,* npoR 2016, 262) lehnte eine Herausgabepflicht des Stiftungsträgers nach Kündigung durch den Stifter unter jeder in Betracht kommenden dogmatischen Einordnung ab.

401 OLG Celle, Urteil v. 10.3.2016 - 16 U 60/15 („Klahn-Stiftung"), npoR 2016, 166 m. Anm. *Hüttemann/Rawert*, npoR 2016, 168.

stattdessen der Parteiwille zu erforschen.[402] Dass der tatsächliche Parteiwille nicht zwingend mit dessen Formulierung durch die Parteien übereinstimmen muss, machte das Oberlandesgericht Celle in seiner Entscheidung zur „*Klahn-Stiftung*" deutlich.[403] Trotz des dort expliziten Vertragstitels über die „*Errichtung einer treuhänderischen Stiftung*" zog der Senat aus dem Sinnzusammenhang der nachfolgenden Erklärung und der Umstände der Stiftungserrichtung die Feststellung, dass diese Stiftung als Schenkung unter Auflage errichtet worden sei.

Im Einzelnen stützte der Senat seine Feststellung auf vertragliche Regelungen, nach denen der Stiftungsträger „juristischer Eigentümer" der übertragenen Vermögensgegenstände werden sollte. Aus dem hierin erkannten Willen des Stifters, dingliches Eigentum zu übertragen, ein Argument gegen die Begründung eines Treuhandverhältnisses zu ziehen, vermag zwar deshalb allein nicht vollständig zu überzeugen, weil wie dargetan[404] auch die Errichtung im Wege der Treuhandstiftung mit einer Übertragung des Stiftungsvermögens mit quasidinglicher Wirkung einhergeht. Darüber hinaus berücksichtigte der Senat aber auch den Ausschluss von Rückgabepflichten und den Vermögensanfall beim Stiftungsträger bei Auflösung der Stiftung, die überzeugend für die Vertragsform der Schenkung unter Auflage sprachen.

Insgesamt entsprach die Herangehensweise des Senats somit auch der höchstrichterlichen Rechtsprechung, die eine Erforschung des Parteiwillens zwar unter Berücksichtigung des Wortlauts verlangt, aber auch die konkrete Ausgestaltung, insbesondere im Hinblick auf Kündigungsrechte oder den Verbleib des Stiftungsvermögens im Falle der Unmöglichkeit der Erreichung des Stiftungszwecks, in den Blick nimmt.[405]

---

402 BGH, Urt. v. 12.3.2009 – III ZR 142/08, BGHZ 180, 144, ZEV 2009, 410 = NJW 2009, 1738; Urt. v. 22.01.2015 – III ZR 434/13 (Rn 20), ZIP 2015, 923; OLG Celle, Urt. v. 10.3.2016 – 16 U 60/15 („Klahn-Stiftung"), npoR 2016, 166 m. Anm. *Hüttemann/Rawert*, npoR 2016, 168; OVG Münster, Urt. v. 31.5.2016 – 16 A 172/13, npoR 2016, 257 m. Anm. *Hüttemann/Rawert,* npoR 2016, 262; unter Hinweis auf hierfür maßgebliche objektive Indizien im Rahmen der Auslegung OLG Oldenburg, Urt. v. 18.11.2003 – 12 U 60/03 –, juris.

403 OLG Celle, Urteil v. 10.3.2016 - 16 U 60/15 („Klahn-Stiftung"), npoR 2016, 166 m. Anm. *Hüttemann/Rawert*, npoR 2016, 168.

404 Vgl. B.II.4.

405 BGH, Urteil v. 10.12.2003 - IV ZR 249/02, BGHZ 157, 178; BGH, Urteil v. 12.3.2009 - III ZR 142/08, NJW 2009, 1738; OLG Oldenburg, Urt. v. 18.11.2003 – 12 U 60/03, juris.

3. *Typisierung*

Die Auslegung des jeweiligen Parteiwillens zur Ermittlung der tatsächlich gewollten dogmatischen Form unter den Gesichtspunkten der Kündigungsmöglichkeit und der Anfallsberechtigung wird im Kern also auf die Beantwortung der Frage gerichtet sein, in welchem Maße sich der Stiftungsträger mit dem Stiftungszweck identifiziert und der Stifter daher die Zweckverfolgung namentlich an den gewählten Stiftungsträger binden will. Dabei kristallisieren sich in der Praxis zwei Modelle der Stiftungsverwaltung heraus, die sich gerade im Grad der Identifikation des Stiftungsträgers mit dem Stiftungszweck und der gewählten Bindung des Stiftungsvermögens an den Stiftungsträger unterscheiden. Diese Modelle indizieren dann auch die dogmatische Einordnung der jeweiligen Stiftungsgeschäfte. [406]

So spricht es für die Ausgestaltung als Schenkung unter Auflage, wenn der Stifter einen Stiftungsträger auswählte, dessen eigener Zweck demjenigen der zu gründenden unselbständigen Stiftung zumindest nahekommt oder hiermit gar übereinstimmt. Ein solch hoher Identifikationsgrad aufgrund großer Ähnlichkeit oder sogar Gleichheit der verfolgten Zwecke von Stiftung und Stiftungsträger, die ihrerseits regelmäßig gemeinnützig dergestalt tätig sind, ermöglicht es, die Bedürfnisse des Stiftungszwecks und die Stiftungsträgerschaft eng miteinander zu verzahnen und effektiv auszugestalten. Dies ist für beide Seiten vorteilhaft. Der Stiftungsträger kann seine Handlungsmöglichkeiten erweitern, wenn das an einen kongruenten Stiftungszweck gebundene Stiftungsvermögen in den Rahmen der eigenen, ohnehin verfolgten Tätigkeit des Stiftungsträgers fällt. Für den Stifter bieten solche Stiftungsträger den Vorteil, bei einem zweckaffinen Stiftungsträger Erfahrungen bei der Verfolgung des Stiftungszwecks und ein eigenes Interesse hieran erwarten zu dürfen. An einen solchen Stiftungsträger wird der Stifter enger sich zu binden bereit sein und auf sein Kündigungsrecht zum Austausch des Stiftungsträgers leichter verzichten können.[407] In dieser Situation wird der Stifter es nicht nur hinnehmen, sondern möglicherweise sogar als günstig erachten, dass das Stiftungsvermögen im Falle der Unmöglichkeit der Erreichung des Stiftungszwecks an einen solchen vergleichbar ausgerichteten Stiftungsträger fällt. [408] Der gegen die Schenkung unter Auflage angeführte Kritikpunkt der notwendigen Anfallsfolge bei Unmöglichkeit kann bei entsprechender Auswahl des Stiftungsträgers also gerade für diese Gestaltungsform

---

406 Vgl. hierzu *Hüttemann/Rawert*, in: Staudinger (2017), BGB, Vorbem zu §§ 80 ff, Rn 344.

407 Zur praktischen Umsetzung vgl. *Krüsmann*, DStZ 2018, 503.

408 *Hüttemann/Rawert*, in: Staudinger (2017), BGB, Vorbem zu §§ 80 ff, Rn 344.

sprechen. Eine solche Verbindung der eigenen Interessen mit denen des Schenkers ist dann das typische Merkmal für die Schenkung unter Auflage[409] und spricht für diese Vertragsgestaltung.

Verfolgt der Stiftungsträger demgegenüber abweichende (durchaus auch gewerbliche) Zwecken und steht die – typischerweise auch entgeltliche – Verwaltung des Stiftungsvermögens anlässlich der Entscheidung für einen Stiftungsträger im Vordergrund, weniger aber dessen erwartete Kompetenz bei der Verfolgung des Stiftungszwecks, deutet dies auf einen Treuhandvertrag hin. Die Funktion des Stiftungsträgers ist dann auf eine bloße Geschäftsbesorgung ohne vertiefte Identifikation mit den Stiftungszweck reduziert. Dementsprechend indiziert die Vereinbarung von Kündigungsrechten eine solche funktionale Stellung des Stiftungsträgers. Die Übernahme einer Stiftungsträgerschaft als Dienstleistungsangebot bieten daher typischerweise Kreditinstitute an.[410] Deren Auswahl liegt etwa dann nahe, wenn es dem Stifter insbesondere auf eine professionelle Verwaltung des Stiftungsvermögens ankommt und er die Verfolgung des Stiftungszwecks als weniger herausfordernd ansieht.

Diese Unterscheidung zwischen den Stiftermotivationen, die einerseits die Förderung des Stiftungszwecks mit hoher Identifikation oder andererseits die kompetente Verwaltung des Stiftungsvermögens in der Vordergrund stellten, korrespondiert mit dem dargestellten[411] empirischen Befund, dass gerade diese Gesichtspunkte einen Schwerpunkt in den planerischen Überlegungen eines potentiellen Stifters bilden. Zwar wird sich der Stifterwille wohl niemals eindeutig dem einen oder anderen Schwerpunkt zuordnen lassen, sondern dürften stets beide Aspekte in unterschiedlichem Maße berücksichtigt werden. Die jeweilige Akzentuierung des Stifterwillens wird aber oft eine Tendenz erkennen lassen, auf welchen der beiden Aspekte der Stifter besonderen Wert legt.

Die Betrachtung der unselbständigen Stiftung als virtuelle juristische Person steht neben diesen Einordnungen, enthält hierzu aber keine Aussagekraft. Stattdessen veranschaulicht dieses Verständnis der Stiftungsträgerschaft die jeweilige Ausgestaltung der Stiftungsträgerschaft innerhalb der jeweils gewählten dogmatischen Form.[412] Die dem Stiftungsträger erteilte

409 *Schauhoff*, in: Handbuch der Gemeinnützigkeit, § 3 Stiftungsrecht, Rn 186.
410 *Hüttemann/Rawert*, in: Staudinger (2017), BGB, Vorbem zu §§ 80 ff, Rn 345.
411 Vgl. A.II
412 Im Hinblick auf eine Schenkung unter Auflage zustimmend *Reuter*, in: FS Hadding, S. 242f.

treuhänderische[413] Bindung liegt in beiden Ausgestaltungen darin, dass ihm die Betreuung des zugewendeten Vermögens in quasi-organschaftlicher Weise aufgetragen wird. Was dies im Einzelnen bedeutet, hängt gerade von den Parteien intendierte, möglicherweise auch formulierte Vereinbarung zu den Aufgaben und Pflichten des Stiftungsträgers ab.[414]

Demgegenüber sind Versuche abzulehnen, aus der das Innenverhältnis veranschaulichenden These einer Quasi-Organschaft auf die Möglichkeit zu schließen, das (unselbständige) Stiftungsvermögen sei dergestalt verselbständigt, dass dessen Haftung für Verbindlichen des Stiftungsträgers ausgeschlossen werden könnte. Hierin läge eine unnötige und auch nicht sachgerechte Einebnung struktureller Unterschiede zwischen unselbständiger und selbständiger Stiftung. Nur letztere steht unter dem Schutz einer staatlichen Aufsicht, die eine solche Haftungsisolation rechtfertigt.

C. Die Errichtung der unselbständigen Stiftung von Todes wegen

I. Erbrechtlicher Regelungsrahmen

1. Einordnung

Die unselbständige Stiftung ist mithin nicht Rechtsperson, sondern nur ein Schuldverhältnis. Insoweit ist im Ergebnis weitgehend unbestritten, dass es sich bei der Errichtung einer unter Lebenden errichteten Stiftung um ein zweiseitiges Rechtsgeschäft handelt.[415] Dies gilt auch für die Stiftungserrichtung von Todes wegen. Denn auch wenn ihr nicht ohnehin ein Erbvertrag, sondern eine einseitige letztwillige Verfügung zugrunde liegt, setzt die Stiftungserrichtung gleichwohl voraus, dass der potentielle Stiftungsträger das unter der Stiftungsauflage stehende Erbe oder Vermächtnis auch annimmt.[416]

---

413 Dieser so funktional verstandene Treuhandbegriff kann nicht nur auf Auftragsverhältnisse, sondern auch auf die Schenkung unter Auflage angewandt werden, *Hüttemann/Rawert*, in: Staudinger, BGB, Vorbem zu §§ 80 ff, Rn 341.

414 Auf die diesbezüglich veröffentlichten Grundsätze guter Stiftungspraxis des Bundesverbands Deutscher Stiftungen sei an dieser Stelle verwiesen; vgl. ferner *Kreutz*, ZRP 2007, 50.

415 *Hüttemann/Rawert*, in: Staudinger, BGB, Vorbem zu §§ 80ff., Rn 329, m.w.N. auch zur Gegenauffassung.

416 *Ebersbach*, Handbuch des deutschen Stiftungsrechts, S.180; *Hof*, in: Münchener Vertragshandbuch, Stiftung, S. 1293.

2. *Anwendung erbrechtlicher Vorschriften*

Die Errichtung einer unselbständigen Stiftung von Todes wegen folgt den erbrechtlichen Vorschriften. Demzufolge kann eine unselbständige Stiftung als Vermächtnis unter Auflage oder durch Erbeinsetzung im Testament oder Erbvertrag, jeweils verbunden mit einer Auflage errichtet werden.[417] Die Anwendung erbrechtlicher Vorschriften bedeutet insbesondere, dass die dort geltenden Formvorschriften zu beachten und Auslegungsregeln anzuwenden sind.[418] So ist eine testamentarische Verfügung gemäß § 2247 BGB eigenhändig zu schreiben und zu unterschreiben.[419]

Soweit der so formwirksam niedergelegte Wille des Erblassers auslegungsbedürftig ist, ist es das Ziel der erbrechtlichen Auslegungsregeln, diesen Willen des Erblassers optimal zur Geltung zu bringen.[420] Unsicherheiten bei der Beurteilung einer Stiftungserrichtung ergeben sich insbesondere hinsichtlich der von dem Erblasser gewollten Rechtsform, ob also eine selbständige Stiftung oder eine unselbständige Stiftung errichtet werden sollte. Zur Umsetzung des Willens des Erblassers wird es aber regelmäßig primär auf die Frage ankommen, wem der Erblasser sein Vermögen anvertrauen wollte. Die Frage, in welcher Rechtsform dies umgesetzt werden sollte, ist demgegenüber nachrangig.[421] Die Rechtsprechung[422] hat allerdings Grundsätze entwickelt, um im Wege der Auslegung (§ 2084 BGB) anhand von Indizien auf die von dem Erblasser gewollte Rechtsform zu schließen. So spricht eine besondere Bezeichnung des Rechts- bzw. Stiftungsträgers im Stiftungsgeschäft für den Willen des Stifters, eine unselbständige Stiftung errichten zu wollen, während im umgekehrten Fall, wenn Angaben zum Rechtsträger fehlen, von dem Stifterwillen auszugehen ist, eine selbständige Stiftung zu errichten. Weiter kommt dem Umstand, dass keine natürliche oder

---

417 *O. Schmidt*, ZEV 2003, 316; *Weitemeyer*, in: MünchKommBGB, § 80 BGB Rn 206.

418 *Hof*, in: Stiftungsrechts-Handbuch, Unselbständige Stiftung, Rn 17f., zur Auslegungspraxis Rn 118.; *Westebbe*, Die Stiftungstreuhand, S. 75; *Werner*, ZSt 2006, 10, 14.

419 Zum gemeinschaftlichen, eigenhändigen Testament vgl. § 2267 BGB.

420 *Leipold*, in: MünchKommBGB, § 2084 Rn 6.

421 *Ebersbach*, Handbuch des deutschen Stiftungsrechts, S. 25; *Hof*, in: Stiftungsrechts-Handbuch, Unselbständige Stiftung, Rn 119.

422 BGH, Urteil v. 10.12.2003 - IV ZR 249/02, BGHZ 157178; VGH Baden-Württemberg, Urteil v. 2.11.1976, StiftRspr. III Nr. 85 13ff.; OLG Hamm, 22.11.2012 – I-15 W 712/10, FamRZ 2013, 71; OLG München 28.5.2014 – 31 Wx 144/13, NJW 2014, 2448; offen lassend demgegenüber OVG Münster, Urteil v. 31.05.2016 - 16 A 172/13, npoR 2016, 257; hierzu *Hüttemann/Rawert*, in: Staudinger, BGB, § 83 Rn 9.

juristische Person benannt wird und auch kein tauglicher Erbe bereitsteht, eine Indizwirkung für den Willen zu, eine selbständige Stiftung zu errichten.[423]

Umstritten ist, ob beim Stiftungsgeschäft von Todes wegen neben juristischen auch natürlichen Personen sinnvoll als Träger eingesetzt werden können.[424] Hiergegen wird vorgetragen, dass die Auflage – Verwaltung des Vermögens zur zweckgemäßen Verwendung – höchstpersönlicher Natur sei und infolgedessen nur den Erben bzw. Vermächtnisnehmer selbst binden könne. Eine Vererbung oder weitere Übertragung auf Dritte sei nicht möglich.[425] Dem ist allerdings entgegenzuhalten, dass nur solche Pflichten höchstpersönlicher Natur sind, die gerade einem bestimmten Schuldner obliegen und daher auch nur von diesem bestimmten Schuldner zu erfüllen sind.[426] Dies kann sich insbesondere aus dem Sinn und Zweck des Schuldverhältnisses ergeben, weil ein besonders ausgeprägtes Vertrauensverhältnis zwischen Schuldner und Gläubiger eine Leistung durch Dritte ausschließt.[427] Wie *Herzog* aber zutreffend ausführt, wird für den Erblasser und Stifter die Fortsetzung der Stiftung durch die Erben des von ihm ausgewählten Stiftungsträgers der Beendigung der Stiftung vorzuziehen sein.[428] Er wird die Verfolgung des Stiftungszwecks also nicht ausschließlich von einer Person abhängig machen wollen. Dies verdeutlicht, dass die Pflichten des Stiftungsträgers nicht höchstpersönlicher Natur sind und zumindest vor diesem Hintergrund die Einsetzung einer natürlichen Person als Stiftungsträger nicht generell und aus dogmatischen Gründen abzulehnen ist. Unter praktischen Erwägungen – der Vermeidung möglicher Erbgänge hinsichtlich des Stiftungsträgers – erscheint die Wahl einer juristischen Person als Stiftungsträger gleichwohl vorzugswürdig.

3. *Indirekte Errichtung*

Die Stiftungserrichtung unterliegt allerdings dann nicht den erbrechtlichen Vorschriften, wenn der Erbe oder Vermächtnisnehmer nach dem Inhalt der von dem Erblasser erteilten Auflage nicht selbst Stiftungsträger werden, sondern das Stiftungsgeschäft mit einem Dritten abschließen soll.[429] In diesem Fall eines

423 Ausführlich m.w.N. *Hof*, in: Stiftungsrechts-Handbuch, Unselbständige Stiftung, Rn 82.
424 *Herzog*, Die unselbständige Stiftung des bürgerlichen Rechts, S. 64.
425 *Reuter*, in: MünchKommBGB, Vor § 80, Rn 93; *Otte* in: Staudinger, BGB, § 2192 Rn 19.
426 *Herzog*, Die unselbständige Stiftung des bürgerlichen Rechts, S. 64.
427 *Krüger*, in: MünchKommBGB, § 267 Rn 4.
428 *Herzog*, Die unselbständige Stiftung des bürgerlichen Rechts, S. 64.
429 *Geibel*, in: BeckOGK, § 80 Rn 669.

indirekten Errichtungswegs unterliegt nur die letztwillige Verfügung den erbrechtlichen Formvorschriften,[430] die Umsetzung der letztwilligen Verfügung durch den Erben oder Vermächtnisnehmer ist demgegenüber Stiftungsgeschäft unter Lebenden.[431]

II. Errichtung durch Vermächtnis unter Auflage

Die unselbständige Stiftung kann zunächst im Wege eines Vermächtnisses errichtet werden, indem der Stifter als Erblasser den Stiftungsträger als Vermächtnisnehmer mit der Auflage bestimmt, mit dem Vermächtnis den von ihm festgelegten Zweck zu verfolgen, und der Stiftungsträger dieses Vermächtnis annimmt. Dabei hat der Vermächtnisnehmer und potentielle Stiftungsträger gemäß § 2187 BGB auch nach dieser Annahmeerklärung noch das Recht, die Erfüllung der Auflage zu verweigern, falls das hierzu bereitgestellte Stiftungsvermögen zur Erfüllung dieser Auflage nicht ausreicht.[432]

Praktisch leidet der Weg eines Vermächtnisses unter Auflage zur Errichtung einer unselbständigen Stiftung unter der Regelung des § 2151 BGB. Gemäß § 2151 Abs. 1 BGB kann der Erblasser dem Beschwerten zwar die Bestimmung des Begünstigten überlassen. Dabei ist aber zu beachten, dass der Erblasser dieses Bestimmungsrecht nicht so weit fassen kann, dass der Beschwerte in der Auswahl der Bedachten völlig frei wäre. Der Kreis der in Frage kommenden Personen muss hinreichend eingegrenzt sein, da diese Personen gegebenenfalls nach § 2151 Abs. 3 BGB Gesamtgläubiger sind.[433] Eine hinreichende Eingrenzung liegt zwar vor, wenn die Stiftung ihre jährlichen Erträge stets einem im Stiftungsgeschäft oder der Satzung konkret benannten Begünstigten (z.B. einer bestimmten Organisation) zur Verfügung stellen soll.[434] Eine anderweitige Verwendung der Stiftungserträge zugunsten regelmäßig neu in Frage kommender und auszuwählender Destinatäre kommt dann aber gemäß § 2151 BGB nicht in Betracht.[435]

Neben dieser praktischen Einschränkung findet auch die zeitliche Schranke der §§ 2162, 2177 BGB auf eine durch Vermächtnis unter Auflage errichtete

---

430 *Hof*, in: Stiftungsrechts-Handbuch, Unselbständige Stiftung, Rn 118.

431 *Hüttemann/Rawert*, in: Staudinger, BGB, Vorbem zu §§ 80ff., Rn 352.

432 *Herzog*, Die unselbständige Stiftung des bürgerlichen Rechts, S. 63.

433 *Westebbe*, Die Stiftungstreuhand, S. 75ff.; *Schlichting*, in: MünchKommBGB, § 2151 Rn 2.

434 *Hof*, in: Stiftungsrechts-Handbuch, Unselbständige Stiftung, Rn 126.

435 Vgl. hierzu *Westebbe*, Die Stiftungstreuhand, S. 75f.

unselbständige Stiftung Anwendung.[436] Gemäß § 2162 BGB wird ein Vermächtnis, das unter einer aufschiebenden Bedingung oder unter Bestimmung eines Anfangstermins angeordnet ist, mit Ablauf von dreißig Jahren nach dem Erbfall unwirksam, wenn nicht vorher die Bedingung oder der Termin eingetreten ist. Dies wirft die Frage auf, ob das die unselbständige Stiftung begründende Vermächtnis einmalig – gemäß § 2176 BGB regelmäßig mit dem Erbfall – anfällt und die jährlichen Erträgnisse nur dessen Teilleistungen sind, oder ob diese Erträgnisse als jährliche (Teil-) Vermächtnisse anfallen.[437] Letzteres würde § 2162 BGB besondere Bedeutung verschaffen, während die Norm andernfalls hier regelmäßig leer liefe. Ein Verständnis als jährliche Teilvermächtnisse erscheint insbesondere dann angemessen, wenn die Bedachten ebenfalls jährlich neu bestimmt werden (vgl. § 2162 Abs. 2 BGB). Nach Ablauf von dreißig Jahren entfällt das Vermächtnis und steht dem ehemals Beschwerten ungebunden zu. Die unselbständige Stiftung ist dann unwirksam.[438] Der Beschwerte hat in diesem Fall die steuerlichen Folgen der Bindungsaufhebung zu beachten (vgl. §§ 55 Abs. 1 Nr. 4, 61 AO), denen er entgeht, wenn er das ihm zufallende Vermögen weiter gemeinnützig verwendet.

Sind die Destinatäre und die ihnen zufallenden Leistungen von vornherein bestimmt, so handelt es sich hingegen um einen einheitlichen Vermächtnisanspruch, dem die einzelnen Raten mit ihren jeweiligen Fälligkeiten zuzuordnen sind. In diesem Fall besteht keine Veranlassung und erscheint es künstlich, die einzelnen Raten, die im Übrigen inhaltlich bereits definiert sind, weiter aufzuspalten. Die Gefahr, dass der erbrechtliche Schwebezustand unabsehbar lange andauert,[439] besteht im Rahmen der unselbständigen Stiftung ohnehin nicht, weil das Vermögen eindeutig dem Stiftungsträger zugeordnet ist.[440] Auch die Rechtsprechung fasst den Anwendungsbereich der Regelung tendenziell eng[441] und geht lediglich von einem Aufschub der Ratenfälligkeit aus.[442]

---

436 Vgl. hierzu *Westebbe*, Die Stiftungstreuhand, S. 77ff.

437 *Otte*, in: Staudinger, BGB, § 2162 Rn 5, § 2177 Rn 3ff.

438 *Hof*, in: Stiftungsrechts-Handbuch, Unselbständige Stiftung, Rn 126; *Hüttemann/Rawert*, in: Staudinger, BGB, Vorbem zu §§ 80ff., Rn 352; *Westebbe*, Die Stiftungstreuhand, S. 77.

439 *Schlichting*, in: MünchKommBGB, § 2162 Rn 1.

440 *Westebbe*, Die Stiftungstreuhand, S. 78.

441 Vgl. BayObLG, Beschluss v. 25.4.1991 - BReg. 1 a Z 72/90, NJW-RR 1991, 1094ff..

442 *Westebbe*, Die Stiftungstreuhand, S. 78; *Otte*, in: Staudinger, BGB, § 2177 Rn 5.

III. Errichtung durch Erbeinsetzung unter Auflage

Soll die unselbständige Stiftung durch Testament oder Erbvertrag errichtet werden, so setzt der Stifter – also der Erblasser – den Stiftungsträger als Erben unter der Auflage ein, das Nachlassvermögen zu einem von dem Stifter bestimmten Zweck und als ein von dessen sonstigem Vermögen getrenntes Sondervermögen zu verwalten.[443] Auch hier setzt die Stiftungserrichtung weiter voraus, dass der Erbe die Erbschaft auch annimmt (vgl. oben).[444]

Gemäß § 2194 BGB steht den Erben, den Miterben sowie allen, denen der Wegfall des mit der Auflage zunächst Beschwerten unmittelbar zustattenkommen würde, das Recht zu, die Vollziehung der Auflage zu verlangen. Diesen kann der Erblasser allerdings dieses Vollziehungsrecht entziehen und an deren Stelle anderen Personen den Anspruch einräumen, die Vollziehung einer Auflage zu verlangen. Auf diese Weise kann der Erblasser eine dauerhafte Durchsetzung der von ihm gewählten Auflage sicherstellen.[445] Liegt die Vollziehung im öffentlichen Interesse, so kann auch die zuständige Behörde die Vollziehung verlangen, § 2194 Satz 2 BGB.

Ferner sind bei der Errichtung einer unselbständigen Stiftung durch Testament oder Erbvertrag potentielle Pflichtteilsansprüche gemäß §§ 2303 ff. BGB zu beachten, die das zur Verfügung stehende und der Stiftung zugeordnete Vermögen derart schmälern können, dass die Errichtung der Stiftung unmöglich ist. Dieser Gefahr kann insbesondere durch Erbverzichts- oder Pflichtteilsverzichtsverträge begegnet werden.[446] In diesem Zusammenhang ist ferner § 2306 Abs. 1 Satz 1 BGB zu beachten, wonach eine Auflage – wie auch ein Vermächtnis – als nicht angeordnet gilt, wenn der einem pflichtteilsberechtigten Erben hinterlassene Erbteil die Hälfte des gesetzlichen Erbteils nicht übersteigt.[447]

IV. Möglichkeit der Typisierung

Soweit keine indirekte Stiftungserrichtung vorliegt, besteht anders als im Falle der Stiftungserrichtung unter Lebenden[448] im Rahmen der Stiftungserrichtung

443 Zu Ausgestaltungsmöglichkeiten, insbesondere zur Kontrolle, vgl. *Schauer*, npoR 2013, 120.

444 *Herzog*, Die unselbständige Stiftung des bürgerlichen Rechts, S. 63.

445 *Wochner*, ZEV 1999, 130.

446 *O. Schmidt*, ZEV 2003, 316

447 Zum Ganzen *Herzog*, Die unselbständige Stiftung des bürgerlichen Rechts, S. 64f.

448 Vgl. oben unter B.VII

mittels letztwilliger Verfügungen kein Raum, eine Zuordnung zu unterschiedlichen dogmatischen Konstruktionen – dem Treuhandvertrag und der Schenkung unter Auflage – vorzunehmen. Gleichwohl werden auch im Rahmen der Stiftungserrichtung von Todes wegen sowohl solche Situationen anzutreffen sein, in denen der Stiftungsträger dem Stiftungszweck gleichgerichtete Zwecke verfolgt, aber auch solche, in denen der Stiftungsträger unter anderer Zwecksetzung seine Dienstleistung der Stiftungsverwaltung professionell anbietet und erbringt. Deren Unterscheidung kann (und wird)[449] aber sinnvoll sein, um die jeweils zugrundeliegenden Lebenssachverhalte und wirtschaftlichen Interessenlagen erfassen zu können.

449 Vgl. unten unter C.III.3.e)cc).

Zweiter Teil

A. Einleitung

Auf der im ersten Teil gelegten Grundlage zur dogmatischen Einordnung der unselbständigen Stiftung soll im zweiten Teil die Frage der Anwendbarkeit finanzaufsichtsrechtlicher Regulierungen auf die unselbständige Stiftung in ihren dogmatischen und typologischen Erscheinungsformen beantwortet werden.

Hierzu ist zu prüfen, ob diese Rechtsverhältnisse finanzaufsichtsrechtliche Tatbestände erfüllen.[450] Dabei ist zum einen – bezogen auf die Begründung unselbständiger Stiftungen – an eine Anwendung der Vorschriften des Kapitalanlagegesetzbuchs (KAGB) auf diese Rechtsverhältnisse zu denken. Insoweit steht die unselbständige Stiftung als Vermögensallokation und deren Funktion als Organismus für Kapitalanlagen (§ 1 Abs. 1 Satz 1 KAGB) im Fokus der Betrachtung. Die unselbständige Stiftung wird insoweit an denjenigen rechtlichen Maßstäben zu messen sein, die für Anlagekapitalsammelstellen einschlägig sind.

Zum anderen wird zu prüfen sein, ob die sich an die anfängliche Organisation anschließende und andauernde Betreuung und Verwaltung tätigkeitsbezogene Bankgeschäfte und Finanzdienstleistungen darstellen, die im Kreditwesengesetz (KWG) normiert sind. Diese Überlegungen beziehen sich auf die unselbständige Stiftung als Empfänger von Bank- und Finanzdienstleistungen.

B. Prüfungsmaßstab des KAGB

I. Einleitung

1. Entstehungsgeschichte

Das durch das KAGB ergänzte Finanzdienstleistungsaufsichtsrecht ist zwar durchaus europarechtlich beeinflusst, hat seinen Ursprung allerdings im nationalen Recht des Kreditwesengesetzes, der bis auf die Rechtsgründung 1871 zurückgeht.[451] Das KAGB ist damit der aktuell wohl jüngste größere Baustein einer Regulierungsentwicklung, die ihren ursprünglich aufsichtsrechtlich geprägten

---

450 Auf die Vergleichbarkeit der rechtlichen Verselbständigung des Stiftungsvermögens mit einem Investmentfonds unter dem seinerzeit maßgeblichen KAG wie bereits *Reuter*, in: FS Hadding, S. 245 hin, ohne dies indes zu vertiefen.

451 Hierzu vertiefend *Fischer*, in: Boos/Fischer/Schulte-Mattler, KWG, Einführung, Rn 1ff.

Fokus erweiterte und zunehmend den Verbraucher als Adressaten von Bank- und Finanzdienstleistungen in den Blick genommen hat. Es baut zum einen auf der OGAW-Richtlinie[452] und zum anderen auf der AIFM-Richtlinie[453] auf. Auf europäischer Ebene stellen diese Richtlinien die Umsetzung eines gemeinsamen Beschlusses der Staats- und Regierungschefs anlässlich der G20-Treffen im Jahr 2009 in London und Pittsburgh zur Regulierung systemisch relevanter Finanzinstitute dar.[454]

Im Ausgangspunkt unterscheiden sich die beiden zugrunde liegenden Richtlinien in ihrem Anwendungsbereich nach der verwalteten Anlageklasse, nämlich nach Wertpapieren (OGAW-Richtlinie) einerseits und anderen Anlageformen (AIFM-Richtlinie) andererseits. Dies ist keineswegs selbstverständlich, böte sich doch beispielsweise eine nach der jeweiligen Organisationsform (intern / extern) oder nach dem Umfang des verwalteten Vermögens unterscheidende Regulierung gerade hinsichtlich des Ziels an, die Wettbewerbsbedingungen auf Gemeinschaftsebene anzugleichen[455] bzw. der Ausbreitung von Krisen des Finanzsystems, die durch gleichförmiges Verwalterhandeln gefördert werden kann, vorzubeugen.[456]

Die gewählte Unterscheidung zwischen Wertpapieren und anderen Anlageformen ist historisch zu erklären. So stellt die OGAW-Richtline die Fortschreibung der wertpapierspezifischen Richtlinie 85/611/EWG des Rates vom 20. Dezember 1985 dar[457] und war insbesondere auf die Herstellung gleicher Wettbewerbsbedingungen im Markt der Wertpapieranlagen gerichtet.[458] Demgegenüber gerieten sonstige Anlageformen erst nach der Finanzmarktkrise ab 2008 in den Fokus und motivierten zum Erlass der AIFM-Richtlinie.[459] Die Ursachen der ab der zweiten Jahreshälfte 2008 aufbrechenden Finanzmarktkrise wurden – zumindest auch – als Managementversagen interpretiert, sodass eine

---

452 Richtlinie 2009/65/EG des Europäischen Parlaments und des Rates vom 13. Juli 2009 zur Koordinierung der Rechts- und Verwaltungsvorschriften betreffend bestimmte Organismen für gemeinsame Anlagen in Wertpapieren.

453 Richtlinie 2011/61/EU des Europäischen Parlaments und des Rates vom 8. Juni 2011 über die Verwalter alternativer Investmentfonds (ABl. L 174 vom 1.7.2011, S. 1.

454 Zur Entstehungsgeschichte vgl. *Weitnauer/Boxberger/Anders*, in: Weitnauer/Boxberger/Anders, KAGB, Einleitung, Ziff. I.1.

455 Richtlinie 2009/65/EG (OGAW-RL), Erwägungsgrund Nr. 3.

456 Richtlinie 2011/61/EU (AIFM-RL), Erwägungsgrund Nr. 1, 2.

457 Richtlinie 2009/65/EG (OGAW-RL), Erwägungsgrund Nr. 1.

458 Richtlinie 2009/65/EG (OGAW-RL), Erwägungsgrund Nr. 3 und 4.

459 Richtlinie 2011/61/EU (AIFM-RL), Erwägungsgrund Nr. 2.

Vereinheitlichung des gesetzlichen und aufsichtsrechtlichen Rahmens für Manager alternativer Investmentfonds (AIFM) jeglicher Struktur geboten erschien, um so systematische Risiken der Finanzmärkte zu reduzieren und den Schutz der Anleger zu verbessern.[460] Ausdrücklich bringt daher bereits der zweite Erwägungsgrund der AIFM-Richtline das Ziel zum Ausdruck, gemeinsame Anforderungen für die Zulassung von und Aufsicht über AIFM festzulegen, um für die damit zusammenhängenden Risiken und deren Folgen für Anleger und Märkte in der Union ein kohärentes Vorgehen zu gewährleisten.

Das KAGB führt die beiden Regelungsbereiche – Wertpapiere und andere Anlageklassen einerseits sowie Wettbewerbsharmonisierung und Finanzmarktrisikovorsorge andererseits – zusammen. Hierzu enthält es Regelungen betreffend die Allokation und Verwaltung von verbrieften und wertpapierfremden (alternativen) Anlageorganismen.[461]

Die Überlegung, dass gerade diese auf Kapitalverwalter bezogene Regulierung auch den Träger unselbständiger Stiftungen bereits deshalb erfassen könnte, weil der Stifter dem Stiftungsträger anlässlich der Stiftungserrichtung das Mandat erteilt, das Stiftungskapital dem Stiftungszweck entsprechend zu verwalten, erscheint daher nicht von Vornherein fernliegend. Diese Frage bezieht sich also auf die Tätigkeit als Stiftungsträger als solcher und ist von einer Erlaubnispflicht bestimmte Investitionsentscheidungen betreffend innerhalb der unselbständigen Stiftung zu unterscheiden.[462]

2. *Erfassung sonstiger Vermögensallokationen*

Der Frage, ob die Verwaltung des Stiftungsvermögens einer unselbständigen Stiftung und damit die Tätigkeit als Stiftungsträger Gegenstand einer durch das KAGB kodifizierten Regulierung sein kann, wird die Frage aufwerfen, ob diese Tätigkeit überhaupt und gegebenenfalls unter welchen der in dem KAGB angesprochenen Tatbestände dieser „*Organismus*“ zu fassen ist.[463] Zunächst stellt sich aber die Vorfrage, ob der Anwendungsbereich des KAGB überhaupt auf die darin konkret genannten Tatbestände begrenzt oder sein Anwendungsbereich grundsätzlich offen ist.

---

460 *Weitnauer*, BKR 2011, 143.

461 *Weitnauer/Boxberger/Anders*, in: Weitnauer/Boxberger/Anders, KAGB, Einleitung, Ziff. I.6.

462 Hierzu *Boxberger/Sonnleitner*, npoR 2013, 54.

463 Hierzu B.II.4.

In Abkehr von dem formellen Investmentfondsbegriff des InvG liegt dem KAGB ein materielles Verständnis der erfassten Organismen zur gemeinsamen Anlage zugrunde („*materieller Investmentfondsbegriff*").[464] Unter diesem Verständnis erfasst das KAGB sämtliche Tätigkeiten der kollektiven Vermögensverwaltung und definiert die an diese Tätigkeit zu richtenden Anforderungen, zum Beispiel hinsichtlich der Rechtsform, Kapitalausstattung, internen Organisation etc.[465] Das KAGB strukturiert also Anlagevehikel anhand bestimmter Kriterien, aus deren Vorliegen oder Fehlen sich deren jeweilige Zuordnung zu bestimmen Investmentanlageformen ergibt. Die jeweils einschlägigen Rechtsfolgen sind dann anhängig von der jeweiligen, typisierenden Anlageform ausgestaltet. Insoweit liegt dem KAGB ein materieller Investmentfondsbegriff zugrunde, dessen Reichweite auch die Zulässigkeit des Investmentgeschäfts definiert.[466]

Damit ist der Anwendungsbereich weit gezogen und erfasst jegliche Formen der kollektiven Vermögensverwaltung. Auch eine Tätigkeit als Träger einer unselbständigen Stiftung kann also eine solche Form der kollektiven Vermögensverwaltung darstellen.

II. Anwendungsbereich des KAGB

1. Persönlicher Anwendungsbereich

a) Mehrzahl von Anlegern

Die das KAGB tragende und auch den Gesetzgeber leitende Vorstellung eines auf die Funktion der Kapitalanlage fokussierten Investmentvermögens kommt auch in dem gesetzlichen Merkmal zum Ausdruck, dass der bereits angesprochene Organismus für gemeinsame Anlagen „*von einer Anzahl von Anlegern Kapital einsammelt*" (§ 1 Abs. 1 Satz 1 KAGB). Die Vokabel „*Anzahl*" erscheint hier unglücklich und unklar. Im Zusammenhang mit dem Satz 1 und dem dort formulierten Kriterium der *gemeinsamen* Anlage wird deutlich, dass hier zwischen der gemeinsamen Kapitalanlage einer *Mehr*zahl von Anlegern einerseits und der individuellen Kapitalanlage eines einzelnen Anlegers – und sei es auch durch ein Investmentvehikel – andererseits unterschieden werden soll. Dieses Verständnis beschränkt den Anwendungsbereich des KAGB so auf solche Vermögensanlagen, die für mindestens zwei Anleger durchgeführt werden,[467] die ihr Kapital

---

464 *Weitnauer/Boxberger/Anders*, in: Weitnauer/Boxberger/Anders, KAGB, Einleitung, I.3.
465 *Baumann*, in: Weitnauer/Boxberger/Anders, KAGB, § 15 Rn 1.
466 *Weitnauer/Boxberger/Anders*, in: KAGB, Einleitung, I.3.
467 *Tollmann*, in: Dornseifer/Jesch/Klebeck/Tollmann, AIFM-Richtlinie, § 1 Rn 16.

zur Verfügung stellen. Auf diese Weise wird auch entsprechend dem Sinn und Zweck des KAGB dessen Anwendbarkeit auf kollektive Anlagen beschränkt und werden individuelle Kapitalanlagen ausgeschlossen.[468]

Das Merkmal einer „*Anzahl*" von Kapitalgebern passt damit auf den ersten Blick nicht zu dem typischen Bild des Stiftungswesens, in dem ein singulärer Stifter Vermögenswerte zur Verfolgung altruistischer Zwecke zur Verfügung stellt. Dies spricht für den Regelfall zunächst gegen eine Anwendbarkeit des KAGB auf die Träger unselbständiger Stiftungen.

Der zweite Satz des § 1 Abs. 1 KAGB schwächt diesen Eindruck aber bereits ab. Eine Anzahl von Anlegern im Sinne des Satzes 1 ist demgemäß bereits dann gegeben, wenn die Anlagebedingungen, die Satzung oder der Gesellschaftsvertrag des Organismus für gemeinsame Anlagen die Anzahl möglicher Anleger lediglich nicht auf einen Anleger begrenzen. Im Umkehrschluss ist der Anwendungsbereich des KAGB also schon dann eröffnet, wenn allein die Möglichkeit besteht, dass ein weiterer Anleger sein Kapital dem Organismus zuführt und dessen Investmentvermögen auf diese Weise vermehrt.[469] Wenn demgegenüber die Vermögensverwaltung für mehrere ausgeschlossen ist, könnte allenfalls eine Finanzportfolioverwaltung vorliegen.[470]

Was bedeutet dies für die unselbständige Stiftung? Das von dem Stiftungsträger ausgebildete Sondervermögen kann als ein solcher Organismus verstanden und unter dieses Tatbestandsmerkmal des Kapitalanlagegesetzbuchs subsumiert werden. Eine Anwendbarkeit des KAGB ist unter dieser Einordnung aber jedenfalls dann ausgeschlossen, wenn die Möglichkeit weiterer Vermögenszuwendungen an die unselbständige Stiftung von Seiten anderer Personen als dem ursprünglichen Stifter selbst ausdrücklich nicht vorgesehen ist. Insbesondere ist dabei auf die Möglichkeit von Zustiftungen hinzuweisen, die in typischen und üblichen Stiftungssatzungen sogar ausdrücklich erlaubt werden.[471] Ist die Frage

---

468 Insoweit korrespondiert das KAGB mit Erwägungsgrund 9 der AIFM-RL, der zwischen der dort regulierten Tätigkeit von Wertpapierfirmen und der individuellen Finanzportfolioverwaltung differenziert.

469 Dies verkennt *Geibel*, in: BeckOGK, § 80 Rn 699.

470 *Volhard/Jang*, in: Weitnauer/Boxberger/Anders, KAGB, § 1 Rn 10, zur europarechtlich notwendigen Auslegung und dem Erfordernis eines Publikums bei Organismen für die gemeinsame Anlage in Wertpapieren (OGAW) vgl. dort Rn 13, vgl. ferner unter C.III.3.

471 Vgl. die „Muster-Stiftungssatzung für eine Treuhandstiftung mit eigenem Entscheidungs- oder Beratungsgremium" des Bundesverbands Deutscher Stiftungen e. V., Stand Dezember 2013, http://www.stiftungen.org/fileadmin/bvds/de/News_

der Zulässigkeit von Zustiftungen demgegenüber nicht ausdrücklich geregelt, ist die Satzung vor dem Horizont des Stifterwillens zum Zeitpunkt der Stiftungserrichtung auszulegen.[472] Im Regelfall wird aber dann davon auszugehen sein, dass eine weitere Unterstützung und Förderung des Stiftungszwecks von dem Stifter nicht abgelehnt, sondern sogar ausdrücklich begrüßt worden wäre. Der Stiftungsträger hat bei diesem Auslegungsergebnis nicht nur das Recht, sondern wäre sogar verpflichtet, eine solche Zustiftung zur Förderung des Stiftungszwecks anzunehmen.

Gegen die hieraus folgende Eröffnung des Anwendungsbereichs des KAGB ließe sich argumentieren, durch die Zustiftung ordne der Zustifter sein Vermögen in die bestehende unselbständige Stiftung ein, das in einem einheitlichen Stiftungsvermögen aufgehe. Die Vermögenswerte der Zustiftung verlören insoweit ihre Eigenständigkeit, sodass doch nicht von einer Mehrzahl von Kapitalgebern die Rede sein könne. Hiergegen spricht indes, dass auch der Zustifter selbst im Falle der Zustiftung in der Form der Schenkung unter Auflage die Möglichkeit hat, das zum Auflagenvollzug erforderliche Vermögen bereicherungsrechtlich zurückzufordern.[473] Ausdrücklich ist auf für die Zustiftung gleichermaßen geltenden Möglichkeiten des Vermögenszugriffs bei Zwangsvollstreckung und Insolvenz hinzuweisen.[474] Von einem Untergang des zugestifteten Vermögens im Vermögen der unselbständigen Stiftung kann unter diesem Blickwinkel keine Rede sein. Damit verwaltet der Stiftungsträger das Stiftungsvermögen mitsamt seiner Zustiftungen durchaus für eine Mehrzahl von Kapitalgebern.

Im Ergebnis ist daher davon auszugehen, dass eine Begrenzung des Vermögenszuflusses in die unselbständige Stiftung – das Sondervermögen des Stiftungsträgers – auf nur und allein den Stifter regelmäßig nicht vorgesehen und daher der persönliche Anwendungsbereich des KAGB regelmäßig eröffnet ist.

Erst recht ist der Anwendungsbereich des KAGB dann eröffnet, wenn unselbständige Stiftungen – etwa in professioneller Verwaltung – mit einer recht weit gefasster Zwecksetzung von vornherein darauf ausgerichtet sind, die

---

und_Wissen/Stiftungsgruendung/Muster_Satzung_nichtrechtsfaehige_Stiftung_09.12.2013.pdf

472 BGH, Urteil v. 22.1.1987 - III ZR 26/85, NJW 1987, 2364; BGH, Urteil v. 14.10.1993 - III ZR 157/91, NJW 1994, 184, 186; BGH, Urteil v. 16.1.1957 - IV ZR 221/56, NJW 1957, 708; bzgl. Stiftungen von Todes wegen vgl. *O. Schmidt*, ZEV 2000, 219 - 212

473 *Haas/Mock*, in: Insolvenzrechts-Handbuch, § 93 Rn 240.

474 Vgl. unter B.III.3 oben.

Zustiftungen weiterer Stiftungsvermögen aufzunehmen, weil deren Stifter entsprechende Zwecken verfolgt sehen wollen.

Unter Gestaltungsgesichtspunkten lässt sich die Anwendbarkeit des KAGB auf unselbständige Stiftungen demgegenüber dadurch ausschließen, dass die Möglichkeit von Zustiftungen und vergleichbaren Mehrungen des Stiftungsvermögens durch Zuwendungen stifterfremder Dritter in der Satzung der Stiftung von vornherein ausgeschlossen wird. Im Falle der professionellen Verwaltung unselbständiger Stiftungen ist dann aber darauf zu achten, jegliches Sondervermögen von Vornherein zu isolieren, die Aufnahme weiterer Vermögenszuflüsse auszuschließen und eine strikt getrennte Verwaltung der Stiftungsvermögen sicherzustellen.

Dies gilt auch für die parallele Verwaltung mehrerer gleichgerichteter nicht rechtsfähiger Stiftungen durch einen einheitlichen Stiftungsträger. Solange die Stiftungsvermögen voneinander abgesondert und ohne Vermischung verwaltet werden (und auch nicht Zustiftungen o.ä. gegenüber eröffnet sind), sind diese Stiftungen auch als getrennte Kapitalsammelstellen zu betrachten, die auch keiner „*Anzahl*“ von Anlegern gegenüber offenstehen. Dass der Stiftungsträger – in der Diktion des KAGB der „Manager“ – mehrere Vermögen parallel und auch inhaltlich vergleichbar betreut, ist unproblematisch.

b) Ausschlusstatbestand des sozialen Unternehmertums

Das KAGB ist gemäß seinem § 2 Abs. 7 i. V. m. § 338 KAGB nur partiell auf „*Europäische Fonds für soziales Unternehmertum*“ anzuwenden. Für solche Fonds gelten – neben den ohnehin einschlägigen Regelungen der diese Vehikel betreffenden Verordnung (EU) Nr. 346/2013 („EuSEF-VO“) – in materieller Hinsicht lediglich die Regelungen zur Auskunftspflicht gegenüber Aufsichtsbehörden (§ 14 KAGB i. V. m. § 44 KWG) und eine eingeschränkte Registrierungs- und Berichtspflicht (§ 44 KAGB).

Das Institut des „*Europäischen Fonds für soziales Unternehmertum*“ beruht auf der EuSEF-VO. Die EuSEF-VO ist Mitte Mai 2013 in Kraft getreten und ohne weitere nationalen Umsetzungsakte unmittelbar wirksam. Sie definiert einen inhaltlich-organisatorischen Standard und europaweit einheitliche Regulierungsbedingungen für das soziale Unternehmertum und deren Organe. Die Verordnung ist auf diejenigen Investmentfonds anwendbar, die sich deren Regelungen freiwillig unterwerfen.[475]

475 Erwägungsgrund Nr. 10 VO (EU) Nr. 346/2013.

Inhaltlich befasst sich die Verordnung mit solchen Fonds, die überwiegend – zu mindestens 70 % – in Unternehmen investieren, die ihrerseits in sogenannte qualifizierte Anlagen investieren. Dies sind insbesondere Eigenkapital- oder dem ähnliche Investments und Schuldtitel und ähnliche Anlageformen,[476] die von qualifizierten Portfoliounternehmen im Sinne des Art. 3 Abs. 1 lit. d) VO (EU) NR. 346/2013 emittiert wurden. Hierzu zählt – neben anderen, formalen Voraussetzungen –, dass diese satzungsgemäß insbesondere die Erzielung messbarer, positiver sozialer Wirkungen als ihr vorrangiges Ziel ansehen und ihre Gewinne satzungsentsprechend vor allem zum Erreichen seines vorrangigen sozialen Ziels einsetzen.

Mit dem Europäischen Fonds für soziales Unternehmertum sollen Strukturen zur Förderung insbesondere gemeinwohlorientierter Unternehmen geschaffen werden. Die Registrierung gemeinwohlorientierter Fonds als EuSEF ermöglicht den Fondsinitiatoren eine europaweite Glaubwürdigkeit und Vertriebsmöglichkeit und gibt den Anlegern eine gewisse Sicherheit, dass die Finanzmittel tatsächlich in echte Sozialunternehmen investiert werden, welche ihre soziale Wirkung darstellen können.[477]

Bereits an dieser Stelle muss allerdings unterstrichen werden, dass ein EuSEF nicht selbst eine gemeinwohlorientierte Tätigkeit ausübt, sondern diese lediglich finanziert. Ein EuSEF ist insoweit eine in besonderer Weise sozial orientierte Geldsammelstelle, mithin ein Fonds, der seinerseits gemeinwohlorientierte Institutionen und Unternehmen auswählt und mit Mitteln ausstattet, um auf diese Weise deren altruistische Ziele zu unterstützen und zu fördern.

Die unselbständige Stiftung kann somit EuSEF grundsätzlich auftreten, wenn sie als Förderstiftung gemäß § 58 Nr. 1 AO[478] auftritt. Sie betätigt sich dann als Financier anderer gemeinwohlorientierter Einrichtungen, ohne sich aber unmittelbar selbst und operativ gemeinwohlorientiert zu engagieren und die Stiftungsmittel in eigener Entscheidung dem Destinatär zuzuwenden.

---

476 Vgl. Art. 3 Abs. 1 lit. e) VO (EU) Nr. 346/2013.

477 *Boxberger/Röder*, in: Weitnauer/Boxberger/Anders, KAGB, § 2 Rn 43.

478 Vgl. hierzu *von Cube*, in: Winheller/Geibel/Jachmann, Gesamtes Gemeinnützigkeitsrecht, AO § 58, Rn 49 *Schlüter/Stolte*, Stiftungsrecht, Kapitel 7 Rn 90ff.. Zu der hier nicht zu vertiefenden Frage der Einordnung der Tätigkeit von Förderstiftungen als Zahlungsdienstleistung gemäß § 1 Abs. 2 Nr. 6 ZAG und deren daraus resultierender aufsichtsrechtlichen Erfassung vgl. Schreiben der BaFin v. 14.8.2013 – GW 3-QF 5100-2013/0049, sowie Widerspruchsbescheid der BaFin v. 25.3.2014 – GW 1-QR 3300-2013/0001 (jeweils unveröffentlicht); hierzu *Winheller/Auffenberg*, DStR 2013, 589.

Die praktische Relevanz der Möglichkeit, sich als EuSEF zu registrieren, ist allerdings äußerst gering. Bis zum September 2020 – also innerhalb von sieben Jahren ab dem Inkrafttreten der Verordnung – haben sich europaweit nur 13 Fonds als EuSEF bei der zuständigen European Securities and Markets Authority (ESMA) registriert, die acht unterschiedlichen Verwaltungsgesellschaften zuzuordnen sind. Hauptsächliches Hindernis einer erfolgreichen Etablierung dieses Regulierungsprodukts werden dabei die hohen wirtschaftlichen Zugangsschwellen sein. Im Konflikt zwischen der für sachgerecht erachteten, reduzierten Regulierungsdichte für EuSEF einerseits und der Befürchtung deren Missbrauchs andererseits hat der Verordnungsgeber einen Vertrieb solcher Fondsanteile ausschließlich an professionelle Anleger und gleichgestellte Personen gestattet, die sich verpflichten, mindestens € 100.000,00 zu investieren (Art. 6 Abs. 1 VO (EU) Nr. 346/2013).

Dass solche Zugangshürden gerade im Bereich gemeinnütziger Anlageprodukte prohibitiv wirken, liegt auf der Hand. Gerade im Hinblick auf typischerweise schwächer ausgestattete unselbständige Stiftungen wird diese Zugangsschwelle deren Nutzung regelmäßig entgegenstehen. Allenfalls könnte dieser Ausnahmetatbestand für solche unselbständigen Förderstiftungen praktische Bedeutung gewinnen, die gleichgerichtete Stiftungsvorhaben verschiedener Stiftung innerhalb einer unselbstständigen Stiftung bündeln können und auf diese Weise ein hinreichendes Volumen erreichen. Da eine solche Bündelung aber aufgrund unterschiedlicher Interessen, persönlicher Schwerpunkte der Stifter und unterschiedlicher Errichtungszeitpunkte nur ausnahmsweise möglich sein dürfte, wird der für *Europäischen Fonds für soziales Unternehmertum*“ nach der EuSEF-VO in der Praxis absehbar ein für unselbständige Stiftungen kaum nutzbares Angebot bleiben.

2. *Funktionaler Anwendungsbereich trotz nur nachgeordnet verfolgter Vermögensanlage*

a) *Vermögensanlage als Förderung des Stiftungszwecks*

Alle Überlegungen zu der Bedeutung des KAGB für unselbständige Stiftungen werfen zunächst die Frage auf, ob Konzeption und Regelungsinhalt des KAGB nach ihrem Regelungszweck überhaupt geeignet sind, solche Stiftungen angemessen zu erfassen. Denn die Gründung einer unselbständigen Stiftung ist maßgeblich von ihrem Stiftungszweck bestimmt, so dass sich die in der Stiftung zu treffenden Regelungen und Maßnahmen dem Stiftungszweck unterordnen.[479]

---

479 Vgl. hierzu *Reuter*, AcP 207 (2007), 1.

Die Förderung des Stiftungszwecks bestimmt daher das Stiftungshandeln und ist ihr eigentlicher Grund. Demgegenüber kommt der hierzu notwendigen Verwaltung des Stiftungsvermögens lediglich eine nachgeordnete Unterstützungsfunktion zu. Denn nur bei einer dem Gebot der Vermögenserhaltung[480] entsprechenden Verwaltung des Stiftungsvermögens ist die Verfolgung des Stiftungszwecks nachhaltig im Sinne der wie angesprochen[481] notwendigen Dauerhaftigkeit einer (gemeinnützigen) unselbständigen Stiftung möglich. Demgemäß ist die Ertragskraft des Stiftungsvermögens zu erhalten. Für die Anlage des Stiftungsvermögens müssen Sicherheit und Wirtschaftlichkeit des Anlageportfolios der Stiftung in ein ausgewogenes Verhältnis gebracht werden. So würde beispielsweise die Anlage von Stiftungsvermögen ausschließlich in hochspekulative Aktien gegen den Grundsatz der Sicherheit verstoßen, die herkömmliche Sparanlage gegen den Grundsatz der Wirtschaftlichkeit.[482] Ein pauschales Verbot bestimmter riskanter Anlageklassen besteht zwar nicht.[483] Das Gebot der Vermögenserhaltung und der Verfolgung nachhaltiger Erträge gebietet aber die weitgehende Vermeidung finanzieller Risiken, so dass Anlagen mit ungewissen Erträgen oder hohem Verlustrisiko zu vermeiden sind. Keinesfalls zulässig in diesem Sinne ist der Abschluss von Spekulationsgeschäften.[484] Stattdessen ist auf eine angemessene Mischung von risikoarmen und risikoreicheren Anlageformen zu achten.[485]

b) Bedeutung des Anlagezwecks

Wenn also die ordnungsgemäße Vermögensverwaltung der unselbständigen Stiftung nur eine dienende Funktion zur Erhaltung des Stiftungsvermögens hat, stellt sich die Frage, ob das KAGB auf dergestalt nur nachrangig vermögensverwaltende Tätigkeiten überhaupt im Grundsatz angewendet werden kann. Denn Kernanliegen der zugrunde liegenden Richtlinien wie auch des KAGB als deren Umsetzungsgesetz war es, solche Vermögensverwaltungen zu regulieren, in denen diese Vermögenssorge den Hauptzweck des zwischen dem

---

480 Vgl. hierzu *Hüttemann*, in: FG Flume, S. 59ff.; *Neuhoff*, ZSt 2010, 215; *Schwintowski*, in: FS Hadding, S. 280ff.; *Leichinger*, npoR 2015, 237; *Schiffer/Schürmann*, ZStV 2019, 1.

481 vgl. Seite 29ff.

482 *Theuffel-Werhahn/Siebert*, ZStV 2013, 1.

483 *Hüttemann*, WM 2016, 678f.

484 *Kiethe*, NZG 2007, 810, 811; *Hof*, in: Münchener Vertragshandbuch, § 10 Rn 39.

485 *Hüttemann*, WM 2016, 679.

Geschäftsherrn und Vermögensgeber einerseits und dem verwaltenden Dienstleister andererseits darstellte.

So adressieren sowohl die OGAW-Richtlinien (Erwägungsgrund 1 der Richtlinie 2009/65/EG (OGAW-RL)) als auch § 1 KAGB ausdrücklich *„Organismen für gemeinsame Anlagen"*. Dieser Wortlautbefund gibt zwar zu erkennen, dass die Kapitalanlage von dem Vermögensträger bezweckt wird. Demgegenüber beschränkt Art. 1 Abs. 2 lit. a) OGAW-RL ihre Anwendbarkeit ausdrücklich auf solche Organismen, *„deren ausschließlicher Zweck es ist, beim Publikum beschaffte Gelder für gemeinsame Rechnung nach dem Grundsatz der Risikostreuung in Wertpapiere und/oder andere in Artikel 50 Absatz 1 genannte liquide Finanzanlagen zu investieren"*. Die AIFM-RL ist demgegenüber deutlich weiter gefasst und erkennt einen Organismus als AIF unabhängig davon an, ob die Kapitalanlage deren ausschließlicher Zweck ist oder nicht. Den vorstehenden Regelungen vergleichbare Vorgaben finden sich dort nicht.

Das KAGB spricht in seinem § 1 ausdrücklich *„Investmentvermögen"* an. Dies lässt aber noch keinen sicheren Schluss auf die Beschränkung des Anwendungsbereichs auf Organismen zu, die vornehmlich oder ausschließlich die Investition in Kapitalanlagen zum Gegenstand haben. Das KAGB definiert diesen Begriff unter diesem Gesichtspunkt der Zweckrichtung nicht näher.[486] Die zur Auslegung heranzuziehenden Leitlinien der European Securities and Market Authority (ESMA)[487] und der Bundesanstalt für Finanzdienstleistungsaufsicht (BaFin)[488] lassen erkennen, dass sie die Vermögensverwaltung als Hauptzweck der Tätigkeit des Organismus bereits voraussetzen, sich mit der hier interessierenden Frage aber nicht befassen, ob bereits die Vermögensverwaltung in der lediglich einem anderen Zweck dienenden Funktion den Anwendungsbereich eröffnet. Insoweit gibt der Wortlautbefund im Kontext der verwaltungsrechtlichen Veröffentlichungen keine Auskunft darüber, ob eine Anwendbarkeit des KAGB dann überhaupt in Betracht kommt, wenn – wie im Falle unselbständiger Stiftungen – die Vermögensverwaltung lediglich dienende Funktion hat, aber nicht den Hauptzweck der Tätigkeit des Organismus beschreibt.

---

486 *Volhard/Jang*, in: Weitnauer/Boxberger/Anders, KAGB, § 1 Rn 2.

487 ESMA, Leitlinien zu Schlüsselbegriffen der Richtlinie über die Verwalter alternativer Investmentfonds (AIFMD) vom 13. August 2013 (ESMA/2013/611), Ziff. III.4.

488 BaFin, Auslegungsschreiben zum Anwendungsbereich des KAGB und zum Begriff des „Investmentvermögens" vom 14. Juni 2013, zuletzt geändert am 9. März 2015 (Gz. WA 41-Wp 2137-2013/0006).

Das KAGB, das vorrangig die AIFM-Richtlinie umsetzen sollte und die Integration der durch die OGAW-Richtlinie bzw. das Investmentgesetz nur aufgrund der sich bietenden Gelegenheit durchführte,[489] geht allerdings von dem weiten AIF-Begriff aus, verlangt also zumindest nicht ausdrücklich eine ausschließliche Zwecksetzung in Richtung einer gemeinsamen Kapitalanlage. Es verhält sich nicht zu der Frage, ob der Anlagezweck ein zentraler, vorrangiger oder gar ausschließlicher Gegenstand und Anlass der regulierten Tätigkeit sein soll. Der dem KAGB zugrunde liegende materielle Investmentfondsbegriff[490] und der damit verbundene weite Anwendungsbereich des KAGB sprechen dafür, dass das Gesetz nur auf Anlageorganismen anwendbar wäre, die ausschließlich die Vermögensanlage bezwecken.

Mithin können auch unselbständige Stiftungen bzw. deren Träger, die die Vermögensverwaltung nur angelegentlich betreiben, grundsätzlich von dem funktionalen Anwendungsbereich des KAGB erfasst werden.

3. *Funktionaler Anwendungsbereich bei operativer Tätigkeit*

a) *Bedeutung (sonstiger) operativer Tätigkeit*

Der Wortlaut des § 1 Abs. 1 Satz 1 KAGB formuliert darüber hinaus die Voraussetzung, dass das Gesetz nur Anwendung finde, wenn der Organismus für Anlagezwecke kein operativ tätiges Unternehmen außerhalb des Finanzsektors ist. Wenn ein operativ tätiges Unternehmen also zusätzlich zu der operativen Tätigkeit noch Investitionen zu Anlagezwecken tätigt (z.B. Anlage in Finanzinstrumente), ist letzteres unschädlich, solange dies nicht die Haupttätigkeit darstellt.[491] Auf diese Weise sollen Sachverhalte und Unternehmensträger aus dem Anwendungsbereich des KAGB ausgegrenzt werden, bei denen eine Vermögensanlage nur nachgeordnet verfolgt wird.

Der Begriff der operativen Tätigkeit ist letztlich konturlos. Die hier zu vollziehende Abgrenzung führte bereits während des Gesetzgebungsverfahrens[492]

---

489 RegE AIFM-Umsetzungsgesetz/KAGB, BT-Drucks. 17/12294, S. 187.

490 Vgl. oben, S. 113.

491 Bundesanstalt für Finanzdienstleistungsaufsicht, Auslegungsschreiben zum Anwendungsbereich des KAGB und zum Begriff des "Investmentvermögens" vom 14. Juni 2013, zuletzt geändert am 9. März 2015 (Gz. WA 41-Wp 2137-2013/0006, Ziff. 7.

492 Vgl. Beschlussempfehlung und Bericht des Finanzausschusses vom 10. Mai 2013, BT-Drucks. 17/13395, S.391.

zu einer (durchaus interessengeleiteten) Diskussion von Einzelfällen,[493] die eine generell-abstrakte Definition dieses negativen Tatbestandsmerkmals kaum befördern, sondern für die erforderliche Abgrenzung allenfalls Kriterien indizieren. Auch die ESMA bildet dieses Tatbestandsmerkmal in ihrer Definition des Organismus‘ für gemeinsame Anlagen in Wertpapiere mit vergleichbarerer Unschärfe anhand des Kriteriums ab, ob der Organismus allgemein-kommerzielle oder -industrielle Zwecke verfolgt. Gleichermaßen wird es dann aber versäumt, dieses Kriterium inhaltlich näher zu erörtern.[494] Dies entspricht in seiner Unklarheit dann auch den Ausführungen der Regierungsbegründung, dem die seinerzeit im Entwurf vorliegenden ESMA-Leitlinien als Referenz dienten. Diese Regierungsbegründung führt lediglich aus, dass aufgrund des sehr weiten Anwendungsbereichs der AIFM-Richtlinie die Gefahr bestünde, dass auch produzierende und andere operativ tätige Unternehmen in den Anwendungsbereich des Gesetzes fallen könnten, die keine Fonds zur Kapitalanlage sind und deren Regulierung die Richtlinie 2011/61/EU (der AIFM-Richtlinie) nicht bezweckte.[495]

Was mit einem *„operativ tätigen Unternehmen außerhalb des Finanzsektors“* konkret gemeint ist, bleibt mithin unklar. Die Begründung des Regierungsentwurfs[496] enthält hierzu keine Aussage. Aus den Beratungen ist indes zu entnehmen, dass es dem Gesetzgeber (in Gestalt der Koalitionsfraktionen) zwar darauf ankam, den materiellen Fondsbegriff auch unter diesem Gesichtspunkt so umzusetzen, dass ein möglichst weiter Anwendungsbereich eröffnet würde. Für den damit verbundenen Verzicht auf eine restriktive Definition des Anwendungsbereichs wurde aber in Kauf genommen, dass Fragen der konkreten Rechtsanwendung im Einzelfall von der Verwaltung – insbesondere der Bundesanstalt für Finanzdienstleistungsaufsicht – gelöst werden müssten.[497]

---

493 Vgl. *Volhard/Jang*, in: Weitnauer/Boxberger/Anders, KAGB, § 1 Rn 25ff. unter Hinweis auf Bundesanstalt für Finanzdienstleistungsaufsicht, Auslegungsschreiben zum Anwendungsbereich des KAGB und zum Begriff des “Investmentvermögens”; *Eckhold/Balzer*, in: Handbuch des Kapitalanlagerechts, § 22 Rn 27ff.

494 ESMA- European Securities and Markets Authority, Leitlinien zu Schlüsselbegriffen der Richtlinie über die Verwalter alternativer Investmentfonds (AIFMD), Ziffer VI.12.

495 RegE AIFM-Umsetzungsgesetz/KAGB, BT-Drucks. 17/12294, S. 201.

496 RegE AIFM-Umsetzungsgesetz/KAGB, BT-Drucks. 17/12294, S. 201.

497 Plenarprotokoll 17/222 vom 21. Februar 2013, S. 27562ff.; Plenarprotokoll 17/240 vom 16. Mai 2013 S. 30194ff., beispielsweise MdB Björn Sänger (FDP): *„Augenmaß ist auch beim exekutiven Handeln wichtig. Wir haben eine sehr breite Bemessungsgrundlage geschaffen, um Umgehungstatbestände auszuschließen. Das heißt, wir haben einen breiten Anwendungsbereich. Das bedeutet aber auch, dass wir hier möglicherweise Beifang haben, das heißt, dass bestimmte Unternehmen – beispielsweise betrifft*

Hinsichtlich der Zugehörigkeit zum Finanzsektor konnten formale Kriterien wie die Ausübung erlaubnispflichtiger Finanzdienstleistungen über die regulierungsgegenständliche Tätigkeit hinaus keine Rolle spielen. Andernfalls bestünde hier ohnehin die Gefahr, dass das Tatbestandsmerkmal der operativen Tätigkeit seine eigene Funktion einbüßt und allein und bereits die Zugehörigkeit zum Finanzsektor, indiziert anhand der Erfüllung eines anderen Erlaubnistatbestands des KWG oder WpHG, über die funktionale Anwendbarkeit des KAGB entscheidet.[498]

Dies rückt als Abgrenzungskriterium die operative Tätigkeit eines Unternehmens als materielles Kriterium in den Vordergrund.[499] Dabei war dem als Orientierung dienenden, seinerzeitigen Entwurf der Leitlinien der ESMA im Kern bereits zu entnehmen, dass ein Unternehmen dann noch nicht dem KAGB-Regime zu unterwerfen, sondern ein „*normales Unternehmen*" sei, wenn es eine operative Tätigkeit insoweit nur eingeschränkt ausübte, als es lediglich einzelne Dienstleistungen auslagert und in diesem Bereich seiner Geschäftstätigkeit dann nicht mehr selbst tätig ist.[500] So waren auch die Regulierung und daraus resultierende Hemmnisse gerade von Immobilienfonds und Bürgerenergieprojekten Gegenstand der parlamentarischen Debatte.

Eine sichere Abgrenzung zwischen operativ tätigen und investiv geprägten Unternehmen lässt sich aber nicht sicher vollziehen.[501] Schwierigkeiten bereiten dabei insbesondere die bereits in der parlamentarischen Debatte diskutierten Grenzbereiche und Schnittstellen, die auch in der Literatur aufgegriffen und diskutiert wurden.[502] Beispielhaft werden hier Immobilien- und

---

das Unternehmen aus der Immobilienwirtschaft – als Fonds erfasst werden, obwohl sie eigentlich gar keine Fonds sind und daher eigentlich nicht unter diese Richtlinie fallen sollen. Insofern kommt der BaFin hier eine besondere Verantwortung zu. Aber ich bin mir ziemlich sicher, dass sie diesen Spielraum in unserem Sinne nutzen wird." (S. 30198), und MdB Dr. Carsten Sieling (SPD): „*Aber zumindest sind wir bei der Abgrenzung von wirtschaftlichen Aktivitäten und Finanzanlagen weitergekommen. Wir haben vor allem in der Sicherung der für die Energiewende so notwendigen Bürgerenergieprojekte mit der sogenannten Genossenschaftslösung gemeinsam eine gute Lösung erreicht.*" (S. 30203).

498 Hierzu sogleich, S. 128.

499 Plenarprotokoll 17/240 vom 16. Mai 2013 S. 30194, 30198 (MdB Björn Sänger (FDP)).

500 Beschlussempfehlung und Bericht des Finanzausschusses, BT-Drucks. 17-13395, S. 391.

501 *Geibel*, WM 2015, 1649, 1651.

502 *Volhard/Jang*, in: Weitnauer/Boxberger/Anders, KAGB, § 1 Rn 22ff.; *Salm/Mihova*, DStR 2015, 1874.

Schiffsgesellschaften genannt.[503] Hier findet der Rechtsanwender die Situation vor, dass potentielle Normadressaten – insbesondere in Form von Publikums-Kommanditgesellschaften – Kapital eingesammelt haben, um damit gemeinsame Investitionszwecke zu verfolgen. Aus dem Blickwinkel der Anleger und Kapitalgeber erfüllen solche Gesellschaften einen Kapitalanlagezweck, gleichermaßen kann aber aus Unternehmensperspektive eine unternehmerische, also operative Tätigkeit nicht negiert werden. Bei näherer Betrachtung ist aber nicht ersichtlich, warum es sich hierbei um eine spezifische Problematik der vorrangig angesprochen Publikums-Kommanditgesellschaften oder vergleichbarer Rechtsformen handeln sollte. Denn die Verknüpfung dieser beiden Perspektiven und damit die Ausübung einer operativen Tätigkeit auf der wirtschaftlichen Grundlage des von Investoren eingeworbenen Kapitals ist dieser Rechtsform nicht spezifisch, sondern nahezu jeder unternehmerischen Tätigkeit im unterschiedlichen Maße immanent, insbesondere wenn das Unternehmen kapitalmarktorientiert auftritt. Auch solche Unternehmen nehmen letztlich Kapital in Form von Fremd- oder auch Eigenkapital von Investoren auf, gerade um damit unternehmerisch tätig zu werden und für diese Investoren eine Rendite zu erwirtschaften.

Insoweit muss sich eine überzeugende, generell-abstrakte Lösung des Abgrenzungsproblems zwischen operativen Unternehmen und Kapitalanlagegesellschaften von dem isolierten, rechtspolitisch für das KAGB auch anlassgebenden Blickwinkel auf die (durchaus auch relevante) Fallgruppe der Publikums-Kommanditgesellschaften lösen. So hat die Bundesanstalt für Finanzdienstleistungsaufsicht die Grenze zwischen operativer Tätigkeit und bloßer Anlagezweckverfolgung für Immobiliengesellschaften anhand des Kriteriums gezogen, ob die Immobilie als zentraler Vermögensgegenstand nur erworben, vermietet/verpachtet und verkauft wird (dann keine operative Tätigkeit), oder ob eine Bewirtschaftung der Immobilie, beispielsweise als Hotel oder Pflegeeinrichtung betrieben wird.[504] Dabei sei auch die Projektentwicklung (Konzeption, Ankauf, Entwicklung der Immobilie und anschließender Verkauf der

503 So auch Bundesanstalt für Finanzdienstleistungsaufsicht, Auslegungsschreiben zum Anwendungsbereich des KAGB und zum Begriff des "Investmentvermögens" vom 14. Juni 2013, zuletzt geändert am 9. März 2015 (Gz. WA 41-Wp 2137-2013/0006), Ziffer 7.

504 Bundesanstalt für Finanzdienstleistungsaufsicht, Auslegungsschreiben zum Anwendungsbereich des KAGB und zum Begriff des "Investmentvermögens" vom 14. Juni 2013, zuletzt geändert am 9. März 2015 (Gz. WA 41-Wp 2137-2013/0006),„ Ziffer 7 a).

selbst entwickelten Immobilie) als operative Tätigkeit anzusehen.[505] Ähnlich wurde für die Branche der Schiffsgesellschaften danach gefragt, ob das Unternehmen die technisch-nautische Betriebsführung selbst ausübt und insoweit im Rahmen der Time-Charter nur zeitlich begrenzt die Schiffkapazitäten zur Verfügung stellt (dann operativ tätig), oder das Schiff im Rahmen der Charter insgesamt in die Hände eines Dritten gelegt wird.[506]

In beiden Fällen kommt es der Bundesanstalt für Finanzdienstleistungsaufsicht also darauf an, ob der zentrale Vermögensgegenstand nur gehalten und allenfalls noch gehandelt wird, oder ob die Tätigkeit des Unternehmens auch eine eigene Bewirtschaftung des Vermögensgegenstands beinhaltet. Dann stellt sich aber sogleich die Folgefrage, wie die Auslagerung der Bewirtschaftung auf externe Dienstleister zu bewerten ist, die im Immobilienbereich im Rahmen des Facility Managements üblich und beispielsweise auch bei dem technischen Betrieb von Solarfeldern etabliert ist. Hier hat die Bundesanstalt für Finanzdienstleistungsaufsicht in dem maßgeblichen Auslegungsschreibens vom 9. März 2015 klargestellt,[507] dass die unternehmerischen Entscheidungen im laufenden Geschäftsbetrieb durch die ausdrückliche Vereinbarung von Gestaltungs-, Lenkungs- und Weisungsrechten bei dem Unternehmen selbst verbleiben müssen, um dessen operative Tätigkeit annehmen zu können.

Diese von der Bundesanstalt für Finanzdienstleistungsaufsicht favorisierte Abgrenzung anhand der Frage nach der eigenen Bewirtschaftung einschließlich der Möglichkeit des disziplinarischen Zugriffs auf die Verwendung des zentralen Vermögensgegenstands dürfte im Ergebnis auch von der Kontrollüberlegung gestützt sein, wer das unternehmerische Risiko aus der Verwendung des Unternehmensgegenstands trägt. Ist es das Unternehmen selbst, weil es – wenn auch durch beauftragte Dritte – den unternehmerischen Einsatz des maßgeblichen Vermögensgegenstands selbst betreibt, ist dort auch die operative Tätigkeit zu verorten. Liegt das wirtschaftliche Risiko aus dem Betrieb des Vermögensgegenstands außerhalb des Eigentümerunternehmens – etwa bei der langfristigen

505 Bundesanstalt für Finanzdienstleistungsaufsicht, Auslegungsschreiben zum Anwendungsbereich des KAGB und zum Begriff des "Investmentvermögens" vom 14. Juni 2013, zuletzt geändert am 9. März 2015 (Gz. WA 41-Wp 2137-2013/0006), Ziffer 7 a).

506 Bundesanstalt für Finanzdienstleistungsaufsicht, Auslegungsschreiben zum Anwendungsbereich des KAGB und zum Begriff des "Investmentvermögens" vom 14. Juni 2013, zuletzt geändert am 9. März 2015 (Gz. WA 41-Wp 2137-2013/0006), Ziffer 7 b).

507 Bundesanstalt für Finanzdienstleistungsaufsicht, Auslegungsschreiben zum Anwendungsbereich des KAGB und zum Begriff des "Investmentvermögens" vom 14. Juni 2013, zuletzt geändert am 9. März 2015 (Gz. WA 41-Wp 2137-2013/0006), Ziffer 7.

Schiffsvercharterung – so kann auch keine operative Tätigkeit in dem Unternehmen selbst vorliegen.

Unter Anwendung sowohl des operativ-disziplinarischen Maßstabs der Bundesanstalt für Finanzdienstleistungsaufsicht als auch des ergänzenden Maßstabs der Risikozuweisung ist aber nicht zu erklären, warum das bloße Halten und Vermieten einer Immobilie keine operative Tätigkeit darstellen soll.[508] In diesem Falle verbleibt die Verwendungsentscheidung wie auch das Vermietungsrisiko im Unternehmen selbst. Insoweit ergibt sich hier eine Divergenz zwischen der generell-abstrakten Abgrenzung der BaFin und ihrer Einordnung des Einzelfalls der Immobilienunternehmen als nicht operativ tätige Unternehmen. Offenbar sieht die BaFin den Betriebsaufwand einer Vermietungsimmobilie als so untergeordnet an, dass eine – wie auch immer definierte – Schwelle von einer nur investiven zur operativen Tätigkeit nicht überschritten wird. Dieser normativen Vorgehensweise entsprechend wendet die BaFin das KAGB auch auf die Kapitalbündelung in Genossenschaften nicht an,[509] weil die Genossenschaft nach § 1 Abs. 1 GenG *„bei wertender Gesamtschau"* regelmäßig keine festgelegte Anlagestrategie verfolgt, so dass kein Investmentvermögen im Sinne des § 1 Abs. 1 KAGB vorliege.[510] Genossenschaften i.S.d. Genossenschaftsgesetzes sind Gesellschaften von nicht geschlossener Mitgliederzahl, deren Zweck darauf gerichtet ist, den Erwerb oder die Wirtschaft ihrer Mitglieder oder deren soziale oder kulturelle Belange durch gemeinschaftlichen Geschäftsbetrieb zu fördern. Diese zwingende, im Genossenschaftsgesetz verankerte Ausrichtung auf einen besonderen Förderzweck schließt nach Auffassung der Bundesanstalt für Finanzdienstleistungsaufsicht eine im Vordergrund stehende, fondstypische reine Gewinnerzielungsabsicht aus.[511]

Der damit eingeführt normative Maßstab bringt aber Rechtsrisiken mit sich, die sich abseits der bereits in dem Gesetzgebungsverfahren diskutierten Fallgruppen unnötig hemmend auf die praktische Anwendbarkeit des Gesetzes

---

508 BaFin, Auslegungsschreiben zum Anwendungsbereich des KAGB und zum Begriff des „Investmentvermögens" vom 14. Juni 2013, zuletzt geändert am 9. März 2015 (Gz. WA 41-Wp 2137-2013/0006), Ziff. I Nr. 7 lit. a).

509 *Geibel*, WM 2015, 1650.

510 BaFin, Auslegungsschreiben zum Anwendungsbereich des KAGB und zum Begriff des „Investmentvermögens" vom 14. Juni 2013, zuletzt geändert am 9. März 2015 (Gz. WA 41-Wp 2137-2013/0006), Ziff. II Nr. 3.

511 BaFin, Auslegungsschreiben zum Anwendungsbereich des KAGB und zum Begriff des „Investmentvermögens" vom 14. Juni 2013, zuletzt geändert am 9. März 2015 (Gz. WA 41-Wp 2137-2013/0006), aaO.

auswirken können. Diese den Einzelfall betrachtende Vorgehensweise dürfte indes die einzige Möglichkeit sein, einerseits offensichtlich nicht vornehmlich einem Anlagezweck dienende Gesellschaften aus dem Anwendungsbereich des KAGB auszunehmen, ohne aber andererseits Umgehungsmöglichkeiten anhand nur untergeordneter und geringfügiger operativer Tätigkeiten zu schaffen.[512] Statische Regelungen, wonach die operative Tätigkeit eines Unternehmens 50 % + x ausmachen müssen, erscheinen demgegenüber untauglich, zumal die Bezugsgrößen zur Bemessung verschiedener Aspekte der Unternehmenstätigkeit erheblichen Zufälligkeiten unterworfen wären und die erforderliche Bestimmtheit vermissen ließen.[513]

Ungelöst bleibt aktuell und auch anhand der Auslegungsregeln der ESMA und der Bundesanstalt für Finanzdienstleistungsaufsicht die Fragestellung, wie Mehrobjektgesellschaften einzuordnen sind, die sich hinsichtlich einzelner Immobilien auf die bloße Vermietung beschränken, darüber hinaus aber auch weitere Objekte entwickeln und projektieren. Hier käme einerseits eine streng an dem Gesetzeswortlaut orientierte Auslegung in Betracht, nach der jedwede, auch nur geringfügige und untergeordnete operative Tätigkeit ausreicht. Vorzugswürdig auch unter Berücksichtigung der damit im Einzelfall unvermeidbaren Rechtsunsicherheit erscheint indes eine erneut normative Betrachtungsweise, die nach dem Schwerpunkt der Unternehmenstätigkeit fragt. Auf diese Weise würden operative „*Alibi*"-Funktionen neutralisiert, die allein dem Zweck dienen, den Organismus für gemeinsame Anlagen aus dem Anwendungsbereich des § 1 KAGB zu ziehen.

b) *Notwendigkeit einer Differenzierung zwischen* „operativer Tätigkeit" *und* „außerhalb des Finanzsektors"

Die dargestellten Abgrenzungsprobleme und die mit der Auslegung des Tatbestandsmerkmals der operativen Tätigkeit verbundenen Schwierigkeiten können im Ergebnis dazu führen, dass der bloßen Zugehörigkeit zum Finanzsektor nach den Leitlinien der Bundesanstalt für Finanzdienstleistungsaufsicht eine ausschlaggebende Bedeutung für die Tatbestandsmäßigkeit eines Handelns nach dem KAGB zukommt. In der Beratungspraxis wäre vorsorglich davon auszugehen, dass kapitalmarktorientierte Unternehmen außerhalb des Finanzsektors regelmäßig und im Zweifel keine hinreichend prägende operative Tätigkeit ausüben, sondern vorrangig investierend tätig sind. Insoweit wäre unabhängig

---

512 Hierzu *Geibel*, WM 2015, 1653.

513 *Geibel*, aaO.

vom konkreten Einzelfall regelmäßig von einer Anwendbarkeit des KAGB auszugehen.

Wie bereits angesprochen wäre eine solche Handhabung angesichts des Wortlauts des § 1 Abs. 1 Satz 1 KAGB kritisch zu sehen. Denn der Wortlaut der Norm weist der fehlenden Zugehörigkeit zum Finanzsektor (nur) die Funktion eines negativen Tatbestandsmerkmals zu, das neben anderen zu prüfen ist und vorliegen muss. Damit steht dieses negative Tatbestandsmerkmal gleichrangig neben anderen, hier insbesondere dem der operativen Tätigkeit. Das Tatbestandsmerkmal einer operativen Tätigkeit darf in seiner Funktionsweise also nicht dergestalt beschnitten werden, dass das Vorliegen des (negativen) Tatbestandsmerkmals der fehlenden Zugehörigkeit zum Finanzsektor bereits eine solche operative Tätigkeit indiziert. Würde man eine solche indizielle Ausstrahlungswirkung des einen Tatbestandsmerkmals (keine Zugehörigkeit zum Finanzsektor) auf das andere Tatbestandsmerkmal (keine operative Tätigkeit) zulassen, würde nicht nur die Regelungssystematik verwischt, sondern auch die Gefahr bestehen, dass das materielle Kriterium aufgrund des Inhalts der Tätigkeit durch ein formales Kriterium (KWG-Lizenz) ersetzt wird. Diese Gefahr ist schon deshalb nicht zu unterschätzen, weil ein solcher indizieller Charakter nicht nur sehr leicht feststellbar wäre, sondern auch in der praktischen Rechtsanwendung schnell zu einer Vermutungsregel heranwachsen kann, die die Ermittlung, ob eine operative Tätigkeit ausgeübt wird, im Ergebnis überflüssig werden ließe.

c) Eigener Vorschlag

Das von der Bundesanstalt für Finanzdienstleistungsaufsicht präferierte Kriterium zur Feststellung operativer Tätigkeiten, die operative Bewirtschaftung der jeweiligen Vermögensgegenstände einschließlich der disziplinarischen Weisungsmöglichkeit, dürfte nach Ansicht des Verfassers unzureichend sein, um den Anwendungsbereich des KAGB trennscharf abzugrenzen. Denn es ist ohne weiteres vorstellbar, einem Unternehmen einen Gesellschaftszweck zuzuweisen und es dergestalt operativ und weisungsautonom zu strukturieren, dass es nicht mehr dem Anwendungsbereich des KAGB unterfällt, dessen Konzeption und Erscheinungsbild zugleich aber klar dem eines Kapitalanlageprodukts entspricht, so dass ein Regulierungsbedarf unter dem KAGB offensichtlich sachgerecht wäre.

Um auch solche durchaus denkbaren Konstellationen erfassen zu können, erscheint es sinnvoll und wird hier vorgeschlagen, die jeweilige Geschäftstätigkeit eines solchen Organismus einschließlich seiner Kapitalaufnahme zu Drittinvestitionen in einem Spektrum zwischen reiner Kapitaleinwerbung und ausschließlich operativer Tätigkeit zu verorten. Als Antipoden stünden sich das Bild eines ausschließlich die Kapitaleinsammlung verfolgenden Unternehmens auf der einen Seite und das Bild eines ebenso ausschließlich operativ tätigen Unternehmens (ohne jede Kapitalmarktaktivität) auf der anderen Seite gegenüber. Auf der Grundlage einer wertenden Betrachtung der (vorgesehenen) Geschäftstätigkeit des Organismus wäre dann festzustellen, ob überwiegend der Kapitalanlagezweck oder eine operative Geschäftstätigkeit im Vordergrund stehen.

Auslegungstechnisch bedeutet dies im Ergebnis, dass die Tätigkeiten der Kapitaleinwerbung und Investition auf der einen und der operativen Tätigkeit auf der anderen Seite nicht nur unabhängig von- und nacheinander zu prüfen sind, sondern sich diese Tatbestandsmerkmale wechselseitig negativ bedingen. Vergleichbar mit einem System korrespondierender Röhren führt ein Übergewicht auf der Seite des einen Tatbestandsmerkmals zu einem Untergewicht auf der anderen Seite. Damit wird durch eine vergleichende und insoweit wertende Betrachtung die Schwerpunktsetzung der Unternehmenstätigkeit im Bereich des Kapitalsammelns oder der operativen Tätigkeit zu verorten und festzustellen sein.

Insoweit besteht Übereinstimmung mit der Herangehensweise der Bundesanstalt darin, dass das negative Tatbestandsmerkmal des Fehlens einer operativen Tätigkeit nicht dergestalt auszulegen ist, dass jegliche, auch nur geringfügige operative Tätigkeit – wie beispielsweise die bloße Verwaltung eines Immobilienvermögens[514] – bereits die Tatbestandlichkeit ausschlösse. Stattdessen dürfte die hier von der Verwaltungspraxis gewählte normative Betrachtung schon deshalb sachgerecht sein, weil eine andernfalls zu statische Einordnung Sachverhaltsgestaltungen ermöglichen und provozieren würde, die auf eine Umgehung des Anwendungsbereichs des KAGB abzielten, und hiermit der von dem KAGB verfolgte Schutz von Kapitalanlegern nicht erreicht werden könnte.

Dabei wird es im nächsten Schritt maßgeblich darauf ankommen, anhand welchen Kriteriums die Verortung der Geschäftstätigkeit innerhalb dieses Spektrums zu erfolgen hat. Bei der hierzu notwendigen Bewertung der Tätigkeit des jeweiligen Organismus erscheint es sachgerecht und wird hier vorgeschlagen, die Vertriebstätigkeit des Organismus‘ in den Blick zu nehmen. Hierzu sind das werbliche Verhalten und die Vertriebsanstrengungen im Rahmen seiner

514 BaFin, Auslegungsschreiben zum Anwendungsbereich des KAGB und zum Begriff des „Investmentvermögens“ vom 14. Juni 2013, zuletzt geändert am 9. März 2015 (Gz. WA 41-Wp 2137-2013/0006), Ziff. 7 lit. a).

Kapitalaufnahme einerseits und auf der Seite der operativen Bewirtschaftung des Geschäftsmodells (Produkt- oder Dienstleistungsangebot) dem Unternehmenskunden gegenüber zu würdigen. Dabei fällt auf, dass dieser Gesichtspunkt in dem Auslegungsschreiben der Bundesanstalt für Finanzdienstleistungsaufsicht[515] bislang nicht thematisiert wurde. Die Vertriebstätigkeit des jeweiligen Organismus sollte schon deshalb in den Mittelpunkt gestellt werden, weil gerade die Ausrichtung der Vertriebsanstrengungen ein entlarvendes Indiz darstellen können. So meint die Vertriebstätigkeit eines tatsächlich operativ handelnden und ausgerichteten Unternehmens regelmäßig den Absatz der Produkte und Dienstleistungen des Unternehmens in dem jeweiligen Produkt- und Dienstleistungsmarkt. Organismen ohne eine hinreichende operative Tätigkeit, die demgegenüber tatsächlich vorrangig einen Kapitalanlagezweck verfolgen und insoweit eine Kapitalanlageprodukt darstellen, werden ihre Vertriebstätigkeit demgegenüber auf die Einwerbung weiteren Kapitals ausrichten. Dort geht es regelmäßig darum, eine in Form von Fremd-, Hybrid- oder Eigenkapital strukturierte Partizipationsmöglichkeit an dem mittelbar durch den Organismus verfolgten Investitionszweck und -erfolg nicht an einem Produkt- oder Dienstleistungsmarkt, sondern am Kapitalmarkt zu platzieren.

Bei dieser Herangehensweise werden die Platzierungsanstrengungen bei der Kapitalaufnahme zur Finanzierung eines bereits laufenden operativen Geschäftsbetriebs regelmäßig lediglich neben den Produkt- bzw. Dienstleistungsvertrieb treten und dadurch das Vorliegen einer operativen Tätigkeit außerhalb des Finanzsektors im Sinne des § 1 KAGB indizieren. Schwerer wird eine Einordnung demgegenüber in Zusammenhängen fallen, in denen die Kapitaleinwerbung gerade zur Finanzierung einer erst aufzunehmenden operativen Tätigkeit dienen soll. Hier wird es erforderlich sein, die geplanten operativen Vertriebsaufwände im Produkt- bzw. Dienstleistungsmarkt einerseits und im Kapitalmarkt andererseits zueinander ins Verhältnis zu setzen und auf dieser Grundlage die Schwerpunktsetzung des Unternehmens im Bereich der operativen Tätigkeit oder als Investitionsvehikel zu bestimmen.

Dabei soll nicht verhehlt werden, dass die besondere Berücksichtigung der Vertriebsausrichtung, bemessen anhand des Vertriebsaufwands, eine kapitalmarktrechtliche Überwachung gerade überwachungsbedürftiger Kapitalanlageprodukte fördert. Denn typischerweise und wirtschaftlich unmittelbar

515 BaFin, Auslegungsschreiben zum Anwendungsbereich des KAGB und zum Begriff des „Investmentvermögens" vom 14. Juni 2013, zuletzt geändert am 9. März 2015 (Gz. WA 41-Wp 2137-2013/0006).

nachvollziehbar muss der Vertriebsaufwand, der insbesondere in Form von Vertriebsprovisionen Gestalt gewinnt, gerade für den Vertrieb von Kapitalmarktprodukten je großzügiger bemessen sein und umso größere Vertriebsanreize bieten, desto riskanter und aus anderen Gründen problematischer das Anlageprodukt ausgestaltet und im Markt zu platzieren ist.[516] Damit fallen Kapitalanlageprodukte, deren Provisionierung bereits eine erhöhte Überwachungsbedürftigkeit indiziert, stärker ins Gewicht und erfordern einen umso stärkeren Vertriebsaufwand hinsichtlich der von dem Organismus operativ angebotenen Produkte und Dienstleistungen, um nicht in den Anwendungsbereich des KAGB zu fallen.

Dieses Verständnis des Tatbestands des § 1 Abs. 1 Satz 1 KAGB, das dem Tatbestandsmerkmal des Einsammelns von Kapital besonderes Gewicht verleiht, klingt im Übrigen bereits in dem Auslegungsschreiben zum Begriff des Investmentvermögens zur Anwendbarkeit auf family offices[517] unter Verweis auf die ESMA-Leitlinien[518] an. Dort führt die Bundesanstalt, dass solche family offices als *„bereits bestehende Gruppe"* im Sinne der ESMA-Leitlinien zu definieren seien. Da insoweit das Anlagekapital aus dem Privatvermögen von Familienangehörigen, also von einer bereits bestehenden Gruppe bereits aufgebracht sei, seien derlei family-office-Vehikel, die kein Kapital von Dritten (z.B. Freunden) beschaffen, nicht als AIF im Sinne dieser Richtlinie zu betrachten sind. Dies zeigt und greift einen Kernbestandteil eines Kapitalanlageprodukts auf, dass die Kapitalbeschaffung den zentralen der Gesichtspunkt zur Identifikation von Organismen für gemeinsame Anlagen im Sinne des § 1 Abs. 1 Satz 1 KAGB bildet.[519] Insoweit enthält der Begriff des „Kapitaleinsammelns" in § 1 Abs. 1 Satz 1 KAGB die Notwendigkeit einer gerade auf die Kapitalbindung ausgerichteten, geschäftlichen Tätigkeit.[520] Demgegenüber nicht tatbestandlich sind Vermögensallokationen, die aus anderen Gründen, insbesondere bereits bestehenden Strukturen

---

516 Zu den mit Vertriebsanreizen verbundenen Interessenkonflikten eingehend und jeweils m.w.N. *Buck-Heeb*, BKR 2010, 309; *Fuchs*, in: Fuchs, Wertpapierhandelsgesetz, § 31d Rn 32.

517 BaFin, Auslegungsschreiben zum Anwendungsbereich des KAGB und zum Begriff des „Investmentvermögens" vom 14. Juni 2013, zuletzt geändert am 9. März 2015 (Gz. WA 41-Wp 2137-2013/0006), Ziff. 3 lit. a).

518 ESMA, Leitlinien zu Schlüsselbegriffen der Richtlinie über die Verwalter alternativer Investmentfonds (AIFMD) vom 13. August 2013 (ESMA/2013/611), Ziff. III.4.

519 Zur Erlaubnispflicht von family offices vgl. *Kühne/Eberhardt*, BKR 2008, 133.

520 ESMA, Leitlinien zu Schlüsselbegriffen der Richtlinie über die Verwalter alternativer Investmentfonds (AIFMD) vom 13. August 2013 (ESMA/2013/611), Ziff. VII.13; hierzu *Volhard/Jang*, in: Weitnauer/Boxberger/Anders, KAGB, § 1 Rn 16.

und Beziehungen zustande kommen, ohne dass es eines aktiven Sammlungsprozesses im Sinne einer Kapitaleinwerbung als vorrangigen Gegenstands der Geschäftstätigkeit bedarf. Hierbei soll es ausdrücklich unerheblich sein, ob diese Geschäftstätigkeit nur ein einziges Mal, mehrfach oder ständig stattfindet oder die Kapitalübertragung oder -bindung in Form von Bar- oder Sacheinlagen erfolgt.[521] Zu weitgehend erscheint es indes, eine geschäftliche Kommunikation zwischen dem Organismus und potentiellen Investoren ausreichen zu lassen.[522]

4. *Anwendung auf die unselbständige Stiftung*

Die mithin für die Anwendung des KAGB maßgebliche Fragestellungen, ob der Schwerpunkt des jeweiligen Vehikels vorrangig in einer investierenden oder in einer operativen Tätigkeit liegt und auf welchen dieser Aspekte es seine werblichen Aktivitäten fokussiert, sind rechtsformunabhängig zu beantworten.[523] Diese Fragen können daher ohne weiteres auch an eine unselbständige Stiftung gerichtet werden. Es ergibt sich hier lediglich die Besonderheit, dass die prüfungsgegenständliche operative Tätigkeit bei der unselbständigen Stiftung in deren Verfolgung des Stiftungszwecks selbst liegt. Die Zielrichtung der prüfungsgegenständlichen, operativen Tätigkeit der unselbständigen Stiftung ist deren Verfolgung ihres Stiftungszwecks, der den Inhalt ihrer operativen Tätigkeit darstellt.

Eine Stiftung, die vornehmlich werblich zur Kapitalsammlung tätig ist, wird dabei allerdings kaum auch nur einem der bereits angesprochenen Typen[524] unselbständiger Stiftungen – der Stiftungsträger des einen Typs verfolgt gleichgerichtete Interessen intrinsisch, der des anderen bietet die Stiftungsverwaltung als professionelle Dienstleistung entgeltlich an – entsprechen. Zwar mag es nicht fernliegen, dass solche letztgenannten Stiftungsträger, die als professionelle Dienstleister am Markt auftreten, eher geeignet sind, auch als Kapitalsammelstelle zu fungieren und hierzu den guten Leumund des Stiftungswesens für ihre Zwecke nutzen. Diese Gefahr erscheint bei unentgeltlich handelnden und auf den Stiftungszweck selbst ausgerichteten Stiftungsträgern gering. Wird aber (wie im eingangs genannten Fall des Bundes deutscher Treuhandstiftungen e.V.)

521 *Volhard/Jang*, in: Weitnauer/Boxberger/Anders, KAGB, § 1 Rn 16 unter Hinweis auf ESMA, Leitlinien zu Schlüsselbegriffen der Richtlinie über die Verwalter alternativer Investmentfonds (AIFMD) vom 13. August 2013 (ESMA/2013/611), Ziff. VII.14.

522 So aber *Haisch/Helios*, BB 2013, 23, 24.

523 Vgl. aber zum Rechtsformzwang des KAGB unten B.II.5.b).

524 Vgl. oben, Erster Teil, B.VII

die Tätigkeit als Stiftungsträger nur als Kulisse zur Darstellung vermeintlicher Seriosität eingesetzt, um Kapitalanleger und Investoren anzulocken, handelt es sich um ein völlig separiert stehendes Phänomen, das mit den bereits vorgestellten Erscheinungsformen unselbständiger Stiftungen nicht vergleichbar ist. Solche Stiftungen erfüllen ersichtlich die Funktion einer Kapitalsammelstelle zu Investitionszwecken und verfolgen aber einen Stiftungszweck allenfalls nebensächlich. Da mithin und nach hier vertretenen Kriterien keine vorrangige operative Tätigkeit, sondern der Stiftungszweck nur nachrangig verfolgt wird, ist der Anwendungsbereich des KAGB in solchen Fällen unproblematisch eröffnet.[525]

Demgegenüber können die regelmäßig angebotenen Stiftungsverwaltungen intrinsischen oder professionell-entgeltlichen Typs die vorrangig operative Tätigkeit (Verfolgung des Stiftungszwecks) so jeweils verwalteter unselbständiger Stiftungen regelmäßig nicht in Frage stellen. Denn Prüfungsgegenstand ist ausdrücklich die operative Tätigkeit der unselbständigen Stiftung selbst, nicht aber diejenige des jeweiligen Stiftungsträgers im Kontext seines insgesamt verfolgten Geschäftsmodells entgeltlicher Stiftungsverwaltungen. Gerade mit Blick auf Kreditinstitute, die die Verwaltung unselbständiger Stiftungen anbieten, berührt es daher auch nicht die vorrangig operative Tätigkeit in der Verfolgung des Stiftungszwecks durch die Stiftung, wenn deren jeweiliger Stiftungsträger außerhalb und ohne Zusammenhang mit der Stiftungsverwaltung noch anderweitige Zwecke verfolgt, sei es auch die Anwerbung von Kapital zu Investitionszwecken.

5. Rechtsfolgen für die unselbständige Stiftung

a) Regelmäßig keine Anwendbarkeit des KAGB

Infolge dessen wird das KAGB regelmäßig keine Anwendung auf unselbständige Stiftungen finden. Eine vorrangig an dem Stiftungszweck ausgerichtete Stiftungsverwaltung beinhaltet eine dergestalt operative Tätigkeit, dass der Anwendungsbereich eines nicht operativ tätigen Unternehmens außerhalb des Finanzsektors (§ 1 Abs. 1 Satz 1 KAGB) typischerweise nicht eröffnet ist. Dabei kommt es nicht darauf an, ob der jeweilige ohne ein ähnlicher Stiftungszweck von dem Stiftungsträger bereits selbst verfolgt wird, oder ob der Stiftungsträger seine Tätigkeit professionell und entgeltlich anbietet.

---

525 Insoweit und im Ergebnis zustimmend *Geibel*, in: BeckOGK, § 80 Rn 699.

b) Unanwendbarkeit des Dispenses nach § 44 Abs. 1 Nr. 7 KAGB

Fungiert die unselbständige Stiftung demgegenüber vorrangig als Kapitalsammelstelle, sodass der Verfolgung eines Stiftungszwecks nur eine nachgeordnete Bedeutung zukommt, ist der Anwendungsbereich des § 1 Abs. 1 Satz 1 KAGB zwar grundsätzlich eröffnet. Ist die unselbständige Stiftung dabei indes gerade darauf ausgerichtet, durch ihr so eingeworbenes Stiftungskapital ihrerseits gemeinwohlorientierte Unternehmen zu fördern, können ihr die Erleichterungen als Europäische Fonds für soziales Unternehmertum gemäß § 2 Abs. 7 KAGB grundsätzlich zugutekommen.

Die damit verbundenen Erleichterungen sind allerdings überschaubar und für eine unselbständige Stiftung mit typischerweise geringer Kapitalausstattung schwerlich erreichbar. So bedürfen Kapitalverwaltungsgesellschaften, die unter die Ausnahmeregelung von § 2 Abs. 4a KAGB für eine interne Kapitalverwaltungsgesellschaften fallen, gemäß §§ 338, 44 Abs. 1 Nr. 7 KAGB zwar nur der Registrierung, weil der Wert der verwalteten Vermögensgegenstände nicht mehr als € 5 Mio. beträgt.

Sie unterliegen aber gleichwohl einem identischen Rechtsformzwang dergestalt, dass nur die juristische Person oder eine Personengesellschaft mit einer GmbH als Komplementärin zulässige Rechtsformen sind (§ 44 Abs. 1 Nr. 7 KAGB).[526] Ziel dieses Rechtsformzwangs war es zu verhindern, dass Anleger unbegrenzt persönlich haften oder sonst gesellschaftsvertraglich zu Nachschüssen verpflichtet werden können, wobei insbesondere die für Investmentclub bevorzugte Rechtsform der Gesellschaft bürgerlichen Rechts ausgeschlossen wird.[527] Eine solche Haftungsgefahr des Stifters oder der Destinatäre besteht zwar im Falle der unselbständigen Stiftung per se nicht,[528] so dass die unselbständige Stiftung das mit diesem Rechtsformzwang verfolgte Regelungsziel gleichermaßen auch erreicht, ohne ihn zu erfüllen.

Gleichwohl bleibt zu respektieren, dass sich der Gesetzgeber zulässigerweise dazu entschieden hat, einen Katalog der zur internen Verwaltung von Investmentvermögen zulässigen Rechtsformen abschließend zu benennen. Eine zu dessen Überwindung vorgeschlagene[529] teleologische Reduktion des

---

526 Zu den erleichterten Regulierungsrechtsfolgen einer solchen Privilegierung vgl. *Boxberger*, GWR 2013, 415; *Weitnauer*, BKR 2011, 143.

527 BT-Drucks. 17/13395, S. 403; *Boxberger*, in: Weitnauer/Boxberger/Anders, KAGB, § 44 Rn 27.

528 Vgl. Seite 62.

529 *Boxberger*, in: Weitnauer/Boxberger/Anders, KAGB, § 44 Rn 28, der dies für „*wünschenswert und interessengerecht*“ hält.

Gesetzeswortlautes bei dessen Anwendung durch die Bundesanstalt für Finanzdienstleistungsaufsicht in Fällen des anderweitigen Haftungs- bzw. Nachschussausschlusses erscheint daher *contra legem* und nicht überzeugend. Hiergegen spricht auch, dass die Ausbildung einer juristischen Person oder haftungsbeschränkt ausgestalteten Personengesellschaft nicht nur Haftungsgefahren eindämmt. Die zwingende dingliche Zuweisung des Investmentvermögens an einen solchen gesonderten Rechtsträger bewirkt automatisch auch einen – hier von dem Gesetzgeber offenbar bereits vorausgesetzten – Schutz vor Vermögensvermischungen zwischen dem Vermögensverwalter und dem Vermögensträger. Einen solchen Schutz kann die unselbständige Stiftung, die ihr Stiftungsvermögen dem Stiftungsträger dinglich zuordnet, nicht in gleicher Weise bieten. Auch dies spricht dagegen, unselbständigen Stiftungen die an die Einhaltung bestimmter Rechtsformen gebundene Privilegierung des § 2 Abs. 4a KAGB zu eröffnen, auch wenn sie die genannte Vermögensschwelle regelmäßig nicht überschreiten dürften.

c) Die unselbständige Stiftung als Form der internen Vermögensverwaltung

Die hieraus abzuleitenden Rechtsfolgen hängen maßgeblich von der Einordnung der internen Organisationsstruktur einer solchen unselbständigen Stiftung auf der Grundlage des KAGB ab. Das KAGB unterscheidet insoweit zwischen externen und internen Kapitalverwaltungsgesellschaften. Eine externe Kapitalverwaltung liegt nach § 17 Abs. 2 Nr. 1 KAGB vor, wenn die Kapitalverwaltungsgesellschaft von dem Investmentvermögen oder in dessen Namen bestellt ist, und aufgrund dieser Bestellung das Investmentvermögen verwaltet. Eine interne Kapitalverwaltung liegt demgegenüber vor, wenn das Investmentvermögen sich selbst verwaltet, die Rechtsform des Investmentvermögens eine interne Verwaltung zulässt und der Vorstand oder die Geschäftsführung des Investmentvermögens entscheidet, keine externe Kapitalverwaltungsgesellschaft zu bestellen, § 17 Abs. 2 Nr. 2 KAGB. Es ist insoweit zwischen einer Selbst- oder einer Fremdverwaltung zu unterscheiden.[530]

Im Hinblick auf die unselbständige Stiftung ist zunächst zu beachten, dass der Stiftungsträger dinglicher Rechtsinhaber ist. Insoweit mag zwar das Stiftungsvermögen der unselbständigen Stiftung ein Sondervermögen darstellen. Ein vollständige Vermögensabsonderung findet aber wie erörtert nicht statt; insbesondere wird keine eigene Rechtsträgerschaft begründet. Eine externe

---

530 *Winterhalder*, in: Weitnauer/Boxberger/Anders, KAGB, § 17 Rn 32.

Kapitalanlageverwaltung würde eine eigene Rechtsträgerschaft indes ausdrücklich gemäß § 18 Abs. 1 KAGB verlangen, weil nur so eine hinreichende Vermögenstransparenz und ein Mindesteigenkapital gewährleistet werden.[531] Angesichts dessen ist das Stiftungsvermögen nicht nur dinglich, sondern auch unter aufsichtsrechtlichem Blickwinkel dem Stiftungsträger zugeordnet.

Insoweit liegt im Falle der unselbständigen Stiftung als Investmentvermögen ohne Rechtspersönlichkeit eine interne Kapitalverwaltung im Sinne des § 17 Abs. 2 Nr. 2 KAGB durch den Stiftungsträger vor.[532] Dem intern verwalteten Investmentvermögen stehen als zulässige Rechtsformen die Investmentaktiengesellschaft gemäß §§ 108 ff. KAGB und die Investmentkommanditgesellschaft gemäß §§ 124 ff. KAGB zur Verfügung.[533] Die Bildung eines Investmentvermögens durch Errichtung einer unselbständigen Stiftung – also durch dingliche Vermögensübertragung unter schuldrechtlicher Bindung (an einen Stiftungszweck) – ist demgegenüber keine erlaubte Gestaltungsform.[534]

d) Ergebnis

Das hieraus folgende Ergebnis ist sachgerecht, weil einerseits unselbständige Stiftungen regelmäßig unter mehreren Kriterien aus dem Anwendungsbereich des KAGB fallen, andererseits das KAGB aber auf solche unselbständigen Stiftungen anwendbar bleibt, die vorrangig als Kapitalsammelstelle fungieren und einen stiftungstypischen Förderzweck nur nachrangig verfolgen. So fällt die Errichtung einer unselbständigen Stiftung (1) bereits dann nicht mehr unter den dem KAGB zugrundeliegenden materiellen Investmentbegriff, wenn die weitere Kapitalaufnahme ausgeschlossen ist. In diesen Fällen kommt die Verwendung der unselbständigen Stiftung als Kapitalsammelstelle schon nicht mehr in Betracht. Des Weiteren werden (2) solche unselbständigen Stiftungen aus dem Anwendungsbereich des KAGB ausgeschieden, die nach der Ausrichtung ihrer Tätigkeit und insbesondere ihres werblichen Engagements vorrangig ihren Stiftungszweck operativ verfolgen. Dies kann sowohl durch solche Stiftungsträger

531 *Thole*, in: Emde/Dornseifer/Dreibus/Hölscher, InvG, § 6 Rn 8.

532 *Winterhalder*, in: Weitnauer/Boxberger/Anders, KAGB, § 17 Rn 32; a. A. *Weitnauer*, GWR 2014, 1, der Investmentclubs in der Rechtsform einer GbR ausdrücklich als interne Kapitalverwaltungsgesellschaft (§ 17 Abs. 2 Nr. 2 KAGB) einordnet.

533 *Auerbach*, in: Auerbach, Banken- und Wertpapieraufsicht, 1. Auflage 2015, Teil E II, Rn 11.

534 *Weitnauer*, GWR 2014, 1 mit Blick insbesondere auf Investmentclub in der Rechtsform der GbR.

geschehen, deren eigener Zweck mit dem der verwalteten unselbständigen Stiftung übereinstimmt oder diesem ähnelt, als auch durch professionelle Stiftungsträger, die die Stiftungsträgerschaft entgeltlich anbieten. Maßgeblich ist in beiden Ausprägungen, dass die Stiftungszweckverfolgung vor der Kapitalsammlung Priorität hat.

Ist auch dies nicht der Fall, so können Kapitalsammelstellen gleichwohl (3) als Europäische Fonds für soziales Unternehmertum gewisse Erleichterungen des KAGB für sich in Anspruch nehmen. Hier ist aber insbesondere der Rechtsformzwang mit der Folge zu beachten, dass der Stiftungsträger zwingend in der Rechtsform der Investmentaktiengesellschaft oder der Investmentkommanditgesellschaft stehen muss. Der praktische Anwendungsbereich dieses Dispenses sollte daher äußerst gering sein.

Anwendbar bleibt das KAGB (4) in allen übrigen Fällen, in denen die Gestaltungsform der unselbständigen Stiftung also vorrangig als Kapitalsammelstelle eingesetzt wird und die Verfolgung eines Stiftungszwecks nur untergeordnete Bedeutung findet. Das allgemeine Verständnis von einer Stiftung, erst recht in ihrem ganz typischen Charakter der Gemeinnützigkeit wird in diesen Fällen nicht mehr umgesetzt, sondern dient lediglich als Kulisse, um ein Indiz der Seriosität zu schaffen. Die Anwendung des KAGB als Aufsichtsrecht auf solche Einrichtungen und die damit verbundene Regulierung erscheint dann aber auch sachgerecht.

C. Prüfungsmaßstab des KWG

I. Kredit- und finanzaufsichtsrechtliche Relevanz der Tätigkeit als Stiftungsträger einer unselbständigen Stiftung

Anders als bei der selbständigen Stiftung, deren Stiftungsvorstand gemäß §§ 86, 26 BGB die Stiftung als eigenständiger Rechtsträger lediglich organschaftlich vertritt, kommt dem Stiftungsträger der unselbständigen Stiftung eine – wenn auch im Innenverhältnis gebundene – dingliche Rechtsposition zu. Die mit der Errichtung der unselbständigen Stiftung zwingend verbundene Vermögensübertragung auf den Stiftungsträger selbst bringt damit auch Vermögensrisiken mit sich, die über die Risiken der Vermögenshingabe bei Gründung einer selbständigen Stiftung hinausgehen. Denn abweichend von der selbständigen Stiftung kennt die unselbständige Stiftung keine personelle Trennung zwischen dem vermögenstragenden Rechtssubjekt und dem vermögensverwaltenden Organ. Damit fehlt der unselbständigen Stiftung ein bereits strukturell wirkendes Schutzelement, um insbesondere der Gefahr von Vermögensvermischungen zwischen dem eigenen Vermögen des Stiftungsträgers und dem Stiftungsvermögen vorzubeugen.[535]

Die damit verbundene Gefährdungslage, die mit einer Vermögensübertragung und der grundsätzlich freien Vermögensverwaltung stets verbunden ist,[536] wirft in der Folge auch die Frage nach einer finanzaufsichtsrechtlichen Relevanz der Tätigkeit als Stiftungsträger einer unselbständigen Stiftung auf. Konkret geht es also darum, ob diese Tätigkeit einen erlaubnispflichtigen Tatbestand im Sinne des § 32 KWG verwirklicht.

II. Allgemeine Voraussetzungen des § 32 KWG

1. Grundsätzliche Erlaubnispflicht

Erlaubnispflichtig im Sinne des § 32 KWG ist es, im Inland gewerbsmäßig oder in einem Umfang, der einen in kaufmännischer Weise eingerichteten Geschäftsbetrieb erfordert, Bankgeschäfte zu betreiben oder Finanzdienstleistungen zu erbringen. Insoweit knüpft die Erlaubnispflicht zentral an den Umstand an, ob ein Bankgeschäft betrieben oder eine Finanzdienstleistung erbracht wird. Diese der staatlichen Aufsicht unterliegenden Tätigkeiten sind abschließend in § 1 KWG gesetzlich definiert.[537]

Der tätigkeitsdefinierende § 1 KWG setzt dabei voraus, dass ein Bankgeschäft gewerbsmäßig betrieben (Abs. 1) bzw. die Finanzdienstleistung gewerbsmäßig erbracht (Abs. 1a) wird. Traditionell wurde insoweit (subjektiv) eine gewisse Widerholungsabsicht bei der Leistungserbringung verlangt, wobei eine gleichwohl objektiv nur gelegentliche Ausführung aber ausreichte.[538] Die jüngere Rechtsprechung hat sich demgegenüber von diesem subjektiven Kriterium gelöst und stellt leicht abweichend darauf ab, dass eine solche Wiederholungsabsicht anhand objektiver Anhaltspunkte verifizierbar ist.[539]

Jeweils wird weiter vorausgesetzt, dass ein in kaufmännischer Weise eingerichteter Geschäftsbetrieb erforderlich ist. Nicht maßgeblich ist also, ob

---

535 Eine solche Missbrauchsgefahr betreffend die unselbständige Stiftung erkennen auch *Schiffer/Pruns*, in: Heidel/Hüßtege, BGB, Vor § 80 Rn 55.

536 *Fritsche*, ZSt 2005, 274.

537 *Schäfer*, in: Boos/Fischer/Schulte-Mattler, KWG, § 1 Rn 2.

538 OLG Stuttgart, Urteil v. 21.2.1958 - 1 Ss622/57, NJW 1958, 1360; OLG Frankfurt a.M., Urteil v. 29.7.1964 - 1 Ss 421/64, NJW 1965, 264.

539 VGH Kassel, Beschluss v. 12.12.2007 - 6 TG 1743/07, NJW-RR 2008, 1011; OLG Celle, Urteil v. 14.10.2004 - 4 U 114/04, OLGR Celle 2005, 96; *Schäfer*, in Boos/Fischer/Schulte-Mattler, KWG, § 1 Rn 24.

ein solcher Geschäftsbetrieb auch tatsächlich unterhalten wird. Dabei ist die Schwelle, ab der ein solcher Geschäftsbetrieb erforderlich wird, abhängig vom jeweiligen Geschäftsgegenstand definiert. Insgesamt wird die Schwelle bei Bankgeschäften schon bei relativ geringem Umfang überschritten sein.[540] Gerade im Hinblick auf die typischen Verwendungsfälle der unselbständigen Stiftung, deren Vermögensausstattung regelmäßig deutlich unterhalb der für selbständige Stiftungen vorgeschlagenen[541] Mindestschwelle von € 50.000,00 liegen wird, wird das Erfordernis eines so ausgestalteten Geschäftsbetriebs aber typischerweise nicht bestehen. Die Tätigkeit eines Stiftungsträgers nur einer unselbständigen Stiftung, die jährlich nur eine überschaubare Anzahl an Buchungspositionen auslöst, keine Mitarbeiter beschäftigt und insoweit keine erheblichen Anforderungen an eine Geschäftsorganisation richtet, wird daher regelmäßig unter der aufsichtsrechtlichen Erheblichkeitsschwelle verharren und schon insoweit keine Erlaubnispflicht nach § 32 KWG auslösen.

Anders wird sich die Beurteilung professioneller Stiftungsträger mit einem typischerweise entgeltlichen Dienstleistungsangebot darstellen. Werden solche Dienstleistungen von einer Vielzahl unselbständiger Stiftungen in Anspruch genommen, dürfte der damit verbundene Verwaltungsaufwand zwar effizienter als in Einzelträgerschaft abgewickelt werden können, ab einer bestimmten Anzahl verwalteter unselbständiger Stiftungen aber diejenigen Anforderungen überschreiten, die ohne einen kaufmännischen Geschäftsbetrieb organisatorisch erfüllt werden können. Maßgeblich für die aufsichtsrechtliche Beurteilung ist dann die aufsichtsrechtlich relevante Tätigkeit des Stiftungsträgers insgesamt. [542] Es kommt in diesem Falle einer professionellen Stiftungsträgerschaft also nicht auf den Verwaltungsaufwand je unselbstständiger Stiftung an, sondern auf den für das Leistungsangebot des Stiftungsträgers insgesamt erforderliche Aufwand. Ob die Tätigkeit eines Stiftungsträgers für mehrere unselbstständiger Stiftungen bereits einen kaufmännischen Geschäftsbetrieb erfordert, ist dann Frage des Einzelfalls,[543] wobei die Bundesanstalt für Finanzdienstleistungsaufsicht allerdings

---

540 *Schäfer*, in: Boos/Fischer/Schulte-Mattler, KWG, § 1 Rn 20; zu den Abgrenzungskriterien vgl. BGH, Urteil v. 28.4.1960 - II ZR 239/58, WM 1960, 1097; OLG Celle, Urteil v. 14.10.2004 - 4 U 114/04, OLGR Celle 2005, 96. *Fischer*, in: Boos/Fischer/Schulte-Mattler, KWG, § 32 Rn 8f. weist zutreffend darauf hin, dass die elektronische Datenverarbeitung eine vereinfachte Geschäftsabwicklung ermöglicht, was bei der Bestimmung von Bagatellgrenzen zu berücksichtigen ist.

541 Empfehlung des Bundesverbands Deutscher Stiftungen e. V.

542 *Schäfer*, in: Boos/Fischer/Schulte-Mattler, KWG, § 1 Rn 24.

543 BVerwG, Urt. v. 25.6.1980 – 1 C 13.74, BeckRS 1980, 03436 = GewArch 81, 70.

in verschiedenen Merkblättern Leitlinien und Normgrößen zur Abgrenzung definiert hat.[544] Welche Kriterien anzuwenden sind, hängt von dem verwirklichten Bankgeschäft bzw. der ausgeübten Finanzdienstleistung ab und soll im jeweiligen Kontext erörtert werden.

2. *Ausnahmetatbestände*

a) *§ 2 Abs. 1 Nr. 3b KWG - Vorrang des Kapitalanlagegesetzbuchs*

§ 2 Abs. 1 Nr. 3 b KWG nimmt Kapitalverwaltungsgesellschaften und extern verwaltete Investmentgesellschaften aus dem Anwendungsbereich des Kreditwesengesetzes aus, sofern sie als Bankgeschäfte nur die kollektive Vermögensverwaltung, gegebenenfalls einschließlich der Gewährung von Gelddarlehen, oder daneben ausschließlich die in § 20 Abs. 2 und 3 KAGB aufgeführten Dienstleistungen oder Nebendienstleistungen betreiben. Dies findet als *lex specialis*[545] insoweit vorrangige Anwendung.[546]

Die unselbständige Stiftung stellt zwar keine extern verwaltete Investmentgesellschaft im Sinne des § 1 Abs. 11 KAGB dar,[547] fällt als intern verwaltetes Investmentvermögen gemäß § 17 Abs. 2 Nr. 2 KAGB aber unter den Begriff der Kapitalgesellschaft. Wie dargetan findet das Kapitalanlagegesetzbuchs auf solche unselbständigen Stiftungen Anwendung, die die Anbindung weiterer Stifter nach der Stiftungssatzung ermöglichen und bei denen der Einwerbung weiteren Kapitals besonderes Geweicht zukommt. In diesem Falle finden die Rechtsfolgen des Kapitalanlagegesetzbuchs – insbesondere der Rechtsformzwang – Anwendung, sodass die Tätigkeit des Stiftungsträgers außerhalb dieser Rechtsformen per se unzulässig ist. Inkonsequent erscheint demgegenüber die Auffassung,[548] dass im Falle einer Tätigkeit außerhalb der erlaubten Rechtsformen die subsidiäre Anwendung des Kreditwesengesetzes eröffnet sei.

---

544 Eine Zusammenstellung findet sich bei *Schäfer*, in: Boos/Fischer/Schulte-Mattler, KWG, § 1 Fn 48 ff.

545 *Schäfer*, in: Boos/Fischer/Schulte-Mattler, KWG, § 2 Rn 12.

546 RegBegr., BT-Drs. 17/12294, 545; *Schennicke*, KWG, § 2 KWG Rn 8.

547 Vgl. oben, B.II.5.c).

548 *Sethe*, in: Handbuch der Vermögensverwaltung, § 5 Aufsichtsrecht, Rn 50.

b) § 2 Abs. 1 Nr. 3c, 3d, Abs. 6 Nr. 5a, 5b KWG – EU-Verwaltungsgesellschaften und EU-Investmentvermögen für die kollektive Vermögensverwaltung

Die Vorschrift verweist auf die Regelungen der § 1 Abs. 8, 17, 18 KAGB. Das Kreditwesengesetz findet demgemäß keine Anwendung auf EU-Investmentvermögen (§ 1 Abs. 8 KAGB), die dem Recht eines anderen Mitgliedstaates der Europäischen Union oder eines anderen Vertragsstaates des Abkommens über den Europäischen Wirtschaftsraum unterliegen. Ferner ist die Anwendung ausgeschlossen auf EU-Verwaltungsgesellschaften (§ 1 Abs. 17 KAGB) und ausländische AIF-Verwaltungsgesellschaften (§ 1 Abs. 18 KAGB). Dies sind Unternehmen mit Sitz in einem anderen Mitgliedstaat der Europäischen Union, einem anderen Vertragsstaat des Abkommens über den Europäischen Wirtschaftsraum oder in einem Drittstaat, die die Anforderungen der AIFM- oder OGAW-Richtlinie entsprechen.

Das Kreditwesengesetz ist ferner auf solche Unternehmen nicht anwendbar, die lediglich die kollektive Vermögensverwaltung betreiben. Die kollektive Vermögensverwaltung bündelt die Vermögensverwaltung für eine Vielzahl von Anlegern, die zwar einerseits weniger Einfluss auf die Vermögensverwaltung ausüben können, andererseits aber erleichterten Zugriff auf das verwaltete Vermögen durch ein relativ freies Rückgaberecht ihrer Fondsanteile haben.[549] Dieser Ausnahmetatbestand wird also für die Tätigkeit der Trägerschaft unselbständiger Stiftungen typischerweise nicht in Betracht kommen.

c) § 2 Abs. 6 Nr. 20 KWG – Finanzportfolioverwaltung mit eingeschränktem Anlagespektrum

Nicht unter das Kreditwesengesetz fallen ferner solche Unternehmen, die ausschließlich die Finanzportfolio- und Anlagenverwaltung durch Vermögensanlagen im Sinne des § 1 Abs. 2 VermAnlG oder von geschlossenen AIF (§ 1 Abs. 5 KAGB) erbringen. § 1 Abs. 2 VermAnlG bezeichnet insoweit Kapitalanlagen des „grauen Kapitalmarkts“, namentlich Unternehmensbeteiligungen, Treuhandvermögen, partiarische Darlehen, Nachrangdarlehen, Genussrechte, Namensschuldverschreibungen und sonstige Anlagen, die eine Verzinsung und Rückzahlung oder einen vermögenswerten Barausgleich im Austausch für die zeitweise Überlassung von Geld gewähren oder in Aussicht stellen.

549 *Köndgen/Schmies*, in: Bankrechts-Handbuch, § 113 Rn 6.

Der Nutzung solcher ungeregelten Kapitalanlagen hat bei der Verwaltung des Stiftungsvermögens aber allenfalls eine untergeordnete Bedeutung und kommt nur in Ausnahmefällen in Betracht.[550] Wie dargetan[551] besteht zwar kein pauschales Verbot bestimmter riskanter Anlageklassen,[552] jedenfalls ist aber auf eine angemessene Mischung von risikoarmen und risikoreicheren Anlageformen zu achten.[553] Insoweit mag zwar die Investition in einzelne der genannten Anlageprodukte mit überdurchschnittlichem Risiko zulässig sein, eine ausschließliche Konzentration auf solche Anlagen ist demgegenüber nicht mehr mit dem Grundsatz der Risikominimierung zu vereinbaren.[554]

Die zwingende Beschränkung auf die für den Ausnahmetatbestand des § 2 Abs. 6 Nr. 20 KWG gestatteten Anlageformen schließt diesen Ausnahmetatbestand daher für die Träger unselbstständiger Stiftungen aus. Der dem Grundsatz der Risikominimierung zur Sicherung der Substanzerhaltung verpflichtete Stiftungsträger wird sich daher auf diesen Dispens nicht berufen können, ohne sich dem Vorwurf eines (vorsätzlichen) Verstoßes gegen stiftungsrechtliche Vorgaben der Kapitalanlage auszusetzen.

III. Tätigkeiten im Sinne des § 32 i.V.m. § 1 Abs. 1, 1a KWG

1. *Institutsbegriff des KWG*

Entsprechend § 32 KWG als der zentralen Eingriffsnorm des Rechts der Finanzaufsicht unterscheidet § 1 KWG nach Bankgeschäften, die die Stellung als Kreditinstitut begründen (Abs. 1), und Finanzdienstleistungen, die eine Einordnung als Finanzdienstleistungsunternehmen nach sich ziehen (Abs. 1a). Unabhängig von dem jeweils ausgeübten Gegenstand werden die Erbringer solcher Leistungen gemäß § 1 Abs. 1b KWG einheitlich als „Institute" bezeichnet. Es wird also letztlich darauf ankommen, ob die Tätigkeit als Stiftungsträger einer unselbständigen Stiftung die Tatbestände eines Bankgeschäfts oder einer Finanzdienstleistung verwirklicht.[555] Hierzu ist – selbstverständlich nur dort, wo es zumindest vorstellbar erscheint – zu untersuchen, ob diese Tätigkeit den Tatbestand einer der in § 1 Abs. 1, 1a KWG aufgeführten Tätigkeitsbeschreibungen erfüllt. Die

550 *Stürner*, DStR 2015, 1628, 1630f.

551 Vgl. oben, B.II.2.b).

552 *Hüttemann*, WM 2016, 678f.; *Stürner*, WM 2018, 15, 16.

553 *Hüttemann*, WM 2016, 679.

554 *Söffing/Blusz*, in: Handbuch der Vermögensverwaltung, §14 Besonderheiten der Vermögensverwaltung und Vermögensanlage bei Stiftungen, Rn 56.

555 Dies zu apodiktisch ablehnend *Geibel*, in: BeckOGK, § 80 Rn 698.

erlaubnispflichtigen Bankgeschäfte bzw. Finanzdienstleistungen werden in den Tatbestandskatalogen des § 1 KWG enumerativ aufgezählt. Dass diese Aufzählung abschließenden Charakter hat,[556] ergibt sich ausdrücklich aus den Gesetzesmaterialien zum KWG von 1961, in denen unter Hinweis auf die weitreichenden Rechtsfolgen der Qualifikation eines Geschäftsbetriebs als Kreditinstitut eine klare Abgrenzung gefordert wird.[557]

Die darüber hinaus aufsichtsrechtlich relevante Gruppe der „Finanzunternehmen" ist in dem Auffangtatbestand des § 1 Abs. 3 KWG geregelt. Hierunter werden alle Unternehmen des Finanzsektors als Restgröße erfasst, die Anknüpfungspunkt für verschiedene aufsichtsrechtliche Tatbestände sind.[558] Die dort beschriebenen Finanzunternehmen sind für die hier interessierenden Fragestellungen aber typischerweise nicht von Bedeutung. Allenfalls könnten als Holding fungierende unselbständige Stiftungen als Unternehmensträgerstiftung durch das Halten von Beteiligungen in den Tatbestand des § 3 Abs. 3 Nr. 1 KWG fallen.[559] Doch auch in diesem Fall wäre der Erlaubnisvorbehalt des § 32 KWG nicht auf derlei Finanzunternehmen erstreckt. Damit kann auch diese Fallgestaltung für die hier interessierende Frage nach einer Erlaubnispflicht für unselbständige Stiftungen nach § 32 KWG unberücksichtigt bleiben.

2. *Tatbestand des Einlagengeschäfts (§ 1 Abs. 1 Nr. 1 KWG)*

a) *Relevanz des Tatbestands für die unselbständige Stiftung*

Für die Tätigkeit als Stiftungsträger einer unselbständigen Stiftung kommt zunächst eine Einordnung als Einlagengeschäft im Sinne des § 1 Abs. 1 Nr. 1 KWG in Betracht. Denn der Stiftungsträger nimmt vom Stifter finanzielle Mittel entgegen, die er nicht nach eigenem Gusto, sondern nach den Vorgaben des Stiftungsgeschäfts einzusetzen hat. Die Anordnungen und Bindungen des Stiftungsgeschäfts zur Verwendung des Stiftungskapitals könnten insoweit bereits als vorweggenommene Einlagenrückforderung für einen späteren Zeitpunkt der Mittelverwendung interpretiert werden. Jedenfalls bleibt das treuhänderisch übertragene Stiftungsvermögen an den Stifter, dessen Rechtsnachfolger oder

556 *Schäfer*, in: Boos/Fischer/Schulte-Mattler, KWG, § 1 Rn 30.

557 BT-Drucks. III/1114, S. 27, li. Sp.: „*Der zugrunde liegende Begriff des Bankgeschäfts muß daher durch eine erschöpfende Aufzählung klar abgegrenzt werden.*"

558 *Schäfer*, in: Boos/Fischer/Schulte-Mattler, KWG, § 1 Rn 223.

559 Zur Diskussion der Kapitalausstattung von Unternehmensträgerstiftungen vgl. *Schwake*, NZG 2008, 248.

auch die Destinatäre gebunden. Diese Bindungswirkung könnte einen Einlagecharakter des Stiftungskapitals begründen.

So definiert § 1 Abs. 1 Nr. 1 KWG das Einlagengeschäft durch zwei Alternativtatbestände. Diese sind die Annahme fremder (hierzu sogleich unter b)) Gelder (hierzu unter c)) als Einlagen (hierzu unter d)) oder anderer unbedingt rückzahlbarer Gelder (hierzu unter e)) des Publikums, sofern der Rückzahlungsanspruch nicht in Inhaber- oder Orderschuldverschreibungen verbrieft wird, und ohne Rücksicht darauf, ob Zinsen vergütet werden.

b) Fremdheit

Soweit Geld an den Stiftungsträger übertragen wurde, muss es sich nach dem Wortlaut des § 1 Abs. 1 Nr. 1 KWG um „fremde" Gelder handeln. Diesem Tatbestandsmerkmal der Fremdheit entgegengenommener Gelder kommt in der verwaltungspraktischen Auslegung keine erhebliche Bedeutung zu, sodass diesbezügliche allgemeine Verwaltungsäußerungen, die sich naturgemäß außerhalb jedes Bezugs zu einer unselbständigen Stiftung bewegen, zurückhaltend zu übertragen sind.

Mit dem Merkmal „fremd" soll nach der Verwaltungsauffassung lediglich zum Ausdruck gebracht werden, dass die angenommenen Gelder nicht endgültig bei dem annehmenden Institut verbleiben, dieses vielmehr verpflichtet ist, dem Berechtigten Geld in gleicher Menge nach Maßgabe der hierüber getroffenen Vereinbarungen zurückzuzahlen. Gleichermaßen verlangt auch die Bundesanstalt für Finanzdienstleistungsaufsicht in ihrem einschlägigen Auslegungsschreiben, dass der Rückzahlungsanspruch bereits von vornherein bei Annahme des Geldes vereinbart sein müsse. Eine bloß nachträgliche Vereinbarung einer Rückzahlungspflicht, etwa aufgrund der Rückabwicklung eines Vertrags, genüge demgegenüber nicht. *„Fremde Gelder"* sind damit *„rückzahlbare Gelder"*.[560]

Bei schematischer Anwendung dieses Verständnisses und dem Erfordernis einer von vornherein vereinbarten Rückzahlbarkeit scheidet eine Subsumtion der unselbständigen Stiftung unter den Einlagenbegriff aus. Denn unabhängig von einer Ausgestaltung der Stiftungserrichtung als Auflagenschenkung oder Treuhandverhältnis[561] wird die Rückübertragung des Stiftungsvermögens im

560 Bundesanstalt für Finanzdienstleistungsaufsicht, Merkblatt - Hinweise zum Tatbestand des Einlagengeschäfts, Ziffer 1 b), *Fischer*, npoR 2012, 8.

561 Die Einordnung von Treugeld als Einlage durch den VGH Kassel, Beschl. v. 19.8.2010 – 6 B 818/10, ZIP 2011, 170 bezog sich auf einen Sachverhalt, in dem der Treuhänder ausdrücklich im Namen und auf Rechnung des Kunden handelte und ist daher auf

Regelfall der Gemeinnützigkeit nicht vorgesehen sein[562] und ist eine Kündigung seitens des Stifters ausgeschlossen,[563] sodass von einer Vermögensentäußerung des Stifters auszugehen wäre.[564] Dies gilt umso mehr für die gemeinnützige unselbständige Stiftung, weil hier die Stiftungserrichtung stets mit einer dauerhaften und damit auch grundsätzlich endgültigen Vermögensübertragung verbunden ist.[565]

Diese Ablehnung des Kriteriums der Vermögensfremdheit mangels realistischer Rückflussoption an den Stifter wäre aber nur dann berechtigt, wenn die Einordnung als Einlage allein aus der Perspektive der Kunden bzw. Stifters geprüft würde. Allerdings darf nicht die Perspektive des Stiftungsträgers und der Umstand ausgeblendet werden, dass das übertragene Geld dem Stiftungsträger gerade nicht als eigenes zustehen soll. Der Unterschied wird insbesondere in der Situation der Kündigung des Auftragsverhältnisses und Übertragung der Stiftungsträgerschaft auf einen neuen Stiftungsträger deutlich. Hier bleibt die Vermögensentäußerung des Stifters zwar unangetastet, aber auch die Fremdheit des Stiftungsvermögens aus der Perspektive des Stiftungsträgers wird deutlich gewahrt.

Wenn demgegenüber die Verwaltungspraxis wie dargestellt[566] nur einseitig eine Aufgabe des Eigentums auf Kundenseite prüft, kann dies allein noch keine endgültige Auskunft darüber geben, ob das vom Kunden aufgegebene Geld auch auf der Empfängerseite als fremd zu bezeichnen ist. Der teleologische Hintergrund, dass das Tatbestandsmerkmal der Fremdheit der Abgrenzung von Gesellschafter- und Kundeneinlagen dient,[567] macht deutlich, dass eine Fremdheit auch aus dem Blickwinkel des Empfängers dahingehend zu prüfen ist, ob das

---

die unselbständige Stiftung nicht übertragbar; vgl. hierzu *Schäfer*, in: Boos/Fischer/Schulte-Mattler, KWG, § 1 Rn 43; *Reschke* in: Beck/Samm/Kokemoor, § 1 KWG Rn. 161q, 174, der die Alt. 1 verneint, weil die Gelder nicht der Finanzierung der unternehmerischen Tätigkeiten des Treuhänders dienen, jedoch die Alt. 2 bejaht, wenn der Treuhänder die Rückzahlung unbedingt schuldet; *Voß*, EWiR 2010, 831

562 *Fischer*, npoR 2012, 8.

563 Vgl. B.II.2.b).

564 *Geibel*, in: BeckOGK, § 80 Rn 698.

565 Grundsätzlich zustimmend *Fischer*, npoR 2012, 8.

566 Bundesanstalt für Finanzdienstleistungsaufsicht, Merkblatt - Hinweise zum Tatbestand des Einlagengeschäfts, aaO.

567 *Schäfer*, in: Boos/Fischer/Schulte-Mattler, KWG, § 1 Rn 40; zur Abgrenzung zwischen Gesellschafter- und Verkehrsgeschäft *Schneider*, DB 1991, 1865, 1869 sowie die rechtshistorischen Ausführungen sogleich.

übertragene Geld als eigenes, der Förderung des Gesellschaftszwecks dienendes Kapital oder an die Vorgaben des Gebers gebundenes Vermögen anzusehen ist.

Solche Bindungen ergeben sich im Falle der unselbständigen Stiftung unmittelbar und jedenfalls aus dem Stiftungszweck. Unter Berücksichtigung dessen kann die unselbständige Stiftung dann aber durchaus unter den Einlagenbegriff des § 1 Abs. 1 Nr. 1 KWG subsumiert werden. Die Einordnung der Vermögensübertragung zur Errichtung einer unselbständigen Stiftung als Einlagengeschäft scheitert daher nicht an einer fehlenden Fremdheit des – wenn auch dinglich dem Stiftungsträger übertragenen – Stiftungsvermögens.

c) Einlagengegenstand – Geldbegriff

Beide Tatbestandsalternativen setzen die „Annahme von Geldern" voraus. „Geld" ist dabei jedes gesetzliche Zahlungsmittel, wobei Sichtguthaben im In- und Ausland dem Geld gleichstehen.[568] Selbstverständlich kommt dem Verständnis der Bundesanstalt für Finanzdienstleistungsaufsicht (BaFin) bei der Auslegung des Begriffs des Einlagengeschäfts – wie auch der weiteren noch zu beleuchtenden Tatbeständen des § 1 Abs. 1, 1a KWG – erhebliche, für den Rechtsanwender oft maßgebliche Bedeutung zu. Demgemäß ist unter einer „Annahme" bei Bargeld die tatsächliche Entgegennahme zu verstehen. Im Falle der Buchgeldübertragung besteht die „Annahme" in der Kontogutschrift im Rahmen des bargeldlosen Zahlungsverkehrs,[569] so die BaFin in ihrem einschlägigen Merkblatt. Diese Äußerung setzt bereits voraus, dass eine Vermögensübertragung stattfindet, etwa indem der Übertragende dem Begünstigten einen Auszahlungsanspruch gegen seine kontoführende Bank im Wege der Überweisung verschafft (§ 675f. BGB). Die Annahme von Geld im Sinne des § 1 Abs. 1 Satz 1 Nr. 1 KWG führt daher im Ergebnis stets dazu, dass der Annehmende die Verfügungsbefugnis erlangt.[570] Unter diesen Überlegungen hat der Bundesgerichtshof auch die Abtretung von Ansprüchen aus Lebensversicherungen unter den Geldbegriff des Einlagetatbestands subsumiert.[571]

---

568 Bundesanstalt für Finanzdienstleistungsaufsicht, Merkblatt - Hinweise zum Tatbestand des Einlagengeschäfts, Ziffer 1. a) aa).

569 Bundesanstalt für Finanzdienstleistungsaufsicht, Merkblatt - Hinweise zum Tatbestand des Einlagengeschäfts, Ziffer 1. a) bb).

570 *Schürmann*, in: Bankrechts-Handbuch, § 69 Rn 6a.

571 BGH, Urt. v. 10.7.2018 – VI ZR 263/17 (Rn 14f. und zur Frage des strafrechtlichen Analogieverbots Rn 19), WM 2018, 1639.

Bei der Begründung einer unselbständigen Stiftung nimmt der Stiftungsträger insoweit jedenfalls das Stiftungsvermögen an, unabhängig davon, ob die Stiftung als Treuhandvertrag oder im Wege der Schenkung unter Auflage begründet wird. Ein Einlagengeschäft käme dabei allerdings von vornherein nur in Betracht, wenn das übertragene Stiftungsvermögen in Geld besteht, wobei unter den Begriff des Geldes Bargeld, Buchgeld und Netzgeld fallen.[572] Anderweitige Vermögensgegenstände – beispielsweise Immobilien oder Wertpapiere – kommen als möglicher Einlagengegenstand demgegenüber nicht in Betracht. Bereits an dieser Stelle kann somit die Verwirklichung des Tatbestands des Einlagengeschäfts gemäß § 1 Abs. 1 Nr. 1 KWG ausgeschlossen werden, soweit andere Vermögensgegenstände als Geld im vorgenannten Sinne in dem Stiftungsvermögen enthalten sind.[573]

d) Einordnung als Einlage

aa) Historische Entwicklung des Einlagenbegriffs

Bei der Definition des Einlagenbegriffs wurde auf der Grundlage der Verordnung vom 15. Dezember 1950[574] noch nach der Initiativtheorie danach unterschieden, von welcher Seite die Initiative zur Übergabe des Geldes ausging. Nur wenn diese Aktivität nicht von dem Kreditinstitut („*geholtes Geld*"), sondern von dem Kunden („*gebrachtes Geld*") ausging, konnte demnach von einer Einlage im Sinne des § 1 Abs. 1 Nr. 1 KWG gesprochen werden. Weil sich Kreditinstitute in der Folgezeit durch verstärktes Marketing um die Einwerbung von Einlagen bemühten, waren eine sichere Bestimmung der Initiativpartei indes kaum noch möglich und die ohnehin bilanzrechtlich geprägte Abgrenzung praktisch nicht mehr aufrechtzuerhalten.[575]

Bereits in den 1960er Jahren wurde durch die kurzzeitig maßgebliche Zinsverordnung[576] der Ansatz der Initiativtheorie zugunsten einer objektivierten,[577]

---

572 *Schürmann*, in: Bankrechts-Handbuch, § 69 Rn 6a noch unter Hinweis auf den zwischenzeitlich aufgehobenen § 1 Abs. 14 KWG.

573 *Fritsche*, ZSt 2005, 272, 274.

574 Verordnung über Formblätter für die Gliederung des Jahresabschlusses der Kreditinstitute, BGBl. 1951 I S. 142.

575 *Reischauer*, Kreditwesengesetz (KWG), § 1 Rn 13.

576 Verordnung über die Bedingungen, zu denen Kreditinstitute Kredite gewähren und Einlagen entgegennehmen dürfen (Zinsverordnung) vom 5. Februar 1962, BGBl. 1965 I S. 33.

577 *Schürmann*, in: Bankrechts-Handbuch, § 69 Rn 4.

vor allem funktionalen[578] Begriffsbestimmung aufgegeben. Nunmehr waren sämtliche Gelder von Nichtkreditinstituten Einlagen, es sei denn, dass sie zur Weiterleitung als durchlaufende Kredite oder zur Durchführung öffentlicher Kreditprogramme zweckgebunden angenommen oder als Kredit aufgenommen wurden, sofern für den Einzelfall ein schriftlicher Kreditvertrag geschlossen und der Kredit banküblich gesichert war (§ 12 ZinsVO).

bb) Konkretisierung in der Rechtsprechung

Um den Publikumsschutz stärker zu berücksichtigen,[579] geht die Rechtsprechung und Verwaltung nun regelmäßig dann vom Vorliegen einer Einlage im Sinne des Kreditwesengesetzes aus, wenn von einer Vielzahl von Geldgebern auf der Grundlage typisierender Verträge darlehenshalber oder in ähnlicher Weise laufend Gelder entgegengenommen werden, die ihrer Art nach nicht banküblich besichert sind.[580] Ungeachtet der grundsätzlichen Kritikwürdigkeit dieser Auslegung[581] liegt auf der Hand, dass sich dieses Verständnis für die gängige Praxis und die dort typischerweise anzutreffenden Konstellationen eignen mag, aber nicht die notwendige Trennschärfe aufweist, um auch Sondertatbestände zutreffend einzuordnen.[582] So ist gerade bei dem Kriterium der „Vielzahl von Geldgebern“ kaum erkennbar, warum der einzelne Geldgeber – möglicherweise ein privater Sparer – erst dann durch die Bankenaufsicht geschützt werden soll, wenn der Geldempfänger sein fragwürdiges Verhalten multipliziert und einer Vielzahl von Geldgebern damit schadet. Auch eine Notwendigkeit der Wiederholung dieses Verhaltens als *„laufende Entgegennahme“* erschließt sich aus dem gleichen Grunde nicht. Diese Definition mag als Beschreibung des Regelfalls zutreffen, taugt aber zur trennscharfen Erfassung des Einzelfalls und erst recht

---

578 Zur funktionalen Auslegung des KWG vgl. *Casper*, ZBB 2010, 345.

579 *Schürmann*, in: Bankrechts-Handbuch, § 69 Rn 5.

580 *Horn*, ZGR 1976, 435, 440; dies geschah in Anlehnung an die zwischen 1965 und 1967 geltende Zinsverordnung (BGBl. I, S. 33, vgl. OVG Berlin, Beschluss v. 23.11.1983 - OVG 1 S 14/83, WM 1984, 865); vgl. auch Begründung der Bundesregierung zum Gesetz zur Umsetzung von EG-Richtlinien zur Harmonisierung bank- und wertpapieraufsichtsrechtlicher Vorschriften, BT-Drucks. 13/7142, S. 62.

581 *Canaris*, BB 1978, 227, weist zu Recht darauf hin, dass Merkmale der Vertragstypisierung und des Fehlens der Sicherheit im Gesetzeswortlaut nicht angelegt sind.

582 *Canaris*, BB 1978, 227, spricht daher von einer bloßen „Faustregel“.

für die hier maßgebliche Fragestellung einer Einordnung der unselbständigen Stiftung nicht.[583]

Stattdessen ist die Frage, ob ein Unternehmen fremde Gelder als Einlagen annimmt und dadurch Bankgeschäfte betreibt, aufgrund einer Wertung aller Umstände des jeweiligen Einzelfalls unter Berücksichtigung der bankwirtschaftlichen Verkehrsauffassung zu entscheiden.[584] § 1 Abs. 1 Satz 2 Nr. 1 KWG bewertet nicht jede Annahme von fremden Geldern als Einlagengeschäft. Selbst wenn fremde Gelder aufgrund typisierter Verträge und ohne Bestellung banküblicher Sicherheiten entgegengenommen worden sind, lässt dies nicht den zwingenden Schluss zu, dass diese Vorgänge bei umfassender Würdigung aller Umstände des Einzelfalls unter Berücksichtigung der bankwirtschaftlichen Verkehrsauffassung als Einlagengeschäft anzusehen sind.[585] Vielmehr sind anders einzuordnende Ausnahmefälle leicht vorstellbar.

Dem Bundesverwaltungsgericht erscheint es stattdessen sachgerecht, die tatsächliche Motivation des Empfängers bei der Entgegennahme von Geldern ins Auge zu fassen, auch wenn dies auf den ersten Blick als Rückfall auf die vergleichbar subjektiv akzentuierte Initiativtheorie der 1950er Jahre anmutet. Das Bundesverwaltungsgericht erkennt insoweit die bankwirtschaftliche Verkehrsauffassung an und geht von einem Einlagengeschäft dann aus, wenn fremde Gelder zwecks Finanzierung des Aktivgeschäfts des annehmenden Unternehmens, also mit der Intention entgegengenommen werden, durch eine positive Differenz zwischen den Bedingungen der Geldannahme einerseits und der Kreditvergabe andererseits eine Gewinnmarge zu erzielen.[586] Es kommt für die Annahme eines Einlagengeschäfts demgemäß maßgeblich darauf an, ob der Mittelempfänger mit den erhaltenen Mitteln gerade eine Zinsmarge im wirtschaftlichen

583 Tatsächlich dürfte die Geringfügigkeit oder Singularität einer solchen bankgeschäftlichen Tätigkeit zutreffend von der Verwaltungspraxis im Rahmen von erlaubnisfreien Bagatellgeschäften berücksichtigt sein, vgl. *Schäfer*, in: Boos/Fischer/Schulte-Mattler, KWG, § 1 Rn 21, unter Hinweis auf die Urteile VG Frankfurt a.M., Beschluss v. 18.9.2006 - 1 G 2815/06, ZIP 2007, 1203 (Rn 42) und BGH, Urteil v. 11.7.2006 - VI ZR 339/04, WM 2006, 1898 (Rn 16). Dies entspricht auch der Begründung des Regierungsentwurfs zum Kreditwesengesetz vom 25. Mai 1959 (BT-Drucks. 1/1114, S. 27).

584 BGH, Urteil v. 13.4.1994 - II ZR 16/93, NJW 1994, 1801, 1805; OVG Berlin, Beschluss v. 23.11.1983 - OVG 1 S 14/83, WM 1984, 865.

585 BVerwG, Urteil v. 27.3.1984 - 1 C 125/80, NJW 1985, 929.

586 BVerwG, Urteil v. 27.3.1984 - 1 C 125/80, NJW 1985, 929, Leitsatz; vgl. auch *Fritsche*, ZSt 2005, 272, 274.

Eigeninteresse erzielen und sich auf diese Weise bankwirtschaftlich betätigen möchte.

Der Bundesgerichtshof hat dieses Abgrenzungskriterium der verwaltungsrechtlichen Rechtsprechung im Jahr 1984 ähnlich und im Kern vergleichbar angewendet, als es um die Frage ging, ob die Beiträge eines stillen Gesellschafters unter den Einlagenbegriff fallen. Der Bundesgerichtshof arbeitete als Entscheidungskriterium für den Begriff der Einlage heraus, ob der Mittelgeber zu dem Mittelempfänger in einer „Außenbeziehung“ steht und durch seine Mittelhergabe eigene Ziele und Interessen verfolgt – insbesondere das Interesse an einer Rendite –, oder ob er sein Geld dem Empfänger in einer „Innenbeziehung“ zur Verfügung stellt, um gemeinsam mit ihm aufgrund gleichgerichteter Interessen einen bestimmten Zweck zu verfolgen.[587]

Demgemäß liegt dann keine Einlage vor, wenn der Empfänger des Geldes hiermit Ziele verfolgt, die auch der Geldgeber teilt und an deren Erreichung der Geldgeber teilnehmen will. Diese Herangehensweise zeigt einen Gleichlauf mit der Argumentation des Bundesverwaltungsgerichts, das die Frage nach einer Innenbeziehung negativ wendet und danach fragt, ob der Geldempfänger auf eine eigene bankwirtschaftliche Zielsetzung (Zinsmarge) abhebt, an der der Geldgeber nicht teilnimmt, und in diesem Fall von einem Einlagengeschäft ausgeht. Denn in diesem Fall tritt der Geldgeber dem Empfänger als Außenstehender gegenüber. Es besteht dann keine Innenbeziehung zwischen Geldgeber und

587 BGH, Urteil v. 15.3.1984 - III ZR 15/83, WM 1984, 957, juris Rn 14: *„Auch wenn [...] der stille Gesellschafter seine Einlage nach § 335 Abs. 1 HGB so zu leisten hat, dass sie in das Vermögen des Inhabers der Bank, an der er sich beteiligt, übergeht, liegt es anders als beim Darlehen (§ 607 Abs. 1 BGB), bei dem die Darlehensvaluta in das Vermögen des Darlehensnehmers übergeht. Der stille Gesellschafter einer Bank gewährt dieser zwar wie der Darlehensgeber Kredit. Vertragszweck und wirtschaftliches Ziel der Kapitaleinlage sind jedoch im einen und im anderen Fall verschieden (vgl. dazu Senatsurteil vom 9. Februar 1967 - III ZR 226/64 = LM HGB § 335 Nr. 8). Schließen die Beteiligten – wie hier – einen stillen Gesellschaftsvertrag, so zielen sie auf die Bildung einer Zweckgemeinschaft ab. Der Einlagegläubiger tritt dem Geschäftsinhaber nicht wie ein außenstehender Kreditgeber gegenüber, der lediglich seine eigenen, von denen des Geschäftsinhabers verschiedenen Interessen verfolgt. Er verknüpft vielmehr durch die Einlage seine eigenen Interessen mit denen seines Partners, an dessen Gewerbe er sich beteiligt und von dessen Erfolg oder Misserfolg er das wirtschaftliche Ergebnis seines Engagements abhängig macht.“*

-empfänger, die von der Bankenaufsicht ausgenommen wäre, weil die Bankaufsicht lediglich den Schutz des (externen) Publikums bezweckt.[588]

cc) Eigene Bewertung

Diese im Kern gleichgerichtete Herangehensweise der verwaltungs- und zivilgerichtlichen Rechtsprechung dürfte wesentliche Aspekte des Einlagenbegriffs zutreffend erfassen. Dass hier zwar erneut subjektive Elemente eine Rolle spielen, mag auf den ersten Blick abschrecken und in der praktischen Rechtsanwendung problematisch sein, weil die Feststellung subjektiver Tatsachen zuweilen auf unsicherem Boden stehen kann. Anders als eine objektive Unterscheidung verlangt diese Definition es aber dem Rechtsanwender ab, den tatsächlichen Willen und damit den charakteristischen Gehalt des zu prüfenden Rechtsgeschäfts im Einzelfall zu erforschen und hieran seine Bewertung zu knüpfen. Hierdurch wird durchaus auch der Gefahr vorgebeugt, dass objektive Tatbestandsmerkmale in der Vertragsgestaltung nur formal vermieden werden, um den Anwendungsbereich des Einlagengeschäfts gemäß § 1 Abs. 1 Satz 2 Nr. 1 KWG nicht zu berühren. Die Antwort auf die Frage, ob der Entgegennahme von Geld eine „Innenbeziehung" zwischen Geber und Nehmer zugrunde liegt, kann daher auch die Frage nach dem Vorliegen eines Einlagengeschäfts überzeugend – zumindest überzeugender als andere vorgestellte Ansätze – beantworten.

dd) Anwendung auf die unselbständige Stiftung

Dieses so konkretisierte Unterscheidungsmerkmal der Innenbeziehung ist zwar auf die hier interessierende Frage, ob der Stiftungsträger Geld des Stifters als Einlage im Sinne des § 1 Abs. 1 Nr. 1 KWG annimmt, nicht unmittelbar übertragbar. Denn der Stifter verfolgt durch sein Verhalten kein wirtschaftliches Ziel in dem Sinne, dass er ein bestimmtes finanzielles (Zins-) Ergebnis erzielen möchte. Erst recht unterwirft sich der Stiftungsträger dem Stiftungszweck und verfolgt also zumindest primär keine eigenen bankwirtschaftlichen Zwecke, etwa indem er durch die Anlage des Stiftungsvermögens eine Rendite[589] erwirtschaften möchte.[590]

588 BGH, Urteil v. 9.3.1995 - III ZR 55/94, NJW 1995, 1494; *Horn*, ZGR 1976, 435, 440; *Schäfer*, in: Boos/Fischer/Schulte-Mattler, KWG, § 1 Rn 32, 42.

589 Kritisch zu der oft undifferenzierten Verwendung dieses Begriffs als Anlageziel *Söffing/Blusz*, § 14 Besonderheiten der Vermögensverwaltung und Vermögensanlage bei Stiftungen, Handbuch der Vermögensverwaltung, Rn 16.

590 So auch *Fischer/Figatowski*, Stiftungsbrief 2009; *Werner*, ZErb 2013, 1, 4.

Da es auf letztere Intention des Stiftungsträgers als Empfänger des Geldes ankommt, erscheint auch bei der aufsichtsrechtlichen Bewertung der unselbständigen Stiftung unter dem Gesichtspunkt des Einlagengeschäfts eine Unterscheidung zwischen deren bereits vorgestellten Typisierungen sachgerecht. Es stellt sich also jeweils die Frage, ob Stifter und Stiftungsträger vergleichbare (ideelle) Zwecke verfolgen (was die Einordnung als Schenkung unter Auflage indiziert),[591] für die der Stifter Geld zur Verfügung stellt und denen sich der Stiftungsträger unterwirft. Auch wenn der weitergehenden Auffassung *Geibels*[592] – wie dargetan[593] – nicht zu folgen ist, dass das Verhältnis zwischen Stifter und Stiftungsträger eine atypische Gesellschaft bürgerlichen Rechts darstellt, trifft dessen Wahrnehmung einer wünschenswerten Stiftungsorganisation als ein Miteinander anstelle eines Gegeneinanders zweier Parteien mit widersprüchlichen Hauptinteressen im Grundverständnis zu. Dies gilt insbesondere in denjenigen Fälligen, in denen der Stiftungszweck mit den von dem Stiftungsträger selbst verfolgten Interessen vergleichbar ist. Zumindest in diesem Falle liegt nach der Diktion des Bundesgerichtshofs kein Einlagengeschäft vor, sondern wird tatsächlich eine Innenbeziehung zwischen dem Stifter als Geldgeber und dem Stiftungsträger als Empfänger des Stiftungsvermögens begründet. Diese Innenbeziehung steht einer Einordnung des Geschäfts als Einlagengeschäft im Sinne des § 1 Abs. 1 Satz 2 Nr. 1 KWG entgegen. Eine Einlage ist daher dann nicht anzunehmen, wenn der Stiftungsträger einer unselbständigen Stiftung einen zumindest mit dem Stiftungszweck vergleichbaren Zweck selbst verfolgt.[594]

Umso deutlicher wird dieser Befund unter Diktion des Bundesverwaltungsgerichts, das zur Annahme eines Einlagengeschäfts die Verfolgung eigener bankwirtschaftlicher Ziele, insbesondere die Erzielung einer Zinsmarge verlangt. Diese Interessenlage spiegelt indes die Motivation des Stiftungsträgers einer unselbständigen Stiftung nicht zutreffend wider. Stattdessen unterwirft sich der Stiftungsträger der für seine Verwaltungstätigkeit maßgeblichen Zwecksetzung des Stifters.

Die Tätigkeit professioneller Stiftungsträger mit entgeltlichem Dienstleistungsangebot sind hiervon zwar zu unterscheiden, im Ergebnis aber nicht anders zu beurteilen. So ist es zunächst unschädlich für die dem Einlagencharakter entgegenstehende Innenbeziehung zwischen Stifter und Stiftungsträger,

591 Vgl. oben, B.VII

592 *Geibel*, Treuhandrecht als Gesellschaftsrecht, S. 422ff.

593 Vgl. B.V.4, oben.

594 So auch *Fritsche*, ZSt 2005, 272, 275.

dass letzterer seine Leistung entgeltlich erbringt. Wie sogar in einer über die bloße Innenbeziehung hinausgehenden Gesellschaft (z.B. bürgerlichen Rechts) eine Vergütung für Tätigkeiten der Geschäftsführung und Vertretung geregelt werden darf, ohne dass hierdurch die gemeinsame Zweckverfolgung in Zweifel gezogen wird,[595] steht auch ein auf der Entgeltlichkeit beruhendes, gewisses Eigeninteresse des Stiftungsträgers der Aufnahme einer Innenbeziehung nicht entgegen, die den Einlagecharakter der unselbständigen Stiftung ausschlösse.

Die diese Fallgruppe prägende Divergenz der von Stiftung und Stiftungsträger verfolgten Zwecke rechtfertigt ebenfalls nicht die Ablehnung einer Innenbeziehung und Annahme eines Einlagengeschäfts i.S.d. § 1 Abs. 1 Nr. 1 KWG. Denn auch in diesem Falle unterwirft sich der Stiftungsträger in der konkreten Ausübung seiner Trägerschaft und bei der Verwendung des Stiftungskapitals den Vorgaben des Stiftungszwecks. Wenn der Stiftungsträger auch ein Eigeninteresse an einer Mandatierung hat, ist er doch gerade in dessen Ausübung und der Verwendung des entgegengenommenen Kapitals nicht frei, sondern dem Stiftungszweck unterworfen. Das ihm übertragene Kapital steht ihm insbesondere nicht zur Verfolgung eigener – insbesondere bankwirtschaftlichen – Zwecke zur freien Verfügung. Unter Berücksichtigung der dargestellten zivil- und verwaltungsrechtlichen Rechtsprechung kommt einer dergestalt gebundenen Kapitalüberlassung daher ebenfalls kein Einlagecharakter zu.

Anders sind daher nur solche Fälle einzuordnen, in denen die Stiftungsträgerschaft nur Kulisse und Seriositätsanschein für eine tatsächlich verfolgte Kapitalanbindung ist. Hier kommt eine Einordnung als Einlagengeschäft im Sinne des § 1 Abs. 1 Nr. 1 KWG durchaus in Betracht, je nachdem, ob eine Verwendung des so eingeworbenen Kapitals für bankwirtschaftlichen Zwecke tatsächlich bezweckt und verfolgt wird.

e) Andere unbedingt rückzahlbare Gelder (2. Var.)

Die neben der Einlage in § 1 Abs. 1 Satz 2 Nr. 1 2. Alt. KWG vorgesehene Modalität anderer unbedingt rückzahlbarer Gelder des Publikums kann demgegenüber in keinem Fall durch die Gründung einer unselbständigen Stiftung verwirklicht werden. In dieser Tatbestandsalternative wird das vorstehend erörterte Kriterium des Annahmezwecks durch die Voraussetzung der Unbedingtheit der Rückzahlung ersetzt.[596] Fehlt es also an einer bankwirtschaftlichen Zweckverfolgung des Stiftungsträgers – weil er sich dem von dem Stifter gesetzten Stiftungszweck

595 OLG Brandenburg, Urteil v. 21.6.2006 - 4 U 13/06, juris (Rn 48).

596 *Schäfer*, in: Boos/Fischer/Schulte-Mattler, KWG, § 1 Rn 46.

unterwirft –, so kommt es darauf dann nicht an, wenn die angenommenen Gelder unbedingt rückzahlbar sind. Dies ist dann der Fall, wenn das rückforderbare Kapital an Verlusten nicht teilnimmt und die Rückforderung also in voller Höhe verlangt werden kann.[597]

Dies trifft auf die unselbständige Stiftung offenkundig nicht zu. Stattdessen nimmt der Stifter bzw. dessen Rechtsnachfolger im Ausnahmefall eines solchen Rückzahlungsverlangens an gegebenenfalls erwirtschafteten Verlusten des Stiftungsvermögens teil (vgl. § 667 Alt. 1 BGB,[598] §§ 812, 818 Abs. 3 BGB). Die im Rahmen der Rückforderung des Stiftungsvermögens eintretende Verlustteilnahme schließt die Tatbestandsmäßigkeit einer solchen Entgegennahme von Geldern mithin bereits aus, da das Verwendungsrisiko hinsichtlich des eingelegten Geldes im Rahmen eines Einlagegeschäft stets dem Kapitalverwahrer, nicht aber dem Einleger zugewiesen ist. [599] Der Stifter kann den besonderen Vertrauensschutz, den § 1 Abs. 1 Satz 2 Nr. 1 KWG in Verbindung mit den Systemen der Einlagensicherung bezweckt,[600] daher nicht für sich in Anspruch nehmen.[601]

f) Ergebnis

Im Ergebnis kann die Entgegennahme des Stiftungsvermögens durch einen Stiftungsträger anlässlich der Errichtung einer unselbständigen Stiftung regelmäßig nicht den die Erlaubnispflicht des § 32 KAG auslösenden Tatbestand des § 1 Abs. 1 Satz 2 Nr. 1 KWG verwirklichen. Dabei kommt es nicht darauf an, ob Stiftungsträger und Stifter gleichgerichtete Zwecke verfolgen. Denn da sich der Stiftungsträger jedenfalls dem Stiftungszweck unterwirft, besteht zwischen ihm und dem Kläger eine Innenbeziehung und ist er in seiner Verfügung über das ihm anvertraute Kapital nicht mehr frei.

Anderes mag nur für diejenigen Fälle gelten, in denen der Zweck einer unselbstständigen Stiftung nur vordergründig verfolgt wird, diese aber tatsächlich nur der Kapitaleinwerbung dient.

---

597 VG Berlin, Urt. v. 22.2.1999 – 25 A 276/95, DB 1999, 1377, 1380; *Loritz*, ZIP 2001, 309; *BaFin*, Merkblatt – Hinweise zum Tatbestand des Einlagengeschäfts, Stand: 3/2014, S. 5; RegBegr. zum Gesetz zur Umsetzung von EU-Richtlinien zur Harmonisierung bank- und wertpapieraufsichtsrechtlicher Vorschriften, BT-Drs. 13/7142, 63.

598 *Schäfer*, in: MünchKommBGB, § 667 Rn 26.

599 *Schäfer*, in: FS Horn, Rn 42.

600 BGH, Urteil v. 9.3.1995 - III ZR 55/94, NJW 1995, 1494; *Schäfer*, in: Boos/Fischer/Schulte-Mattler, KWG, § 1 Rn 33.

601 *Fritsche*, ZSt 2005, 272, 275.

3. *Tatbestand der Finanzportfolioverwaltung*

a) *Relevanz des Tatbestands für die unselbständige Stiftung*

Dass die Tätigkeit des Stiftungsträgers einer unselbständigen Stiftung die Tätigkeit der Finanzportfolioverwaltung (§ 1 Abs. 1a Nr. 3 KWG) – in der zivilrechtlichen Diktion ist von der Vermögensverwaltung die Rede – ausüben könnte, erscheint zumindest nicht abwegig.[602] So ist der Stiftungsträger der üblichen Definition[603] entsprechend zumindest regelmäßig und zur Erzielung einer zur Förderung des Stiftungszwecks erforderlichen Rendite gehalten,[604] das Stiftungsvermögen in – mit unterschiedlichen Risiken behaftete – Finanzinstrumente im Sinne des § 1 Abs. 11 KWG anzulegen, und ihm hierbei ein Entscheidungsspielraum zukommt.[605]

b) *Erheblichkeitsschwelle*

aa) *Vergleich mit der Finanzaufsicht über Investmentclubs*

Dies setzt im ersten Schritt allerdings voraus, dass die unselbständige Stiftung bzw. deren Stiftungsträger die Finanzportfolioverwaltung gewerbsmäßig oder in einem Umfang betreiben will, der einen in kaufmännischer Weise eingerichteten Geschäftsbetrieb erfordert; nur dann bedarf sie bzw. er der schriftlichen Erlaubnis der Bundesanstalt gemäß § 32 Abs. 1 Satz 1 KWG.

Zur Entwicklung hierzu brauchbarer Kriterien bietet es sich an, auf Überlegungen zur Finanzaufsicht über Investmentclubs zurückzugreifen, die etablierter Gegenstand der finanzaufsichtsrechtlichen Diskussion sind.[606] Diese

---

602 Zur zivilrechtlichen Gestaltungsmöglichkeiten vgl. *Schäfer*, in: Hellner, Bankrecht und Bankpraxis, Rn 11/9ff.

603 *Schäfer*, in: Boos/Fischer/Schulte-Mattler, KWG, § 1 Rn 125.

604 *Theuffel-Werhahn/Siebert*, ZStV 2013, 1, die darauf hinweisen, dass die Kapitalanlage nur in mündelsicheren Wertpapieren reale Vermögensverlusten begründen kann, vgl. ferner *Schauhoff*, in: Handbuch der Gemeinnützigkeit, § 3 Rn 138.

605 Zur Haftung eines Stiftungsvorstands wegen pflichtwidriger Verwaltung des Stiftungsvermögens vgl. *Reuter*, NZG 2005, 649; *Kiethe*, NZG 2007, 810 sowie aktuell OLG Oldenburg, Urteil v. 8.11.2013 - 6 U 50/13, BB 2014, 724; *Hüttemann/Herzog*, in: Non Profit Law Yearbook 2006, Organhaftung bei Non Profit Organisationen, S. 33, 37; *Hüttemann/Kampermann*, npoR 2014, 134; *Zimmermann/Arnsperger*, NJW 2015, 290; BGH, Urteil v. 20.11.2014 - III ZR 509/13, NZG 2015, 38.

606 *Eckhold/Balzer*, in: Handbuch des Kapitalanlagerechts, § 22 Rn 19; *Fuchs*, in: Fuchs, Wertpapierhandelsgesetz, § 2 Rn 110; *Schäfer*, in: Boos/Fischer/Schulte-Mattler, KWG, § 1 Rn 161ff.; *Sethe*, in: Handbuch der Vermögensverwaltung, § 5 Aufsichtsrecht, Rn

werden häufig als Gesellschaft bürgerlichen Rechts geführt und sind mit den hier in Rede stehenden unselbständigen Stiftungen (als gedachter Rechtsperson) dahingehend vergleichbar, als deren Leitungspersonen zwar einerseits dem Investmentclub gegenüber Tätigkeiten entfalten, die aufsichtsrechtlich relevant sind, andererseits aber an dem Investmentclub als Mitglieder persönlich beteiligt sind und diesen nach außen vertreten.

bb) Aufsichtsrechtlicher Dispens für die Vermögensverwaltung in Investmentclubs im unerheblichen Umfang

Die Bundesanstalt für Finanzdienstleistungsaufsicht (BaFin) hat in einem Merkblatt Kriterien zur Einordnung von Investmentclubs entwickelt.[607] Ein Rückgriff auf diese Leitlinien muss aber im Blick behalten, dass diese sich mit der Tätigkeit des Investmentclubs selbst befassen, und die aufsichtsrechtlichen Folgen einer Anwendbarkeit aufsichtsrechtlicher Vorschriften nur mittelbar deren Geschäftsleiter in deren Eigenschaft als Vertretungsorgan betreffen. Die Tätigkeit solcher Geschäftsleiter gegenüber einer solchen Gesellschaft bürgerlichen Rechts im Sinne einer Bank- oder Finanzdienstleistung ist demgegenüber nicht Gegenstand des BaFin-Merkblatts.[608]

Gleichwohl bot die durchaus nachvollziehbar als Gefährdung erkannte Konstellation, dass Geschäftsleiter den partizipativ klingenden Investmentclubgedanken als bloßen Deckmantel eines Kapitalanlagemodells missbrauchen, indem sie die internen Machtverhältnisse von vornherein in ihrem Sinne ausgestalten, der BaFin Anlass, sich dieser Gefahrenlage anzunehmen.[609] Diese Konstellation ist trotz der vorstehend angesprochenen Unterschiede mit der unselbständigen Stiftung vergleichbar, die – wie das Eingangsbeispiel der BWF-Stiftung gezeigt hat – in vergleichbarer Weise missbrauchsgeeignet ist und als Geldsammelstelle instrumentalisiert werden kann. Angesichts dessen können die Überlegungen des BaFin-Merkblatts also durchaus übertragen werden und die von der BaFin

50f.; *Weitnauer*, GWR 2014, 1; VGH Kassel, Urt. v. 5.11.2008 – 6 A 713/08, BeckRS 2010, 49824.

607 Bundesanstalt für Finanzdienstleistungsaufsicht, Merkblatt - Hinweise zur finanzaufsichtsrechtlichen Erlaubnispflicht von Investmentclubs und ihrer Geschäftsführer v. 9. Juni 2011 (Stand Juli 2013); zur diesbezüglichen Diskussion vgl. *Sethe*, in: Handbuch der Vermögensverwaltung, § 5 Aufsichtsrecht, Rn 50f.

608 BaFin (Fn 607), Ziff. 1.

609 BaFin (Fn 607), Ziff. 1, unter ausdrücklichem Hinweis auf die notwendige Möglichkeit der Investmentclubmitglieder, sich von ihrem Engagement auch wieder lösen zu können.

angesprochenen Aspekte zur Einordnung der Tätigkeit des Stiftungsträgers einer unselbständigen Stiftung als Leitlinien dienen.

Die BaFin stellt zunächst klar, dass die Tätigkeit von Investmentclubs und ihrer Geschäftsleiter nicht nur den Tatbestand der Vermögensverwaltung, sondern eine Reihe weiterer Tatbestände berührt. Ein genereller aufsichtsrechtlicher Dispens kommt daher nur in Betracht, wenn die allgemein maßgeblichen Erheblichkeitsschwellen des § 1 Abs. 1 Satz 1 und Abs. 1a Satz 1 KWG nicht überschritten werden. Andernfalls wird eine Erlaubnispflicht des einzelnen Investmentclubs und seiner Geschäftsführer nach Maßgabe der jeweils verwirklichten Erlaubnistatbestände ausgelöst.[610] Insoweit ist bereits festzuhalten, dass die Bundesanstalt inzident von der grundsätzlichen Möglichkeit ausgeht, den Tatbestand der Finanzportfolioverwaltung auf selbstorganschaftlich geführte Investmentclubs anzuwenden. Dabei lösen die in Betracht kommenden Tätigkeiten nach dem Gesetzeswortlaut selbstverständlich nur dann eine Erlaubnispflicht aus, wenn das Bankgeschäft oder die Finanzdienstleistung in einem Umfang betrieben wird, der einen in kaufmännischer Weise eingerichteten Geschäftsbetrieb erfordert.

Demgemäß erachtet die Bundesanstalt die Tätigkeit eines Investmentclubs und seines Geschäftsführers unter bestimmten (kumulativen) Voraussetzungen und Höchstgrenzen als erlaubnisfrei, die in dem angesprochenen Merkblatt definiert wurden.[611] Es handelt sich hierbei um eine bezogen auf den Tatbestand des erheblichen Umfangs nach § 1 Abs. 1, 1a KWG norminterpretierende, also nicht rechtlich verbindliche[612] Verwaltungsvorschrift, die die ständige Verwaltungspraxis der Bundesanstalt fixiert.[613] Das Merkblatt ist von gezielter Außenwirkung geprägt, gerichtlich überprüfbar und dokumentiert somit eine Selbstbindung der Verwaltung. Erlaubnisfrei ist die Tätigkeit von Investmentclubs und ihrer Geschäftsleiter demgemäß unter folgenden Voraussetzungen:

a) Die Anzahl der Mitglieder des Investmentclubs überschreitet nicht die Anzahl 50.
b) Die Summe der von allen – höchstens 50 – Mitgliedern eingezahlten Gelder (ohne die Gelder der wieder ausgeschiedenen Mitglieder) übersteigt nicht

610 BaFin (Fn 607), Ziff. 2 b., bestätigt von BVerwG, Urt. v. 22.9.2004 - 6 C 29/03, NZG 2005, 265.

611 BaFin (Fn 659), Ziffer 3.

612 Zurecht weisen *Wirth/Paul*, CCZ 2010, 95, 96, aber auf die faktische Verbindlichkeit von Verwaltungsaussagen unter dem Gesichtspunkt der Sorgfaltspflichten hin.

613 *Bedkowski*, BB 2009, 394, 399f.

€ 500.000,00. Kursgewinne oder -verluste und die von den Mitgliedern des Investmentclubs stehen gelassenen Gewinne, unabhängig davon, ob sie wiederangelegt werden, fließen nicht in diese Berechnung ein.

c) Inhaber der Konten und Depots ist der Investmentclub.
d) Der Geschäftsführer wird aus den Reihen der Mitglieder gewählt (Prinzip der Selbstorganschaft); er ist jederzeit von der Mehrheit der Mitglieder abwählbar, lässt sich seine Tätigkeit nicht vergüten und ist nicht zugleich Geschäftsführer in einem anderen Investmentclub.
e) Das einzelne Mitglied kann seine Mitgliedschaft in dem Investmentclub auf Basis der Clubstatuten jederzeit – auch ohne wichtigen Grund – kündigen; § 723 Abs. 2 BGB bleibt unberührt. Nicht mehr angemessen ist jedenfalls eine Frist von mehr als sechs Monaten nach Ablauf des Monats, in dem die Kündigung ausgesprochen wurde.
f) Jedes Mitglied hat Anspruch darauf, die Namen und Anschriften der anderen Mitglieder des Investmentclubs zu erfahren.
g) Es werden regelmäßige, mindestens jährliche Mitgliederversammlungen durchgeführt.
h) Als private Veranstaltung stellt der Investmentclub keine abhängig Beschäftigten ein und setzt auch keine freien Mitarbeiter auf Entgeltbasis ein, die den Geschäftsführer bei der Verwaltung des Portfolios unterstützen.

Die vorstehenden, von der Bundesanstalt entwickelten Kriterien müssen kumulativ vorliegen.

Insbesondere das unter Buchstaben h) beschriebene Kriterium des Verbots der Personalbeschaffung unter der Formulierung „*als private Veranstaltung*" macht deutlich, worum es der Bundesanstalt im Kern geht: eine Privilegierung sollen nur solche Investmentclubs erhalten, die für ihre Mitglieder keine gewerblichen Dienstleistungen erbringen. Eine Privilegierung verdienen nur solche Investmentclubs, deren Geschäftsleiter ausschließlich in dessen Interesse die Tätigkeit der Vermögensverwaltung erbringen, aber keine persönlichen Vergütungsinteressen verfolgen. Ein Dispens kommt daher nicht mehr in Betracht, sobald ein Vergütungsinteresse besteht oder solche Ertragshoffnungen sogar noch durch Einsatz von Personal zielgerichtet verfolgt werden. Hier zeigt sich die besondere Relevanz des Kriteriums der professionell-entgeltlichen Tätigkeit und damit ein Gleichlauf mit den bereits mehrfach angesprochenen Typisierungen unselbständiger Stiftungen.

Diese Grenzziehung bringt die BaFin auch durch präzise Vorgaben in ihrem Merkblatt zum Ausdruck. Demgemäß darf der Geschäftsführer sich nur die ihm bei der Verwaltung des Portfolios tatsächlich entstandenen Aufwendungen (z. B.

für Auslagen, Porto, Fahrtkosten, Telekommunikation) ersetzen lassen. Dagegen beende jede Vergütung der Tätigkeit des Geschäftsführers, die über den Ersatz der für die Geschäftsführung tatsächlich entstandenen Aufwendungen hinausgeht, die Privatheit der Veranstaltung. Insbesondere dürfe der Geschäftsführer dem Investmentclub nicht seine eigene Arbeitszeit in Rechnung stellen oder anderweitig aus seiner Geschäftsführung einen Profit (beispielsweise Mietzins für seine eigenen, jedoch für die Zwecke des Investmentclubs eingesetzten Räumlichkeiten, Gebühr für eine von ihm entwickelte Handelssoftware) ziehen wollen, der über seinen Anteil hinausgeht, der ihm wie jedem anderen Mitglied des Investmentclubs gemessen an seiner Kapitaleinlage zusteht.[614]

cc) Anwendung der Dispensvoraussetzungen auf die unselbständige Stiftung

Bei mithin grundsätzlicher Anwendbarkeit des Tatbestands der Finanzportfolioverwaltung auf selbstorganschaftlich geführte Sondervermögen und Dispens hiervon nur im Ausnahmefall erscheinen die von der Bundesanstalt entwickelten Kriterien und Maßstäbe geeignet, um eine sachgerechte Unterscheidung zwischen unterschwelligen, lediglich privaten Tätigkeiten und solchen Verhaltensweisen zu ermöglichen, die der Finanzaufsicht zu unterwerfen sind, weil sie diesen Rahmen überschreiten. Aufgrund dieser praktischen Ausrichtung und Formulierung der Kriterien ermöglichen sie eine taugliche und für die Rechtsanwender praktikable Unterscheidbarkeit von privaten und professionell genutzten Vereinigungen mit dem Zweck der gemeinschaftlichen Vermögensverwaltung.

Dabei orientieren sie sich an typischen Erscheinungs- und Organisationsformen solcher semi-professionellen Vermögensallokationen, wie sie auch im Bereich der unselbständigen Stiftungen häufig anzutreffen sind. Die Kriterien des Merkblatts sind aufgrund dieser Ausrichtung aber selbstredend nicht unmittelbar auf die hier maßgebliche unselbständige Stiftung übertragbar. Gleichwohl geben sie doch sinnvolle Anhaltspunkte für die hier interessierende Frage, unter welchen Voraussetzungen sich die Tätigkeit eines Geschäftsleiters für ein von ihm betreutes Vermögen als unerheblich im aufsichtsrechtlichen Sinne darstellt.

Die Anwendung des Gesichtspunkts der ausgeschlossenen Geschäftsführervergütung wird bezogen auf unselbständige Stiftungen eine ausnahmsweise Erlaubnisfreiheit in zahlreichen Fällen ausschließen. Hiervon werden lediglich Kleinststiftungen profitieren können, die ehrenamtlich von einem Stiftungsträger verwaltet werden.

---

614 BaFin (Fn 607), Ziffer 4.

Abseits der Fragen der Ausgestaltung der Leitungstätigkeit von Investmentclubs bzw. unselbständigen Stiftungen erscheinen die Vorgaben der Bundesanstalt für Finanzdienstleistungsaufsicht an Investmentclubs und deren Geschäftsführer, um als erlaubnisfrei erachtet werden zu können, nicht auf unselbständige Stiftungen übertragbar. So erachtet die Bundesanstalt Investmentclubs nur dann als ausnahmsweise erlaubnisfrei, wenn das einzelne Mitglied seine Mitgliedschaft in dem Investmentclub auf Basis der Clubstatuten jederzeit – auch ohne wichtigen Grund – kündigen kann; § 723 Abs. 2 Bürgerliches Gesetzbuch (BGB) bleibt unberührt. Nicht mehr angemessen sei jedenfalls eine Frist von mehr als sechs Monaten nach Ablauf des Monats, in dem die Kündigung ausgesprochen wurde.[615]

Demgegenüber setzt die unselbständige Stiftung Dauerhaftigkeit voraus.[616] Bei Errichtung der unselbständigen Stiftung als Treuhandverhältnis ist diese Dauerhaftigkeit allein durch einen Widerrufsverzicht erzielbar. Verzichtet der Stifter aber auf die Möglichkeit zum Widerruf und bindet sich grundsätzlich unauflöslich an den Stiftungsträger, so verliert das Auftragsverhältnis seinen nach den Kriterien der BaFin für eine Erlaubnisfreiheit erforderlichen privaten Charakter.

Erst recht muss dies bei einer schenkungsrechtlichen Charakterisierung gelten. Hier steht dem Stifter als Schenker eine Lösungsmöglichkeit lediglich bei unterbliebener Vollziehung der Auflage (§§ 525, 527 BGB) und bei Verarmung oder groben Undanks (§§ 528, 530 BGB) zur Verfügung. Er kann sich also nicht aus (allein) eigener Initiative von seiner Schenkung lösen. Das notwendige Kriterium einer Dauerhaftigkeit befreit den Stiftungsträger also von dem Damoklesschwert einer grundsätzlich möglichen Mandatsbeendigung. Diese Möglichkeit wäre aber unter entsprechender Anwendung der Leitlinien der BaFin für Investmentclubs zwingende Voraussetzung einer Erlaubnisfreiheit.

Hinzu kommt der Umstand, dass der Stifter über die Vorgaben des Stiftungsvertrags hinaus aber keinen rechtlich gesicherten Einfluss auf die Stiftungsverwaltung ausüben kann.

dd) Zwischenergebnis

Im Ergebnis lässt sich daher festhalten, dass die von der Bundesanstalt entwickelten Kriterien für die Erlaubnisfreiheit von Investmentclubs zwar insgesamt nicht auf die unselbständige Stiftung übertragbar sind. Soweit sich diese Kriterien

615 BaFin (Fn 607), Ziffer 3 lit. e.

616 Seite 14f.

allerdings spezifisch auf die Bedingungen der Tätigkeit der Geschäftsführer richten (lit. d) – keine Vergütung, keine Tätigkeit für andere Clubs; lit. h) – keine entgeltliche Anstellung von Mitarbeitern), sind diese auch auf den Träger einer unselbstständigen Stiftung sinnvoll übertragbar. Werden diese Voraussetzungen nicht eingehalten, verlässt gleichermaßen eine unselbständige Stiftung einen privaten Rahmen, der einer staatlichen Aufsicht nicht bedarf.

Dann erreichen solche unselbstständigen Stiftungen, die eine Vergütung des Stiftungsträgers für seine Tätigkeit vorsehen, ein Maß an Verbindlichkeit, das seitens der Finanzmarktaufsicht „*ernst zu nehmen*" ist. Die mit einer unselbständigen Stiftung verbundenen Bindungen sowohl des Stifters als auch des Stiftungsträgers verbieten es, die unselbständige Stiftung als „*private Veranstaltung*" aus der Finanzmarktaufsicht zu entlassen. Die strukturelle Übertragbarkeit der bei Investmentclubs anzutreffenden Organkonstellation spricht aber dafür, eine grundsätzliche Erlaubnispflicht dort wie in der unselbständigen Stiftung anzunehmen.

c) Zweipersonenverhältnis als Prämisse des Kreditwesengesetzes

Während die Bundesanstalt die herausgehobene und starke Stellung des Investmentclub-Geschäftsleiters als formales Kriterium der Erheblichkeit verstanden hat, zieht die verwaltungsgerichtliche Rechtsprechung[617] diesen Gesichtspunkt als Indiz für die materielle Frage heran, ob der Geschäftsleiter des Investmentclubs seine Tätigkeit primär als eigene Dienstleistung betreibt, die er dem Investmentclub – respektive der unselbständigen Stiftung – und damit einem Dritten „*für andere*" im Sinne des § 1 Abs. 1a Nr. 3 KWG anbietet. Der Geschäftsleiter stehe dann trotz seiner persönlichen gesellschaftsrechtlichen Beteiligung nicht im Lager der Gesellschaft, sondern dieser als Dienstleister gegenüber.

Gegen eine Einordnung der stiftungsverwaltenden Tätigkeit als Finanzportfolioverwaltung könnte in der Tat sprechen, dass der Stiftungsträger diese Vermögensverwaltung sachenrechtlich betrachtet nicht „*für andere*" ausübt, sondern sich mit der Anlage des ihm selbst dinglich zugeordneten Stiftungsvermögens befasst. Die Verwaltung des Stiftungsvermögens findet unter diesem Blickwinkel nicht in einem Zweipersonenverhältnis statt, sondern stellt sich als eine – wenn auch schuldrechtlich gebundene – Verwaltung eigenen Vermögens des Stiftungsträgers selbst dar.

617 BVerwG, Urteil v. 22.9.2004 - 6 C 29/03, NZG 2005, 265, 388.

Etwas anderes könnte dann gelten, wenn die Tätigkeit des Stiftungsträgers nicht allein sachenrechtlich gewürdigt wird, sondern entweder (a) als eine Tätigkeit dem Stifter gegenüber oder (b) unter dem Verständnis der unselbständigen Stiftung als quasijuristischer Person im Sinne *K. Schmidts* betrachtet wird. Unter diesen jeweils funktionalen Blickwinkeln könnte die unselbständige Stiftung als fingierter Rechtsträger und quasijuristische Person dem Stiftungsträger gleichsam wie ein Kunde dem Vermögensverwalter gegenüberstehen.

Unabhängig von der Frage, ob und unter welchem Gesichtspunkt die Tätigkeit des Stiftungsträgers durch einzelne Tätigkeitsbeschreibungen des § 1 Abs. 1, 1a KWG erfasst wird, drängt sich damit zunächst die Frage auf, ob diese aufsichtsrechtlich relevanten Tatbestände die Tätigkeit des Stiftungsträgers einer unselbständigen Stiftung systematisch überhaupt erfassen können. Denn diesen Tatbeständen ist gemein, dass sie strukturell ein – wohl durchgängig vertragliches – Schuldverhältnis zwischen zwei Rechtspersonen voraussetzen. Stets ist es auf der einen Seite ein Institut im Sinne des § 1 Abs. 1b KWG, das gegenüber einem Kunden auf der anderen Seite eine der in § 1 Abs. 1, 1a KWG genannten Tätigkeiten als Dienstleistung anbietet und erbringt.

Diese strukturelle Vorgabe wurde besonders anschaulich, als mit Inkrafttreten der 6. KWG-Novelle am 1. Januar 1998 der bis dahin nur wertpapierhandelsrechtlich definierte Tatbestand des *„Eigenhandels <u>für andere</u>“* als Finanzdienstleistung gemäß § 1 Abs. 1a Satz 2 Nr. 4 KWG in den Tätigkeitskatalog des Kreditwesengesetzes aufgenommen wurde,[618] der insbesondere in seiner Ausgestaltung als das Anschaffen oder Veräußern von Finanzinstrumenten für eigene Rechnung als Dienstleistung für andere (§ 1 Abs. 1a Satz 2 Nr. 4 Buchst. c KWG) hier von Interesse sein kann. Schon und gerade vor dem Horizont des Wertpapierhandelsrechts war klar, dass der Tatbestand des Eigenhandels für andere nur erfüllt sein konnte, wenn sich zwei Parteien als Anbieter und Kunde gegenübertraten. So stellt auch die Bundesanstalt in ihren Erläuterungen klar, dass den Eigenhändler eine besondere Beziehung zu einem Kunden auszeichnet, dem er unabhängig von der zivilrechtlichen Ausgestaltung des Geschäfts – i.d.R. Kaufvertrag – als Dienstleister gegenübertritt.[619] Andernfalls fehle es bereits an einer Dienstleistung, eine Wertpapierdienstleistung konnte dann per se nicht

---

618 Vgl. hierzu das Merkblatt der BaFin „Hinweise zu den Tatbeständen des Eigenhandels und des Eigengeschäfts“ vom 22. März 2011, zuletzt geändert am 24. Oktober 2014.

619 Vgl. hierzu das Merkblatt der BaFin „Hinweise zu den Tatbeständen des Eigenhandels und des Eigengeschäfts“ vom 22. März 2011, zuletzt geändert am 24. Oktober 2014, Ziff. 1 c) cc).

vorliegen.[620] Insoweit wurde vorausgesetzt,[621] dass der Abschluss eines Kaufvertrags stets im Kontext eines Auftrags- oder Geschäftsbesorgungsverhältnisses steht.[622] Nach weiterer Auffassung sei der Dienstleistungsaspekt dem Tatbestand des „*Eigenhandels für andere*" immanent, und es bedürfe ausdrücklich keines flankierenden Rechtsgeschäfts, aus dem sich dieser Charakter ergäbe.[623] Aufsichtsrechtlich relevant konnte also keinesfalls ein Eigenhandel ausschließlich im eigenen wirtschaftlichen Interesse sein, sondern nur ein Eigenhandel, der als Dienstleistung auf einen Dritten hin ausgerichtet ist.

Dieser Vergleich veranschaulicht, dass das Kreditwesengesetz in seinen hier maßgeblichen Tatbeständen voraussetzt, dass ein Institut auf der einen Seite einem Kunden auf der anderen Seite gegenübertritt.[624] Es werden mithin zweiseitige Rechtsverhältnisse erfasst. Zwar mögen anderweitige Betätigungen im Finanzsektor denkbar sein, die aus anderen Gründen einer Erlaubnispflicht unterliegen.[625] Die Durchführung von Bankgeschäften (§ 1 Abs. 1 KWG) und das Angebot von Finanzdienstleistungen (§ 1 Abs. 1a KWG) sind aber stets kundenbezogen und erfordern strukturell den Bezug zu (mindestens) einer Gegenpartei. Für die hier relevante Finanzportfolioverwaltung gemäß § 1 Abs. 1a Satz 2 Nr. 3 KWG kommt dies auch in dem Gesetzeswortlaut explizit zum Ausdruck, der nur die Vermögensverwaltungen erfasst, die ebenfalls „*für andere*" geleistet wird.

---

620 *Weber-Rey/Baltzer*, WM 1997, 2288, 2289.

621 *Plück/Schmutzler/Kühn*, Kapitalmarktrecht, S. 28.

622 Zum Streitstand vgl. *Schäfer*, in: Boos/Fischer/Schulte-Mattler, KWG, § 1 Rn 133; instruktiv zur Abgrenzung vom Eigenhandel für eigene Rechnung gemäß § 1 Abs. 3 Nr. 5 KWG *Zerwas/Hanten*, ZBB 2000, 44, 45f., die das Vorliegen einer entsprechenden Kundenorder als objektives Kriterium für maßgeblich halten.

623 Merkblatt der BaFin „Hinweise zu den Tatbeständen des Eigenhandels und des Eigengeschäfts" vom 22. März 2011, zuletzt geändert am 24. Oktober 2014, Ziff. 1 c) cc). Ob mit *Oelkers*, WM 2001, 340, 345, ein flankierendes Rechtsgeschäft, dass neben dem als Festpreisgeschäft ausgestalteten Kaufvertrag geschlossen wird, tatsächlich nicht erforderlich ist, muss allerdings bezweifelt werden. Entgegen dessen Auffassung ist diese Annahme nicht formalistisch, sondern dogmatisch konsequent, weil der tatbestandsnotwendigen Drittbezogenheit andernfalls die Grundlage fehlt. Dass aber das Tatbestandsmerkmal stets drittbezogen ist – nur hierauf kommt es in unserem Zusammenhang an –, ist aber unstreitig.

624 Zur notwendigen Trennung zwischen Vermögensinhaber und Vermögensverwalter vgl. auch *Sethe*, in: Handbuch der Vermögensverwaltung, § 5 Aufsichtsrecht, Rn 49.

625 *Kobbach*, BKR 2013, 233, 235 zur Abgrenzung von Hochfrequenzhändlern und Market Maklern mit bzw. ohne Kundenbezug.

d) Tätigkeit gegenüber dem Stifter im Treuhandmodell

aa) Prüfungsansatz der Bundesanstalt

Die Beantwortung der Frage, ob die Trägerschaft einer unselbständigen Stiftung auf Grundlage eines Treuhandverhältnisses eine Vermögensverwaltung für andere darstellt, muss sich an der Ausgestaltung der Trägerschaft selbst messen lassen. Es ist dabei zu prüfen, ob sich dieses Modell der Trägerschaft einer unselbständigen Stiftung, das insbesondere von professionellen Stiftungsträgern entgeltlich angeboten wird, unter den Tatbestand der Vermögensverwaltung subsumieren lässt.

Die Vermögensverwaltung ist in der Praxis in zwei grundlegend unterschiedlichen Konstellationen anzutreffen. Das sogenannte Vertretermodell bildet in Deutschland den nahezu durchgängig praktizierten Regelfall.[626] Hier bleibt der Auftraggeber dinglicher Eigentümer des verwalteten Vermögens. Der Vermögensverwalter vertritt diesen Vermögensinhaber rechtsgeschäftlich, wenn auch im Innenverhältnis beschränkt. In dieser Konstellation wird der Vermögensverwaltungsvertrag nach allgemeiner Ansicht als Geschäftsbesorgungsvertrag qualifiziert.[627] Die nur rechtgeschäftliche Vertretung entspricht offensichtlich nicht der einer unselbständigen Stiftung immanenten dinglichen Rechtsübertragung.

Hierzu passt demgegenüber das in den USA, Großbritannien und der Schweiz gebräuchliche [628] sog. Treuhandmodell besser. In diesem Modell überträgt der Vermögensinhaber das zu verwaltende Vermögen dinglich auf den Vermögensverwalter mit der Maßgabe, dieses Vermögen entsprechend der vereinbarten Anlagerichtlinie anzulegen. Dem Vermögensverwalter kommt insoweit eine fremdnützige Treuhänderstellung zu, er kann also über rechtlich eigenes, wirtschaftlich jedoch fremdes Vermögen verfügen, wobei er die im Innenverhältnis

---

626 *Möslein*, in: Bankrechts-Kommentar, 34. Kapitel: Vermögensverwaltung, Rn 10; *Schäfer, U.*, in: Handbuch des Kapitalanlagerechts, § 23 Vermögensverwaltung, Rn 14; *Walz*, in: Bankrechts-Handbuch, § 111 Vermögensverwaltung, Rn 6.

627 BGH, Urteil v. 23.10.2007 - XI ZR 423/06, BKR 200883; BGH, Urteil v. 4.4.2002 - III ZR 237/01, BKR 2002397 = ZIP 2002, 795; BGH, Urteil v. 29.10.1997 - XI ZR 260/96, NJW 1998449 = WM 1998, 21 = ZIP 1997, 2149; BGH, Urteil v. 29.03.1994 - XI ZR 31/93, NJW 19941861 = WM 1994, 834 = ZIP 1994, 693; BGH, Urteil v. 22.12.1966 - VII ZR 195/64, NJW 1967876 = BGHZ 46, 268; *Benicke,* Wertpapiervermögensverwaltung, S. 176ff., 192ff.; *Sethe,* Anlegerschutz im Recht der Vermögensverwaltung, S. 104f.; *Walz, T.*, in: Bankrechts-Handbuch, § 111 Vermögensverwaltung, Rn 20; *Hopt*, in: Festschrift für Robert Fischer, Berufshaftung und Berufsrecht der Börsendienste, Anlageberater und Vermögensverwalter, S. 237, 239f.

628 *Benicke*, Wertpapiervermögensverwaltung, S. 53.

mit seinem Kunden vereinbarten Regelungen und Einschränkungen zu beachten hat.[629]

Wesensmerkmal der unselbständigen Stiftung ist es, dass das Stiftungsvermögen auf den Stiftungsträger selbst übertragen wird. Der Stiftungsträger selbst ist sachenrechtlicher Eigentümer des Stiftungsvermögens und handelt insoweit im eigenen Namen. Aus dieser dinglichen Vermögensübertragung leitet indes insbesondere die Bundesanstalt für Finanzdienstleistungsaufsicht ab, dass der Schutzzweck des § 1 Abs. 1a Satz 2 Nr. 3 KWG nicht berührt sei.[630] Eine Verwirklichung dieses finanzaufsichtsrechtlichen Tatbestands sei somit ausgeschlossen.

Ausdrücklich bezogen auf die unselbständige Stiftung hat die Bundesanstalt für Finanzdienstleistungsaufsicht in ihrem Schreiben vom 9. Juni 2011[631] hierzu ausgeführt, dass die unselbständige Stiftung *„die endgültige Aussonderung des Stiftungsvermögens aus dem Vermögen des Stifters im Rahmen der ‚Zweckbindung des Vermögens auf Dauer' vorsieht"*.[632] Da der Stifter also den Zugriff auf das von ihm bereitgestellte Vermögen verloren hat, komme eine Tätigkeit des Stiftungsträgers für den Stifter im Rahmen der Stiftungsverwaltung nicht mehr in Betracht. Der Stifter handle somit nicht für fremde, sondern für eigene Rechnung. Auch wenn der Stiftungsträger sich bei der Annahme der Stiftung dem Stiftungszweck unterworfen habe, so bleibe er doch Eigentümer des Stiftungsvermögens. Die wirtschaftlichen Vor- und Nachteile der Verwaltung des Stiftungsvermögens träfen so auch ihn als Vermögensträger selbst, nicht den Stifter oder dessen Erben.[633] Überdies stünde bei der Verwaltung eines unselbständigen

---

629 *Möslein*, in: Bankrechts-Kommentar, 34. Kapitel: Vermögensverwaltung, Rn 11; vgl. hierzu BGH, Urteil v. 3.12.1998 - III ZR 288/96, NJW 1999, 1026.

630 Bundesanstalt für Finanzdienstleistungsaufsicht, Merkblatt - Hinweise zum Tatbestand der Finanzportfolioverwaltung, Ziffer 1c); ebenso *Schiffer/Pruns*, in: Heidel/Hüßtege, BGB, Vor § 80 Rn 57; *Werner*, ZErb 2013, 1, 5; *Geibel*, in: Non Profit Law Yearbook 2011/2012, Dachstiftungen, Stiftungszentren und Treuhandstiftungen, S. 49f., erkennt dabei aber zutreffend in der Tätigkeit einer Dachstiftung für eine selbständige Stiftung durchaus eine Tätigkeit *„für andere"*. Zu weitgehend erscheint indes dessen Annahme, das Fehlen eine Rückübertragungs- oder Herausgabeanspruchs spräche gegen die Annahme einer Finanzportfolioverwaltung, *Geibel*, in: BeckOGK, § 80 Rn 698.

631 Bundesanstalt für Finanzdienstleistungsaufsicht, Verwaltung treuhänderischer Stiftungen und Erlaubnispflicht nach dem KWG v. 9. Juni 2011 – Q33-QF 5100-2011/0073 (39379); *Geibel*, in: BeckOGK, § 80 Rn 698.

632 Zustimmend *Zimmermann*, NJW 2012, 3277, 3280.

633 So auch *Schiffer/Pruns*, npoR 2011, 78, 82.

Stiftungsvermögens keine Vermögensverwaltung im Sinne des bankwirtschaftlichen Verkehrsverständnisses im Vordergrund.[634]

Gemäß dieser Argumentation erbringt der Stiftungsträger, der das Stiftungsvermögen verwaltet und zweckentsprechend einsetzt, diese Dienste sachenrechtlich betrachtet allein sich selbst gegenüber. Im Kern stützen sich die Bundesanstalt und die sie unterstützenden Autoren mithin auf das Fehlen eines von dem Kreditwesengesetz vorausgesetzten zweiseitigen Rechtsverhältnisses zwischen einem Institut und einem Kunden. Dessen Vorschriften erscheinen daher zunächst auf die unselbständige Stiftung nicht anwendbar.

Wie darzustellen sein wird, vermag diese Auffassung aber im Ergebnis nicht zu überzeugen. Der Einordnung der Treuhandstiftung als Vermögensverwaltung im Sinne des Kreditwesengesetzes steht (sogleich unter bb)) zum einen nicht entgegen, dass die Treuhandstiftung zwar die endgültige Vermögensübertragung auf den Stifter vorsieht. Zum anderen (sogleich unter cc)) trifft es nicht zu, dass der Stiftungsträger das Stiftungsvermögen auf eigene Rechnung verwaltet.

Ob bei dieser Tätigkeit des Stiftungsträgers eine Vermögensverwaltung im Sinne des bankwirtschaftlichen Verkehrsverständnisses im Vordergrund stehe,[635] kann dabei keine Rolle spielen. Denn sobald ein Tatbestand verwirklicht ist, kann es nicht mehr darauf ankommen, ob ein tatbestandsbegründender Tätigkeitsaspekt im Vordergrund der Tätigkeit (aus wessen Perspektive?) steht. Ohnehin erscheint das bankwirtschaftliche Verkehrsverständnis als Abgrenzungskriterium schon zu unscharf.

bb) Endgültige Vermögensaussonderung des Stifters unschädlich

Nicht überzeugen kann zunächst der von der Bundesanstalt gegen eine Erlaubnispflicht ins Feld geführte Umstand, dass die stiftungsrechtlich notwendige, endgültige Aussonderung des Stiftungsvermögens aus dem Vermögen des Stifters als Ausdruck der Zweckbindung des Vermögens auf Dauer vorsieht.[636] Denn für die Frage, ob eine solche stiftungsverwaltende Tätigkeit eine Erlaubnispflicht auslöst, ist nur das Verhalten des potentiell Erlaubnispflichtigen von Belang. Nach dieser allein maßgeblichen Perspektive ist eine Erlaubnispflicht

---

634 Zustimmend *Fischer/Figatowski*, Stiftungsbrief 12/2009, S. 236; *Fritsche*, ZSt 2005, 272, 276.

635 *Fischer/Figatowski*, Stiftungsbrief 12/2009, S. 236; *Fritsche*, ZSt 2005, 272, 276.

636 Bundesanstalt für Finanzdienstleistungsaufsicht, Verwaltung treuhänderischer Stiftungen und Erlaubnispflicht nach dem KWG v. 9. Juni 2011 – Q33-QF 5100-2011/0073 (39379).

bereits dann anzunehmen, wenn das Treugut gerade dem Anbieter nicht endgültig zugeordnet, ihm also fremd ist. Wem das von dem Stifter entäußerte Stiftungsvermögen demgegenüber positiv zuzuordnen ist, kann indes aber keine entscheidende Rolle spielen. Dies kommt bereits im Gesetzeswortlaut zum Ausdruck, der von einer Vermögensverwaltung *„für andere"* spricht. Wem konkret dieses Vermögen zusteht, ist nach dem Wortlaut also nicht entscheidend. Insbesondere kommt es nicht darauf an, dass das Treugut gerade dem Kunden des Vermögensverwalters sachenrechtlich zugewiesen ist. Maßgeblich ist stattdessen allein, dass der Vermögensverwalter nicht eigenes Vermögen verwaltet.[637] Im Ergebnis kann es – abweichend von der Argumentation der Bundesanstalt – nicht darauf ankommen, ob das Stiftungsvermögen aus dem Vermögen des Stifters ausgesondert ist. Stattdessen ist allein eine Vermögenszuordnung bei dem Stiftungsträger in den Blick zu nehmen.

Daher ist es auch unschädlich, dass der Stifter bei Errichtung einer unselbständigen Stiftung regelmäßig auf sein ordentliches Kündigungsrecht verzichten wird, um auf diese Weise die Dauerhaftigkeit der Stiftungserrichtung zu dokumentieren. Denn hiervon unbeeinträchtigt bleibt die Möglichkeit des Stifters oder seiner Erben, die Tätigkeit des Stifters bei Vorliegen hinreichender Gründe durch außerordentliche Kündigung zu beenden.[638] Überdies steht die Treuhandstiftung zumindest unter dem Vorbehalt einer Kündigung durch den Stiftungsträger selbst. Diese darf zwar nicht zur Unzeit erfolgen, sondern muss dem Stifter die Möglichkeit geben, einen anderen Stiftungsträger auszuwählen und mit der weiteren Verwaltung des Stiftungsvermögens zu beauftragen, ohne das steuerliche Privileg der Gemeinnützigkeit zu gefährden. Insoweit hat es der Stiftungsträger in der Hand, sich durch einseitige Erklärung von dem ihm zugewiesenen Stiftungsvermögen zu lösen. Auch kann er nicht über sein Vermögen wie über eigenes ungebunden verfügen, weil in diesem Falle die außerordentliche Kündigung des Stifters oder seiner Erben droht. Hieran wird deutlich, dass die Errichtung einer unselbständigen Stiftung aus der maßgeblichen Perspektive des Stiftungsträgers eine endgültige Vermögensverschiebung *zu diesem* gerade nicht bewirkt. Die dingliche Vermögensübertragung an den Stifter steht daher einer Verwirklichung des Tatbestands der Finanzportfolioverwaltung *„für andere"* im Sinne des § 1 Abs. 1 a Nr. 3 KWG nicht entgegen.

---

637 *Schäfer, Frank A.*, in: Festschrift für Norbert Horn zum 70. Geburtstag, Die Auslegung von § 1 Abs. 1, 1a KWG durch die BaFin im Lichte der Rechtsprechung, Zivil- und Wirtschaftsrecht im europäischen und globalen Kontext, Rn 159.

638 Vgl. B.II.2.

cc) Stiftungsverwaltung für fremde Rechnung

Die Überlegungen der Bundesanstalt für Finanzdienstleistungsaufsicht lassen ferner unberücksichtigt, dass der Stiftungsträger auch im Rahmen der regulären Tätigkeit der Stiftungsverwaltung nur schuldrechtlich gebunden über das Stiftungsvermögen verfügen kann und dabei die ihm erteilten Auflagen, insbesondere den Stiftungszweck, zu beachten hat. Angesichts dieser nur gebundenen Verfügungsmöglichkeit könnte in der Tätigkeit des Stiftungsträgers – soweit sie vermögensverwaltend im Sinne des § 1 Abs. 1a Nr. 3 KWG ist – eine erlaubnispflichtige Tätigkeit gesehen werden.[639]

So trifft es auch nicht zu, dass der Stiftungsträger bei der Verwaltung des Stiftungsvermögens nicht auf fremde, sondern auf eigene Rechnung handle.[640] Zwar ist unstreitig richtig, dass das Stiftungsvermögen dem Stiftungsträger dinglich zugeordnet ist. Die dingliche Zuordnung von Vermögensgegenständen kann aber für die Frage, ob deren Verwaltung und hierauf bezogene Verfügungen für eigene oder fremde Rechnung erfolgen, keine – zumindest keine abschließende – Antwort bieten.[641]

Bitter hat stattdessen angeführt, dass das Kommissionsgeschäft gemäß § 392 HGB einen Modellcharakter für Treuhandverhältnisse entfaltet.[642] Unbeschadet des Umstands, dass eine Forderung dem Kommissionär nach § 391 Abs. 1 HGB als eigene zusteht, werden solche Forderungen nach § 392 Abs. 2 HGB dem Kommittenten wirtschaftlich zugewiesen und erhält dieser Vollstreckungsschutz. Der Grund hierfür liegt allein in dem hinter der Kommission stehenden schuldrechtlichen Auftragsverhältnis.[643]

Die allenfalls indizielle Bedeutung sachenrechtlicher Vermögenszuordnungen für die Frage der wirtschaftlichen Berechtigung wird ferner im Wortlaut des § 47 Satz 1 InsO deutlich, der ein Aussonderungsrecht als Ausdruck der wirtschaftlichen Vermögenszuordnung demjenigen zubilligt, der aufgrund eines dinglichen *oder persönlichen* Rechts geltend machen kann, dass ein Gegenstand

---

639 *Fischer*, npoR 2012, 9.

640 Bundesanstalt für Finanzdienstleistungsaufsicht, Verwaltung treuhänderischer Stiftungen und Erlaubnispflicht nach dem KWG v. 9. Juni 2011 – Q33-QF 5100-2011/0073 (39379), Seite 2.

641 *Bitter*, Rechtsträgerschaft für fremde Rechnung, S. 291 m.w.N., insbesondere *Scharrenberg*, Die Rechte des Treugebers in der Zwangsvollstreckung, S. 121ff.; *Walter*, Das Unmittelbarkeitsprinzip bei der fiduziarischen Treuhand, S. 56ff.

642 *Bitter*, Rechtsträgerschaft für fremde Rechnung, S. 189ff.

643 *Bitter*, Rechtsträgerschaft für fremde Rechnung, S. 282.

nicht zur Insolvenzmasse gehöre.[644] Zwar können selbstverständlich nicht sämtliche persönlichen Rechte ein Aussonderungsrecht begründen. Insbesondere die insolvenzrechtliche Literatur und Rechtsprechung verfolgen aufgrund der masseschmälernden Folge der Gewährung von Aussonderungsrechten eine tendenziell enge Grenzziehung, für die in der Rechtsprechungshistorie unterschiedliche Abgrenzungskonzepte nach der Vermögensherkunft,[645] der Offenkundigkeit der treuhänderischen Bindung[646] und der Bestimmtheit getrennt verwalteter Vermögensgegenstände[647] entwickelt oder herangezogen wurden. Prominent ist hier die seit dem Reichsgericht in der Rechtsprechung anerkannte und trotz aller Kritik[648] zumindest bislang nicht ausdrücklich aufgegebene Notwendigkeit einer unmittelbaren Vermögensübertragung durch den Treuhänder zu benennen („*Unmittelbarkeitsprinzip*").[649]

Unabhängig davon, welchem Kriterium für die Anerkennung eines Treuhandverhältnisses als insolvenzfest der Vorzug zu geben ist, [650] entspricht es für den Fall der als Treuhandverhältnis konzipierten unselbständigen Stiftung herrschender Auffassung, dass in der Insolvenz des Stiftungsträgers der Stifter bzw. dessen Rechtsnachfolger zu Aussonderung des Stiftungsvermögens berechtigt sind.[651] In der Insolvenz des Stifters erlischt das Geschäftsbesorgungs- bzw. Auftragsverhältnis des Stifters zum Stiftungsträger qua Gesetz, sodass nach überwiegender Auffassung[652] das Stiftungsvermögen von dem Stiftungsträger an die Insolvenzmasse des Stifters herauszugeben ist.[653] Dass nach Auffassung *Westebbes* dieses Aussonderungsrecht den Destinatären zukommt, steht dem nicht

---

644 *Scharrenberg*, Die Rechte des Treugebers in der Zwangsvollstreckung, S. 124ff.

645 OLG Naumburg, Urteil v. 20.12.2001 - 2 U 56/01, WM 2003, 1668; mit ähnlicher Begründung BGH, Urteil v. 7.4.1959 - VIII ZR 219/57, NJW 1959, 1223.

646 BGH, Urteil v. 5.11.1953 - IV ZR 95/53, NJW 1954, 190; offenlassend BGH, Urteil v. 26.04.2003 - IX ZR 75/01, NZI 2003, 594.

647 BGH, Urteil v. 24.6.2003 - IX ZR 120/02, NZI 2003, 549 unter Hinweis auf *Henssler*, AcP 1996 (196), 37.

648 Vgl. hierzu mit zahlreichen Nachweisen *Bitter*, Rechtsträgerschaft für fremde Rechnung, S. 51, 75ff.

649 Vgl. zur Insolvenz des Treuhänders *Ganter*, in: MünchKommInsO, § 47 Rn 390c; *Brinkmann*, in: Uhlenbruck/Berscheid, InsO, § 47 Rn 79f.

650 Zu deren Ausgestaltungen und dem jeweiligen Meinungsstand zu deren Behandlung in der Insolvenz vgl. *Ganter*, in: MünchKommInsO, § 47 Rn 355ff.

651 Vgl. oben B.II.3.c)

652 A.A. *Westebbe*, Die Stiftungstreuhand, S. 142.

653 Vgl. B.II.3.b).

entgegen. Jedenfalls fällt das Stiftungsvermögen nicht in das Vermögen des Stiftungsträgers, kommt nicht dessen persönlichen Gläubigern zu und ist diesem daher auch wirtschaftlich nicht zuzuordnen.[654]

Dies bestätigt den Befund, dass das Stiftungsvermögen im Wege des Treuhandmodells errichteter unselbständiger Stiftungen wirtschaftlich nicht dem Stiftungsträger, sondern dem Stifter zugewiesen ist. Der Stiftungsträger verwaltet das Stiftungsvermögen mit nicht für eigene, sondern für fremde Rechnung.

Für die als Auflagenschenkung errichtete unselbständige Stiftung ist das Aussonderungsrecht des Stifters in der Insolvenz des Stiftungsträgers umstritten und wie dargetan kritisch zu betrachten.[655] Hier wird hinzunehmen sein, dass das Stiftungsvermögen im Vermögen des Stifters in dessen Insolvenz den Gläubigern des Stiftungsträgers zusteht, ohne dass der Stifter, dessen Erben oder gar Destinatäre ein Aussonderungsrecht geltend machen könnten und sind die aufsichtsrechtlichen Folgen gesondert zu untersuchen.[656]

dd) Zwischenergebnis

Die von der Bundesanstalt für Finanzdienstleistungsaufsicht vorgetragene Argumentation, das Stiftungsvermögen der unselbständigen Stiftung sei endgültig aus dem Vermögen des Stifters ausgeschieden und würde vom Stiftungsträger für eigene Rechnung verwaltet, trifft im Ergebnis zumindest im Falle der treuhänderischen Auftragsverwaltung nicht zu. Dieser Typus wird wie dargetan insbesondere in denjenigen Konstellationen eingesetzt werden, in denen der Stiftungsträger selbst von dem Stiftungszweck abweichende Zwecke verfolgt und die Stiftungsverwaltung im Kern als Dienstleistung für Stifter entgeltlich anbietet.

Somit sind es gerade die professionell-entgeltlichen Stiftungsträgerschaften, die in der Form des Treuhandmodells durchaus und entgegen der Rechtsansicht der Bundesanstalt den Tatbestand der Finanzportfolioverwaltung im Sinne des § 1 Abs. 1a Nr. 3 KWG verwirklichen. Der für dieses divergierende Ergebnis entscheidende Gesichtspunkt ist, dass es entgegen der Herangehensweise der Bundesanstalt gerade nicht auf einen endgültigen auf den die „endgültige Aussonderung des Stiftungsvermögens aus dem Vermögen des Stifters“[657] ankommt,

---

654 Vgl. oben B.II.3.c).

655 Vgl. B.III.3.

656 Vgl. sogleich unter C.III.3.e).

657 So Bundesanstalt für Finanzdienstleistungsaufsicht, Verwaltung treuhänderischer Stiftungen und Erlaubnispflicht nach dem KWG v. 9. Juni 2011 – Q33-QF 5100-2011/0073 (39379), Seite 2.

sondern allein aus der Perspektive des Stiftungsträgers zu klären ist, ob er das Stiftungsvermögen als eigenes verwaltet. Dies ist im Rahmen des Treuhandmodells nicht der Fall.

e) Tätigkeit des Stiftungsträgers im Falle der Schenkung unter Auflage

aa) Tätigkeit des Stiftungsträgers auf eigene Rechnung

Anders mag es sich demgegenüber verhalten, wenn die unselbständige Stiftung als Schenkung unter Auflage konzipiert ist und der Stifter das Stiftungsvermögen somit schenkweise auf den Stiftungsträger überträgt. Dies wird vornehmlich in denjenigen Fällen anzunehmen sein, in denen auch der Stiftungsträger selbst einen vergleichbaren (regelmäßig gemeinnützigen) Zweck verfolgt und die Umsetzung des ihm gesetzten Stiftungszwecks nicht als bloße Dienstleistung, sondern aus eigener Motivation heraus verfolgt.

In diesem Fall der Schenkung unter Auflage haben der Stifter bzw. die zuständige Behörde im Ausgangspunkt lediglich einen Anspruch auf Vollziehung der vereinbarten Auflage, § 525 Abs. 1, 2 BGB. Einen Herausgabeanspruch haben Stifter oder die zuständige Behörde demgegenüber nur unter den für das Rücktrittsrecht bei gegenseitigen Verträgen bestimmten Voraussetzungen nach den Vorschriften – und demgemäß auch nur unter den Einschränkungen des § 818 BGB – über die Herausgabe einer ungerechtfertigten Bereicherung, § 527 BGB. Dementsprechend wurde bereits festgestellt, dass das Vermögen der unselbständigen Stiftung im Grundsatz für die Verbindlichkeiten des Stiftungsträgers haftet und hierauf zugegriffen werden kann, und zwar unabhängig davon, ob diese Verbindlichkeiten des Stiftungsträgers in ihrer Begründung Bezug zu der unselbständigen Stiftung haben.[658] In der Insolvenz des Stifters begründet der in der Ausgestaltung als Schenkung liegende Verzicht auf den auftrags- bzw. geschäftsbesorgungsrechtlichen Herausgabeanspruch gemäß § 667 BGB die endgültige Vermögenszuordnung. Im Falle der Insolvenz des Stifters wie auch des Stiftungsträgers findet ein Vermögensrückfall in die Insolvenzmasse des Stifters bzw. zugunsten eines zum Vollzug der Auflage Berechtigten oder an einen anderen Stiftungsträger grundsätzlich nicht statt.[659] Ein insolvenz- oder vollstreckungsspezifisches Rückforderungsrecht besteht dann allenfalls nach den Grundsätzen der Schenkungsanfechtung.[660]

---

658 Vgl. B.III.3.

659 Anfechtungen gemäß § 4 AnfG oder §§ 129ff. InsO richten sich gegen den ursprünglichen Rechtsübergang selbst, bewirken aber keine Rückführung von Vermögenswerten.

660 Vgl. B.III.2.

Die Auflagenschenkung unterscheidet sich von dem Treuhandmodell ferner unter dem Gesichtspunkt, dass im Falle der Unmöglichkeit der Stiftungszweckerreichung der Vermögensanfall an den Stiftungsträger eintritt.[661] In diesem Fall findet mithin kein Rückfluss des Stiftungsvermögens an den Stifter oder dessen Rechtsnachfolger statt.

Insoweit ergibt sich eine endgültige Vermögenszuordnung an den Stiftungsträger, die die Auflagenstiftung dem Tatbestand der Finanzportfolioverwaltung entzieht. Auch unter der aufsichtsrechtlich gebotenen, wirtschaftlichen Betrachtungsweise, die noch eine Subsumtion der Vermögensverwaltung in Treuhandschaft unter den Tatbestand der Finanzportfolioverwaltung eröffnete,[662] kommt eine solche Subsumtion der Auflagenstiftung nicht in Betracht. Hier schlägt sich die gegen die Treuhandstiftung gerichtete Kritik, die Vermögensübertragung sei nur von eingeschränkter Dauerhaftigkeit,[663] dergestalt nieder, dass dieses Defizit der Treuhandstiftung unter dem Gesichtspunkt der unvollkommenen Vermögensübertragung auch aufsichtsrechtlich durchschlägt und den Schutz des Stifters, dessen Rechtsnachfolger oder der Destinatäre verlangt.

Demgegenüber kommt eine unmittelbare Subsumtion unter den Tatbestand der Finanzportfolioverwaltung gemäß § 1 Abs. 1a Nr. 3 KWG gegenüber dem Stifter daher im Falle der Stiftung unter Auflage – und daher regelmäßig bei einem Gleichlauf des Stiftungsträger- und Stiftungszweck – zunächst nicht in Betracht.

bb) Simulierte Drittbezogenheit

aaa) Wirtschaftliche Betrachtungsweise

Im Rahmen der hier interessierenden finanzaufsichtsrechtlichen Fragestellung ist allerdings zu beachten, dass auch den übrigen Bankgeschäften und Finanzdienstleistungen keine streng dogmatische Betrachtungsweise zugrunde liegt. Stattdessen ist eine wirtschaftliche Gesamtbetrachtung zugrunde zu legen und die innere Ausgestaltung der relevanten Geschäftsbeziehung in den Blick zu nehmen.[664]

---

661 Vgl. B.III.1.

662 Vgl. C.III.3.d)cc).

663 Vgl. B.II.1.

664 *Sethe*, in: Handbuch der Vermögensverwaltung, § 5 Aufsichtsrecht, Rn 50, Handbuch der Vermögensverwaltung weist dies anhand des Depotgeschäfts nach, das unabhängig von der sachenrechtlichen Zuordnung der Wertpapiere bei dem Verwahrer oder dem Kunden vorliegen kann.

Insbesondere *Fischer* befasst sich mit der Frage, ob der Herausgabeanspruch des Stifters gemäß § 527 BGB im Falle der Missachtung der Auflage oder bei Verarmung des Stifters gemäß § 528 BGB den Schutzbereich des § 32 KWG eröffnet. Er beantwortet diese abschlägig, weil hierin – insoweit nachvollziehbar – eine Überspannung der einschlägigen KWG-Normen liege.[665] Inhaltlich kann dies um die Begründung ergänzt werden, dass diese Vorschriften keine Vereinbarung eines frei ausübbaren Rückforderungsrechts im Sinne des verwaltungsrechtlichen Verständnisses darstellen. Stattdessen handelt es sich hierbei jeweils um subsidiäre Notbehelfe,[666] die gerade nicht Wesensbestandteil eines im Vorhinein vereinbarten Geschäftsmodells sind, sondern als spezifische und verdrängende Rechtsfolgenregelung im Falle des Wegfalls der Geschäftsgrundlage zu verstehen sind.[667]

Hinsichtlich der ordnungsgemäßen Stiftungsverwaltung im Übrigen können zwar auch andere Vollzugsberechtigte – insbesondere die Destinatäre der unselbständigen Stiftung – deren ordnungsgemäße Umsetzung stiftungsrechtlich verlangen. Die hier vorzunehmende wirtschaftliche Betrachtungsweise hat indes unter der Perspektive der finanzaufsichtsrechtlichen Vorgaben zu erfolgen. Diese knüpft schon dem Wortlaut nach an das zu verwaltende Vermögen an und wird mithin gegenüber dem Vermögensinhaber selbst erbracht. Vermögensinhaber sind die Vollzugsberechtigten indes nicht. Zwar mag deren Einbeziehung in einen Drittschutz des Vermögensverwaltungsvertrags ohne weiteres denkbar und auch naheliegend.[668] Ein solcher Drittschutz setzt aber zunächst das Vorliegen eines solchen Vermögensverwaltungsvertrags mit einem Vermögensinhaber als (Haupt-)Vertragspartei notwendig voraus. Diese Vertragspartei kann mithin weder der Stifter (der sein Vermögen übertragen hat) noch die Vollzugsberechtigten sein, die unstreitig nicht, auch nicht wirtschaftliche Inhaber des Stiftungsvermögens werden, sondern allenfalls Erträge daraus beanspruchen können.[669] Ohne eine solche Vertragspartei entfällt dann aber die erforderliche Drittbezogenheit des Vermögensverwaltungsvertrags selbst.

Diese Ablehnung einer Drittbezogenheit aus dogmatischen Gründen – dem endgültigen Vermögensübergang auf den Stiftungsträger – wird allerdings in Frage gestellt, wenn der Vermögensverwaltungsvertrag des Stiftungsträgers

665 *Fischer*, npoR 2012, 7, 9.
666 So für den Fall des Nichtvollzug der Auflage auch *Fischer*, npoR 2012, 9.
667 OLG Düsseldorf, Urt. v. 12.7.1965 - 18 U 125/64, NJW 1965, 1659.
668 Vgl. OLG Karlsruhe, Urt. v. 4. 12. 2012 – 17 U 93/12, WM 2013, 698.
669 So auch *Westebbe*, Die Stiftungstreuhand, S. 107.

nicht in seinem Verhältnis insbesondere zu dem Stifter als möglichen „*Kunden*" gesucht wird, sondern dieser seine Tätigkeit gegenüber der Stiftung selbst als gedachte Rechtsperson erbringt. Diese Betrachtungsweise erscheint unter der Perspektive *K. Schmidts* und seiner These von der unselbständigen Stiftung als virtueller juristischer Person durchaus naheliegend.[670] Dieser geht im Kern davon aus, dass der Stiftungsträger aufgrund seiner schuldrechtlichen Verpflichtung zur Verwaltung und Verwendung des Stiftungsvermögens in eine Quasi-Organstellung im Verhältnis zum Stiftungsvermögen, einer gedachten Rechtsperson, gebracht wird. Der innere Organisations- und Pflichtenrahmen einer juristischen Person werde auf diese Weise simuliert.

Wenn aber das Stiftungsvermögen zwar dogmatisch weiterhin unselbständig bleibt, die Parteien aber durch die Gestaltung ihrer Rechtsgeschäfte eine quasiorganschaftliche Bindung des Stiftungsträgers gegenüber dem Stiftungsvermögen simulieren, ist damit das Stiftungsvermögen als simulierter Rechtsträger auch als geeigneter Bezugspunkt und als Empfänger einer Dienstleistung des Stiftungsträgers vorstellbar, die dann im nächsten Schritt möglicherweise tatbestandlich im Sinne des § 1 Abs. 1, 1a KWG sein könnte. In diesem Sinne könnte die unselbständige Stiftung nicht nur virtuelle juristische Person, sondern auch virtueller Kunde eines Bankgeschäfts (§ 1 Abs. 1 KWG) oder einer Finanzdienstleistung (§ 1 Abs. 1a KWG) sein. Mit *K. Schmidts* These hat diese Annahme gemein, dass die unselbständige Stiftung virtueller Rechtsträger ist, gegenüber dem der Stiftungsträger zur ordnungsgemäßen Verwaltung und Verwendung des Stiftungsvermögens verpflichtet ist.

Es steht damit die Frage im Raum, ob das durch die Fiktion (zumindest) einer Rechtsfähigkeit der unselbständigen Stiftung simulierte Rechtsverhältnis zwischen ihr und dem Stiftungsträger zwingend und ausschließlich organschaftlich zu qualifizieren ist, der Stiftungsträger also *für* die unselbständige Stiftung tätig wird, und / oder ob zwischen Stiftung und Stiftungsträger nicht (auch) ein Auftrags- oder Geschäftsbesorgungsverhältnis über eine Vermögensverwaltung besteht, auf dessen Grundlage der Stiftungsträger *gegenüber* der unselbständigen Stiftung agiert.

bbb) Der Stiftungsträger als Handlungsorgan

Wenn aber mit der Begründung einer unselbständigen Stiftung deren Rechtsfähigkeit oder gar -persönlichkeit simuliert wird, gehört es zur Konsequenz, dass diese Simulation auch eine Handlungsorganisation abbilden muss.[671] Denn nur

---

670 Vgl. Seite 60ff.

671 Vgl. Seite 78ff.

dann ist die Simulation vollständig und anwendbar. Das bloße Erdenken eines Rechtsträgers, der ohne Handlungsorgan im Raum stünde, bliebe auf halber Strecke stehen und könnte die Rechtsverhältnisse nicht überzeugend simulieren. Stattdessen soll die Simulation dem Zweck dienen, einen Rechtsträger gerade als Zuordnungspunkt zu fingieren, dem Vermögenswerte – hier das Stiftungsvermögen – zugeordnet werden können. Dieser Zweck kann aber nur sinnvoll erreicht werden, wenn der Rechtsträger auch im Stande ist, durch Quasi-Organe tätig zu sein und seine Interessen gerade auch hinsichtlich der ihm zugewiesenen Vermögensgegenstände wahrzunehmen. Wenn dieses fingierte Zuordnungssubjekt aber kein Handlungsorgan hätte, wäre die Fiktion unvollständig und misslungen. Auch für die Fiktion der unselbständigen Stiftung als quasi-juristische Person muss wie für jeden sonstigen rechtsfähigen Verband gelten, [672] dass sie nicht ohne Handlungsorgan sein darf.

Handlungsorgan der unselbständigen Stiftung als gedachter juristischer Person kann nur der Stiftungsträger sein. Denn gerade dessen quasi-organschaftliche Stellung begründet dessen quasi-organschaftliche Verpflichtung in dem von *K. Schmidt* entwickelten Modell. Damit steht aber auch fest, auf welcher Seite der Stiftungsträger in einem aufsichtsrechtlich zu prüfenden Rechtsverhältnis jedenfalls zumindest stehen muss: er steht sicherlich auf der Seite der unselbständigen Stiftung als Auftraggeberin und potentieller Kundin eines Bankgeschäfts oder einer Finanzdienstleistung.

ccc) Der Stiftungsträger als Geschäftsbesorger

α) Doppelfunktion des Stiftungsträgers

Die Annahme eines Bankgeschäfts oder einer Finanzdienstleistung gemäß § 1 Abs. 1, 1a KWG kommt damit nur unter der weiteren Annahme in Betracht, dass der Stiftungsträger neben seiner Rolle als Quasi-Handlungs- und -Vertretungsorgan der unselbständigen Stiftung als gedachtem Rechtsträger zusätzlich auch als Erbringer eines Bankgeschäfts oder einer Finanzdienstleistung tätig wird. Dies würde bedeuten, dass er anlässlich der Entfaltung von Tätigkeiten nach § 1 Abs. 1, 1a KWG in einer Doppelfunktion aufträte.

Die Tätigkeit einer natürlichen Person in doppelter Funktion an einem Rechtsgeschäft, nämlich einerseits in eigener Sache oder Organtätigkeit und andererseits als Vertreter seines Vertragspartners, ist in der Rechtsordnung

672 *K. Schmidt*, Gesellschaftsrecht, § 10 I 1 b) (S. 248); *Wiedemann*, Gesellschaftsrecht, § 4 III 3 a) (S. 212).

grundsätzlich nicht unbekannt. § 181 BGB nimmt auf solche In-sich-Geschäfte unmittelbar Bezug und zieht der Tätigkeit eines (organschaftlichen[673] wie auch rechtgeschäftlichen[674]) Vertreters Grenzen. Diese sind indes praktisch leicht überwindbar und schließen ein solches Agieren in Doppelfunktion und unter Wahrnehmung von Eigen- und Fremdinteressen praktisch nicht aus.

Dies beantwortet indes nicht die Frage, ob der Stiftungsträger hier auch tatsächlich in aufsichtsrechtlich relevanter, doppelter Funktion, also sowohl als Organ der unselbständigen Stiftung als darüber hinaus auch in eigener Sache als Anbieter einer Bank- oder Finanzdienstleistung tätig wird.

β) Eigengeschäft der Stiftung oder In-sich-Geschäft des Stiftungsträgers

Vor diesem Hintergrund bleibt für Fälle entgeltlicher Stiftungsträgerschaften die Frage zu vertiefen, ob die Tätigkeit des Stiftungsträgers einer unselbständigen Stiftung überhaupt eine Tätigkeit *„für andere“* im Sinne des § 1 Abs. 1a Satz 2 Nr. 3 KWG darstellt, oder ob diese Tätigkeit des Stiftungsträgers nicht bloß organschaftliches Handeln der unselbständigen Stiftung selbst ist.

Für Investmentclubs hat sich das Bundesverwaltungsgericht hiermit in der bereits angesprochenen Entscheidung aus dem Jahr 2004 befasst.[675] Gegenstand des Rechtsstreits war die Klage eines Geschäftsführers einer Gesellschaft bürgerlichen Rechts, deren Zweck gerade die gemeinsame Anlage des von den Gesellschaftern erbrachten Kapitals in verschiedenen Finanzinstrumenten war. Das seinerzeit zuständige Bundesaufsichtsamt für das Kreditwesen (BAKred) ordnete diese Tätigkeit als Finanzportfolioverwaltung ein und untersagte die Tätigkeit des Klägers als Geschäftsleiter dieser Gesellschaft bürgerlichen Rechts.

Ausgangspunkt der Entscheidung war die hier interessierende Frage, ob es sich hierbei um eine Tätigkeit *„für andere“* im Sinne des KWG handelte, wobei der maßgebliche Gesichtspunkt der Rechtssubjektivität des Dienstempfängers deutlicher in der Formulierung der dem KWG zugrundeliegenden Richtlinie[676] *„für Dritte“* zur Geltung kommt. Der dortige Kläger plädierte, er habe als Organ der Gesellschaft bürgerlichen Rechts gehandelt. Diese sei nach der Entscheidung

---

673 Hierzu *Willer/Krafka*, NZG 2006, 495; *Hauschild*, ZIP 2014, 954.

674 Allg. M., vgl. *Schilken*, in: Staudinger, BGB, § 181 Rn 19 m.w.N.; aus der Rechtsprechung BGH, Urt. v. 6.10.1960 - II ZR 215/58, BGHZ 33, 189.

675 BVerwG, Urteil v. 22.9.2004 - 6 C 29/03, NZG 2005, 265.

676 RL 93/22/EWG.

des Bundesgerichtshofs als Rechtssubjekt zu behandeln,[677] sodass seine Tätigkeit als organschaftlich im Interesse der GbR selbst anzusehen und ein Handeln im Fremdinteresse ausgeschlossen sei.

Das Bundesverwaltungsgericht ist dem mit dem Hinweis entgegengetreten, der Schutzzweck des Tatbestands der Finanzportfolioverwaltung gemäß § 1 Abs. 1a Satz 2 Nr. 3 KWG erfordere eine Einbeziehung der streitgegenständlichen Tätigkeit.[678] Dieser liege im Anlegerschutz sowie im Schutz des Finanzsystems. Werde eine Gesellschaft bürgerlichen Rechts *als Kapitalsammelstelle* tätig, dürfe sie der Finanzaufsicht nach dem Kreditwesengesetz nicht entzogen werden.[679]

Auch den Hinweis auf § 1 Abs. 2 KWG will das Bundesverwaltungsgericht nicht gelten lassen. § 1 Abs. 2 Satz 1 KWG bestimmt, dass Geschäftsleiter im Sinne des Kreditwesengesetzes diejenigen natürlichen Personen sind, die nach Gesetz, Satzung oder Gesellschaftsvertrag zur Führung der Geschäfte und zur Vertretung eines Instituts in der Rechtsform einer juristischen Person oder einer Personenhandelsgesellschaft berufen sind. Hieraus ist zu entnehmen, dass juristische Personen und Personenhandelsgesellschaften die Verwaltung eigenen Vermögens vornehmen und Organe als geborene Geschäftsleiter[680] selbst und nicht für diese Gesellschaften tätig werden.[681]

Demgegenüber entnimmt das Bundesverwaltungsgericht der Vorschrift des § 1 Abs. 2 KWG, dass hinsichtlich des Vermögens von juristischen Personen oder einer Personenhandelsgesellschaft keine Fremdvermögensverwaltung zu Gunsten der Gesellschafter, sondern die Verwaltung des eigenen Vermögens der Gesellschaft stattfindet. Eine entsprechende Anwendung dieser Wertung auf die Gesellschaft bürgerlichen Rechts wollte das Bundesverwaltungsgericht indes nicht vornehmen.[682] Vielmehr läge die Annahme näher, das Gesetz sei von der Vorstellung geprägt, dass bei einer Gesellschaft bürgerlichen Rechts der geschäftsführende Gesellschafter die erfassten Dienstleistungen erbringe und deshalb in den Ordnungsrahmen des Gesetzes eingebunden sei.[683] Die

677 BGH, Urteil v. 29.1.2001 - II ZR 331/00, BGHZ 146, 341, vgl. hierzu nur *Dauner-Lieb*, DStR 2001, 345; *Goette*, DStR 2001, 315; *Habersack*, BB 2001, 477; *Hadding*, ZGR 2001, 712; *K. Schmidt*, NJW 2001, 993.

678 BVerwG, Urteil v. 22.9.2004 - 6 C 29/03, NZG 2005, 265.

679 Kritisch hierzu *Schäfer*, in: FS Horn, 855ff.

680 Vgl. hierzu *Schäfer*, in: Boos/Fischer/Schulte-Mattler, § 1 KWG, Rn 154–156.

681 Insoweit zustimmend *Schäfer*, in: FS Horn, S. 855.

682 Bestätigend BVerwG, Urteil v. 24.2.2010 - 8 C 10.09, ZIP 2010, 1170, Rn 19.

683 BVerfG, Beschluss v. 5.4.2006 - 1 BvR 2780/04, NJW-RR 2006, 3340.

maßgebliche Entscheidung des Bundesgerichtshofs[684] zur Gesellschaft bürgerlichen Rechts begründe deren Rechtsfähigkeit nur eingeschränkt, *„soweit nicht spezielle Gesichtspunkte entgegenstehen"*.[685] Die Vertragsgestaltung des im Jahr 2010 entschiedenen Falls ließe vielmehr erkennen, dass es sich bei den Gesellschaftern der dortigen Gesellschaft bürgerlichen Rechts um die Zusammenführung einer unbestimmten Vielzahl von Anlegern handelte, die ohne weitergehende Verbindung untereinander jeweils Leistungen der Gesellschaft, erbracht durch ihren Geschäftsführer, entgegennehmen wollten.[686]

Schäfer weist demgegenüber darauf hin,[687] dass die zivilrechtlich anerkannte Rechtssubjektivität der GbR auch aufsichtsrechtlich zu beachten sei.[688] Wenn in anderen Fällen die Tätigkeit von Publikumskommanditgesellschaften gerade zu Anlagenzwecken nach dem allgemeinen Verständnis des § 1 Abs. 2 KWG zutreffend als Verwaltung eigenen Vermögens eingeordnet wird, müsse dies auch der gleich zu behandelnden GbR zugutekommen. Dem pflichtet *von Livonius* mit dem Hinweis bei, dass es auch bei der Gesellschaft bürgerlichen Rechts zu einer gesellschaftsrechtlichen Beteiligung der Mitglieder komme, die zu einer *„Abstrahierung"* des Gesellschaftsvermögens führe, da dieses der Verfügungsbefugnis der einzelnen Gesellschafter entzogen werde.[689]

Frey[690] bringt diese erheblichen dogmatischen Bedenken gegenüber der verwaltungsgerichtlichen Rechtsprechung auf den Punkt: Die dort vertretene wirtschaftliche Interpretation des Tatbestandsmerkmals *„für andere"* ist mit anerkannten zivilrechtlichen Grundsätzen nicht vereinbar. Nach der im Zivilrecht geltenden Organtheorie, die ihren Ausdruck vor allem in §§ 26, 31 BGB gefunden hat, ist das Handeln eines verfassungsmäßigen Vertreters einer Kapitalanlagegesellschaft als juristische Person kein Handeln *für* die Gesellschaft, sondern ein Handeln *der* Gesellschaft selbst.[691] Dieser Grundsatz gelte auch für die vertretungsberechtigten Gesellschafter einer Personenhandelsgesellschaft und einer Gesellschaft bürgerlichen Rechts, auf die § 31 BGB analog anzuwenden sei.[692] Daraus folge, dass die Verwaltung des Gesellschaftsvermögens

684 BGH, Urteil v. 29.1.2001 - II ZR 331/00, BGHZ 146, 341.

685 BVerwG, Urteil v. 24.2.2010 - 8 C 10.09, ZIP 2010, 1170.

686 BVerwG, Urteil v. 24.2.2010 - 8 C 10.09, ZIP 2010, 1170, Rn 24.

687 *Schäfer*, in: FS Horn, S. 855ff.

688 Hiergegen ausdrücklich BVerwG, Urteil v. 24.2.2010 - 8 C 10.09, ZIP 2010, 1170, Rn 24.

689 *Livonius*, EWiR 2005, 363.

690 *Frey, Peter*, BKR 2005, 200.

691 So auch ausdrücklich *Reuter*, in: MünchKommBGB (6. Aufl.), § 26 Rn 12.

692 *Reuter*, MünchKommBGB, § 26 Rn 31.

dieser Gesellschaftsformen durch den jeweiligen gesellschaftsvertraglichen oder organschaftlichen Vertreter ein Eigengeschäft der Gesellschaft selbst darstellt. Diese Tätigkeit könne daher nicht Gegenstand der Finanzaufsicht und vom KWG erfasst sein.

ddd) Stellungnahme und Zwischenergebnis

Diese auf der vorliegenden aufsichtsrechtlichen Praxis beruhenden Vorüberlegungen zur finanzaufsichtsrechtlichen Relevanz der Tätigkeiten eines Stiftungsträgers einer unselbständigen Stiftung dürfen nicht aus den Augen verlieren, dass – abweichend von dem Vertretungsberechtigten der Gesellschaft bürgerlichen Rechts – der Stiftungsträger selbst Eigentümer des Stiftungsvermögens im Sinne des Sachenrechts ist. Alle Überlegungen zu einer aufsichtsrechtlichen Relevanz dieser Tätigkeit müssen daher von der Feststellung ausgehen, dass es sich hierbei um die Verwaltung sachenrechtlich eigenen Vermögens handelt, die selbstverständlich kein geeigneter Gegenstand einer aufsichtsrechtlichen Überwachung sein kann.[693]

Der Gedanke der unselbständigen Stiftung als quasi-juristische Person ist dabei bloße Fiktion. Fingiert wird auf diese Weise dann aber nicht nur eine Rechtssubjektivität der unselbständigen Stiftung, sondern notwendigerweise und gerade auch eine organschaftliche Bindung und Verpflichtung des Stiftungsträgers. Diese Einbeziehung der Person des Stiftungsträgers in den fingierten Rechtsträger muss dann aber aus dem Blickwinkel des Aufsichtsrechts zu dessen Einordnung als Geschäftsleiter der unselbständigen Stiftung selbst führen. Gerade weil mit der Vorstellung der unselbständigen Stiftung als quasi-juristischer Person eine Interpretation des Stiftungsträgers als deren Organ verbunden ist, kann der Stiftungsträger keine Bankgeschäfte (§ 1 Abs. 1 KWG) oder Finanzdienstleistungen (§ 1 Abs. 1a KWG) dieser gegenüber erbringen. Denn das Handeln des Organs für die Gesellschaft ist kein Handeln *„für andere"*, sondern Handeln *der* Gesellschaft selbst. Selbst wenn in der schuldrechtlichen Übernahme organschaftsähnlicher Verpflichtungen eine freiwillige Unterwerfung unter die Finanzaufsicht läge, wäre die so fingierte Organstellung kein tauglicher Gegenstand dieser staatlichen Aufsicht (hierzu sogleich).

Die von der Rechtsprechung ins Feld geführten Überlegungen, unter dem Gesichtspunkt des Schutzzwecks der Norm zu einem anderen Ergebnis und damit zu einer generellen Einbeziehung auch der als Auflagenstiftung konzipierten unselbständigen Stiftung in die aufsichtsrechtliche Kontrolle zu gelangen,

---

693 *Schäfer*, in: Boos/Fischer/Schulte-Mattler, KWG, § 1 Rn 125.

können daher nicht durchgreifen. Diese Argumentation erschien schon im seinerzeitigen Kontext der Gesellschaft bürgerlichen Rechts schwach und dem Einzelfall geschuldet, in dem die gesellschaftsrechtliche Bindung erkennbar dem Zweck einer Kapitalanlage unterworfen und insoweit ihrerseits von der ursprünglich gesellschaftsrechtlichen Zwecksetzung entfernt und einem Kapitalanlagezweck angenähert wurde. Im Falle der unselbständigen Stiftung ist demgegenüber herauszustellen, dass das Stiftungsvermögen eindeutig sachenrechtlich auf den Stiftungsträger selbst übertragen wurde, und dessen Rückanbindung an die Stiftung selbst bloße Fiktion zur Veranschaulichung seiner Bindung ist. Dies ist keine ausreichende Grundlage, um unter Schutzzweckerwägungen eine aufsichtsrechtliche Kontrolle zu verlangen.

cc) Schuldrechtliche Unterwerfung unter aufsichtsrechtliche Regulierung

aaa) Vereinbarungsgemäß simulierte Verwaltertätigkeit

Die vorstehenden Erwägungen haben gezeigt, dass die Tätigkeit als Stiftungsträger auf der Grundlage einer Schenkung unter Auflage im Kern deshalb keinen der Tatbestände des § 1 Abs. 1, 1a KWG zu erfüllen scheint und deshalb keine Erlaubnispflicht im Sinne des § 32 KWG auszulösen vermag, weil das Stiftungsvermögen dem Stiftungsträger dinglich zugeordnet ist und eine Rückforderung nur unter engen und praktisch wenig relevanten Voraussetzungen des Schenkungsrechts möglich ist. Die Tätigkeit als Stiftungsträger erscheint daher aus sich heraus aufsichtsrechtlich nicht relevant.

Ein anderes Ergebnis könnte aber daraus folgen, dass sich der Stiftungsträger als Finanzdienstleister geriert und die Anbahnung und die Umstände einer Tätigkeit als Stiftungsträger je nach konkretem Einzelfall besondere Sorgfalts- und Handlungspflichten des Stiftungsträgers deshalb aufrufen können.

bbb) Erwartungen der Vertragsparteien, insbesondere des Stifters

Wird etwa die Tätigkeit als Stiftungsträger von professionellen Anbietern, insbesondere von Banken und Finanzdienstleistungsinstituten angeboten, stellt sich dies als ein Dienstleistungsangebot und fester Bestandteil des Betreuungsangebots gerade für vermögende Privatkunden dar. Die Aussicht auf eine besondere Akzeptanz dieses Angebots einer professionellen Stiftungsträgerschaft stützt sich darauf, dass die anbietenden Banken und Finanzdienstleister nicht nur die – ohnehin vorhandene – Kompetenz des jeweiligen Hauses in Fragen der Kapitalanlage und Vermögensverwaltung anbieten, sondern durch spezialisierte Mitarbeiter oder Kooperationen auch imstande sind, auf dem Feld des jeweiligen Stiftungszwecks kompetent zu agieren. Diese Kombination besonderer

Kompetenzen in den Bereichen sowohl der Vermögensanlage als auch der Vermögensverwendung verspricht dem potentiellen Stifter eine erhöhte Erfolgswahrscheinlichkeit für sein Stiftungsvorhaben.

Ein solches Stiftungsangebot wird sich also gerade dadurch auszeichnen, dass nicht nur die kompetente Umsetzung des Stiftungszwecks angeboten wird, sondern dies mit der Zusage einer professionellen und kompetenten Vermögensverwaltung verknüpft wird. Der potentielle Stifter kann hieran den erheblichen Vorteil erkennen, dass nicht nur die kompetente Umsetzung seines Stiftungszwecks gewährleistet, sondern insbesondere – und praktisch, obwohl gerade bei kleineren Vermögen noch wichtiger – eine kompetente und erfolgversprechende, aber auch kostenschonende Verwaltung des Stiftungsvermögens sichergestellt wird.

Ein solches Angebot der Stiftungsträgerschaft beinhaltet damit stets auch die Zusage einer professionellen und den aufsichtsrechtlichen Anforderungen entsprechenden Vermögensverwaltung, die nach Anlageziel und die Risikobereitschaft den Vorgaben von Satzung und Stiftungsrecht zu entsprechen hat.[694] Diese Zusage wird für einen vernünftigen Stifter, der sich der Notwendigkeit auskömmlicher Renditen zur Erreichung des Stiftungszwecks bewusst ist, nicht nur ein unverbindlicher Nebenaspekt seiner Auswahlentscheidung hinsichtlich des Stiftungsträgers sein, sondern in diesem Zusammenhang eine leitende Bedeutung haben, über die er verbindliche Gewissheit verlangen kann.[695] Ein so am Markt auftretender Stiftungsträger, der eine professionelle Kompetenz in Fragen der Vermögensverwaltung für sich in Anspruch nimmt und ins Feld führt – insbesondere Banken und Finanzdienstleistungsinstitute –, unterwirft sich insoweit auf vertraglicher Grundlage den aufsichtsrechtlichen Regelungen, die die Tätigkeit eines Vermögensverwalters im Sinne des § 1 Abs. 1a Nr. 3 KWG, § 2 Abs. 3 Nr. 7 WpHG regulieren.

Eine solche Ausstrahlung der aufsichtsrechtlichen Regelungen auf das privatrechtliche Rechtsverhältnis zwischen Bank und Kunden ist auch in der Rechtsprechung des Bundesgerichtshofs anerkannt und hat im Kontext der versteckten Innenprovisionen Ausdruck gefunden.[696] Der Bundesgerichtshof führt hierzu

694 Für die rechtsfähige Stiftung OLG Frankfurt am Main, Urt. v. 21.6.2017 – 17 U 160/16, BKR 2017, 380; hierzu *Stürner*, BKR 2018, 15.

695 Zu den auf die unselbständige Stiftung übertragbaren Besonderheiten einer Vermögensverwaltung von – dort: selbständigen – Stiftungen vgl. *Söffing/Blusz*, in: Handbuch der Vermögensverwaltung, § 14 Besonderheiten der Vermögensverwaltung und Vermögensanlage bei Stiftungen, insb. Rn 3ff.

696 BGH, Urt. v. 3.6.2014 – XI ZR 147/12, NJW 2014, 2947 (Rn 37).

aus, das aufsichtsrechtliche Prinzip, dass Zuwendungen Dritter grundsätzlich verboten und allenfalls dann erlaubt sind, wenn diese offengelegt werden, sei als Ausdruck eines allgemeinen Rechtsprinzips bei der Auslegung der (konkludenten) Vertragserklärungen zu berücksichtigen. Hierzu wird zwar einschränkend angemerkt, der Anleger könne nicht erwarten, dass sich die beratende Bank im gesamten Umfang ihrer öffentlich-rechtlichen Pflichten ohne Weiteres auch im individuellen Schuldverhältnis gegenüber dem jeweiligen Anleger verpflichten will. Er könne aber voraussetzen, dass die beratende Bank die tragenden Grundprinzipien des Aufsichtsrechts beachtet. Mit Zuwendungen Dritter an die beratende Bank, die nicht offengelegt werden, muss der Anleger mangels abweichender Vereinbarungen deshalb nicht rechnen.

Diese Rechtsprechung ist auf die hier interessierende Frage der schuldrechtlichen Unterwerfung des Stiftungsträgers unter die Vorgaben des Aufsichtsrechts übertragbar. Auch im Rahmen der Stiftungsverwaltung ist davon auszugehen, dass Stifter und Stiftungsträger die Einhaltung der aufsichtsrechtlich gebotenen Mindeststandards einer Vermögensverwaltung zumindest konkludent vereinbaren und diese Regelungen Gegenstand der vertraglichen Abrede in Form der Treuhandvereinbarung oder der Schenkungsauflage sind.

ccc) Vereinbarung der Sorgfalt eines ordentlichen Vermögeverwalters

Die Annahme einer rechtsgeschäftlichen Vereinbarung eines dem Aufsichtsrecht der Vermögensverwalter entsprechenden Sorgfaltsmaßstabs entsprechend ist auch keine bloße Unterstellung, sondern ordnet die typischen und naheliegenden Abläufe und Vorstellungen der Vertragsparteien – Stifter und Stiftungsträger – rechtlich ein. Selbstverständlich kann nicht angenommen werden, dass sich ein potentieller Stifter nicht des Umstands bewusst wäre, dass er mit dem Stiftungsgeschäft das Stiftungsvermögen dinglich auf den Stiftungsträger überträgt. Dies wird sich regelmäßig unmittelbar aus dem Vertragswortlaut ergeben, der die Übertragung des Stiftungszwecks ausdrücklich regeln wird. Auch darf davon ausgegangen werden, dass der Stifter diese Regelung wahrnimmt und zutreffend versteht. Gleichwohl steht diese dingliche Vermögensübertragung im Falle der Ausgestaltung als Schenkung unter Auflage mangels Drittbezogenheit nur der Subsumtion unter dem Tatbestand der Finanzportfolioverwalter entgegen,[697] nicht aber einer schuldrechtlichen Vereinbarung der Anwendbarkeit der für die Finanzportfolioverwaltung aufsichtsrechtlich gebotenen und als *lege artis* entwickelten Sorgfaltsmaßstäbe einer Vermögensverwaltung. Denn eine solche

---

697 Vgl. C.III.3.e)bb)ddd).

Vereinbarung ergibt sich nicht aus der Vermögensübertragungsvereinbarung, sondern aus der flankierenden Treuhandabrede bzw. der jeweiligen Auflage.

Auch ist die Vereinbarung der Einhaltung solcher Standards der Vermögensverwaltung keine künstliche oder gar ergebnisorientierte Interpretation in die Schenkungsauflage hinein. Vielmehr ergibt sich ein solches Verständnis aus einer unbefangenen und natürlichen Betrachtung von Zustandekommen und Abschluss einer solchen Vereinbarung gerade mit Banken und Finanzdienstleistern. Der potentielle Stifter wählt ein solches Institut ja typischerweise nicht deshalb zur Trägerschaft des von ihm gewünschten Stiftungszwecks aus, weil er dort eine besondere Kompetenz gerade auf dem Gebiet des Stiftungszwecks erwartet. Wäre die größtmögliche Kompetenz auf dem Gebiet des jeweiligen Stiftungszwecks leitend und stünde dies im Mittelpunkt seiner Überlegungen, käme die Auswahl einer Bank oder eines Finanzdienstleisters regelmäßig nicht vorrangig in Betracht. Stattdessen würde die Auswahl einer dort tätigen Institution – eines Umweltverbands, einer karitativen Einrichtung etc. – näher liegen. Demgegenüber wählt der Stifter einen Dienstleister – etwa eine Bank oder einen Finanzdienstleister – doch gerade deshalb als Stiftungsträger aus, weil zwar der von ihm gewählte Stiftungszweck durchaus im Mittelpunkt seines Interesses steht, er sich aber bewusst ist, dass eine professionelle Vermögensverwaltung und Anlage des Stiftungskapitals zur nachhaltigen Erreichung und Umsetzung dieses Zwecks unabdingbar ist. Es kommt ihm bei dieser Auswahl des Stiftungsträgers also gerade auf diese dort vorhandene Kompetenz an, die er bei solchen eher stiftungszweckfernen Dienstleitern vorrangig erwarten kann und finden wird. Dann ist es aber auch naheliegend, dass er die Anwendung der dort vorhandenen Kompetenz und Professionalität auf sein Stiftungskapital wünscht und eine Tätigkeit innerhalb dieses maßgeblichen Regulierungsrahmens erwartet. Da die Vermögensanlage des Stiftungsvermögens aber inhaltlich der Finanzportfolioverwaltung gemäß § 1 Abs. 1a Nr. 3 KWG, § 2 Abs. 3 Nr. 7 WpHG entspricht, darf der Stifter von der Anwendung des hierfür einschlägigen Regulierungsrahmens nicht nur ausgehen. Die Einhaltung dieser professionellen und aufsichtsrechtlichen Regeln wird vielmehr zentraler Gesichtspunkt seiner Auswahlentscheidung für eine Bank oder einen Finanzdienstleister sein. Auch ist dieses Auswahlkriterium für die Bank bzw. den Finanzdienstleister schon aufgrund dieser vorstehenden Überlegungen offenkundig, ohne dass es noch darauf ankommt, dass diese sich mit ihrer besonderen Kompetenz in Fragen der Kapitalanlage und Vermögensverwaltung gerade um Stiftungsträgerschaften bewerben.

Damit bildet die Anwendung des für die Finanzportfolioverwaltung maßgeblichen Regulierungsrahmens eine Geschäftsgrundlage[698] des Stiftungsgeschäfts.

Was insoweit vertraglich geschieht, entspricht dem von *K. Schmidt* entwickelten Gedanken einer quasi-organschaftliche Stellung des Stiftungsträgers. So wie nach *K. Schmidts* Verständnis die Verpflichtung des Stiftungsträgers eine organschaftliche Bindung und einen entsprechenden Sorgfaltsmaßstab simuliert, simulieren die Vertragsparteien im Einzelfall – typischerweise bei der Bestellung stiftungszweckferner Dienstleister zum Träger einer Auflagenstiftung – insbesondere bei der Einbindung von Banken und Finanzdienstleistern – gleichermaßen den Abschluss eines Vermögensverwaltungsvertrags zwischen Stiftungsträger und Stiftung als quasi-juristischer Person. Selbstverständlich begründet dies – auch dies ist nochmals klarzustellen – nicht eine Vermögensverwaltung im rechtlichen Sinne des KWG und WpHG. Eine solche liegt nicht vor, weil das Stiftungsvermögen auf den Stiftungsträger (Bank) dinglich übertragen wird und insoweit keine Vermögensverwaltung *für andere* mehr stattfinden kann. Durch das Auftreten des potentiellen Stiftungsträgers als professioneller Vermögensverwalter wird eine solche Tätigkeit aber gleichwohl simuliert, mit der Folge, dass ein solcher Stiftungsträger seine Tätigkeit den Regulierungsvorschriften des KWG und WpHG so unterwirft, als handele er als Vermögensverwalter im Sinne der genannten Vorschriften.

f) Vertragliche Pflichten des Vermögensverwalters

aa) Überblick

Die den Vermögensverwalter im Rahmen der Finanzportfolioverwaltung treffenden Pflichten sind detailreich insbesondere in den §§ 63ff. WpHG (§§ 31ff. WpHG a.F.) geregelt. Dies ist nicht der Ort, diese umfassend zu katalogisieren und zu erörtern.[699]

Insgesamt treffen den vermögensverwaltend tätigen Stiftungsträger dieselben Pflichten, denen auch der herkömmliche Vermögensverwalter außerhalb einer Stiftungsträgerschaft unterworfen ist. Dabei ist zwischen den aufsichtsrechtlichen und den zivilrechtlichen Pflichten zu unterscheiden.

---

698 BGH, Urteil v. 24.11.1995 - V ZR 164/94, WM 1996, 352; BGH, Urteil v. 5.1.1995 - IX ZR 85/94, WM 1995, 237.

699 Vgl. hierzu insbesondere *Walz, T.*, in: Bankrechts-Handbuch, § 111 Vermögensverwaltung, Rn 20ff; *Schäfer, U.*, in: Handbuch des Kapitalanlagerechts, § 23 Vermögensverwaltung, Rn 26ff.

bb) Aufsichtsrechtliche Pflichten

In aufsichtsrechtlicher Hinsicht ist zunächst das Gebot der Ausstattung des Stiftungsträgers mit den zum Geschäftsbetrieb erforderlichen Mitteln (§ 33 Abs. 1 Satz 1 Nr. 1 KWG) zu nennen. Da es die Verwaltung einer unselbständigen Stiftung notwendig mit sich bringt, dass sich der vermögensverwaltende Stiftungsträger Besitz und Eigentum an den Wertpapieren seiner Kunden verschafft (§ 33 Abs. 1 Satz 1 Nr. 1 lit. b KWG), benötigt der Stiftungsträger insoweit bei der erstmaligen Aufnahme einer Stiftungsträgerschaft ein Anfangskapital von € 125.000,00. Wird die Vermögensverwaltung von einem bereits zugelassenen Kreditinstitut erbracht, sind die Vorgaben von Art. 92 CRR zu erfüllen.[700] Die Erleichterungen des Art. 95 Abs. 2 CRR (ein Viertel der fixen Gemeinkosten multipliziert mit dem Faktor 12,5) finden dabei auf die Treuhandstiftung keine Anwendung, weil sich die verwalteten Vermögenswerte der unselbständigen Stiftung in beiden Gestaltungsformen im Eigentum des Stiftungsträgers befinden.[701]

In organisatorischer Hinsicht ist der Rechtsformzwang des § 2a KWG zu nennen, der die Vermögensverwaltung in der Form des Einzelkaufmanns ausschließt. Bei der Bestimmung der Geschäftsleiter ergeben sich erneut Verschärfungen bei der Wahl des Treuhandmodells – der Errichtung der unselbständigen Stiftung als Treuhandverhältnis –, weil auch hier der Dispens von dem Vier-Augen-Prinzip des § 33 Abs. 1 Satz 1 Nr. 5 KWG nicht eingreift. In diesem Falle sind mithin zwei Geschäftsleiter zu bestellen, um sowohl eine wechselseitige Kontrolle als auch im Falle der Verhinderung eine wechselseitige Vertretung zu gewährleisten.[702] Hinsichtlich der Zuverlässigkeit und Eignung der Geschäftsleiter ergeben sich keine Besonderheiten.[703]

---

700 *Sethe*, in: Handbuch der Vermögensverwaltung, § 5 Aufsichtsrecht, Rn 132; zur Berechnung *Ostendorf*, in: Boos/Fischer/Schulte-Mattler, KWG, CRR-VO,, VO (EU) 575/2013 Art. 92 Rn 26ff.

701 *Sethe*, in: Handbuch der Vermögensverwaltung, § 5 Aufsichtsrecht, Fn 245; *Ostendorf*, in: Boos/Fischer/Schulte-Mattler, KWG, CRR-VO, VO (EU) 575/2013 Art. 95 Rn 2.

702 *Sethe*, in: Handbuch der Vermögensverwaltung, § 5 Aufsichtsrecht, Rn 142f.; BVerfG, WM 1988695 - Ls. 1.

703 Vgl. hierzu *Sethe*, in: Handbuch der Vermögensverwaltung, § 5 Aufsichtsrecht, Rn 144ff.

cc) Zivilrechtliche Pflichten

In zivilrechtlicher Hinsicht sind Pflichten bei Aufnahme der Stiftungsträgerschaft für die spezifische unselbständige Stiftung von denjenigen bei der fortlaufenden Tätigkeit der Stiftungsträgerschaft zu unterscheiden.

Für die Aufnahme der Stiftungsträgerschaft ist insbesondere die Explorationspflicht des Vermögensverwalters zu nennen, die aufsichtsrechtlich in §§ 63 Abs. 10, 64 Abs. 8 WpHG (§§ 31 Abs. 4, 31a WpHG a.F.) normiert ist und zivilrechtlich seit der sog. Bond-Entscheidung des Bundesgerichtshofs[704] und der anschließenden Rechtssprechungsentwicklung[705] konkretisiert wurde. Im Kern ist sicherzustellen, dass auf der Grundlage der so ermittelten Kenntnisse und Erfahrungen sowie der Vermögensverhältnisse des Kunden – hier des Stifters – dessen Anlageziele und seine Risikobereitschaft (jeweils auf die unselbständige Stiftung bezogen) bestimmt werden können, um auf dieser Grundlage die Anlagerichtlinien zu bestimmen und eine geeignete Anlagestrategie zu entwickeln.[706]

Im Rahmen der Durchführung der Vermögensverwaltung aufgrund einer Stiftungsträgerstellung sind die Pflichten zur Einhaltung der definierten Anlagerichtlinie, die Pflicht zur Interessenwahrnehmung und Vermeidung von Interessenkonflikten zu benennen. Letztere können sich zum einen bei kollidierenden Fremdinteressen aufgrund von Knappheit – etwa der Zuteilung von Neuemissionen oder nur teilweise ausgeführten Block-Orders - ergeben.[707] Zum anderen können kollidierende Eigeninteressen des Stiftungsträgers auftreten, die als „*Scalping*" (Durchführung eigener Käufe vor großvolumigen Käufen

---

704 BGH, Urteil v. 6.7.1993 - XI ZR 12/93, NJW 1993, 2433 = ZIP 1993, 1148 = WM 1993, 1455.

705 Zuletzt OLG Frankfurt am Main, Urt. v. 21.6.2017 – 17 U 160/16, BKR 2017, 380; hierzu *Roth*, npoR 2018, 230; grundlegend BGH, Urteil v. 27.2.1996 - XI ZR 133/95, NJW 1996, 1744; BGH, Urteil v. 14.5.1996 - XI ZR 188/95, WM 1996, 1161; BGH, Urteil v. 11.6.1996 - XI ZR 172/95, WM 1996, 1206; BGH, Urteil v. 11.3.1997 - XI ZR 92/96, WM 1997, 782; BGH, Urteil v. 22.3.2011 - XI ZR 33/10, BKR 2011, 293; hierzu *Köntgen,* BKR 2011, 283; eingehend zum Ganzen *Lang/Balzer*, Die Rechtsprechung des XI. Zivilsenats zum Wertpapierhandelsrecht seit der Bond-Entscheidung, Entwicklungslinien im Bank- und Kapitalmarktrecht.

706 *Lang, in:* Handbuch der Vermögensverwaltung, § 7 Exploration, Rn 38.

707 *Schäfer, Frank A.*, in: Handbuch der Vermögensverwaltung, § 10 Interessenwahrungspflicht und Vermeidung von Interessenkonflikten, Rn 5f.; *Benicke*, Wertpapiervermögensverwaltung, S. 597ff.; *Schäfer, U.*, in: Handbuch des Kapitalanlagerechts, § 23 Vermögensverwaltung, Rn 82.

des Kunden mit Kurssteigerungspotential),[708] *„Abladen"* (Erwerb nicht anders absetzbarer Wertpapiere für den Kunden) und *„Auskaufen"* (Entnahme aus dem Kundendepot zum eignen Nutzen),[709] aber auch *„Churning"* oder *„Drehen"*,[710] also Handelsaktivitäten zur Erzielung von Kommissionen identifiziert und als pflichtwidrig anerkannt. Gleiches gilt für die *„Kick backs"*, also den nicht vereinbarten Provisionszuflüssen an den Vermögensverwalter.[711] Ebenfalls stellt der Erwerb von Wertpapieren für Kunden mit dem Ziel, sich selbst Organpositionen zu sichern, einen Interessenkonflikt dar.[712]

dd) Eingriffsbefugnisse der BaFin

Im Hinblick auf einen Verstoß des Stiftungsträgers einer unselbständigen Stiftung gegen Aufsichtsrecht – hier also insbesondere im Rahmen einer Vermögensverwaltung – ist insbesondere auf die der Bundesanstalt für Finanzdienstleistungsaufsicht eingeräumte Anordnungskompetenz des § 6 Abs. 3, 1. Alt. KWG hinzuweisen. Es handelt sich hierbei um eine Generalklausel, die die spezielleren und ausdrücklich in anderen Vorschriften geregelten Anordnungsbefugnisse lediglich ergänzt.[713] Demgemäß kann die Bundesanstalt für Finanzdienstleistungsaufsicht im Rahmen der ihr gesetzlich zugewiesenen Aufgaben

---

708 BGH, Beschluss v. 4.12.2013 - 1 StR 106/13, NZG 2014, 590; *Benicke*, Wertpapiervermögensverwaltung, S. 630ff. m.w.N.; *Koller*, in: *Assmann/Schneider*, Wertpapierhandelsgesetz, § 31 Rn 38; *Schäfer, Frank A.*, in: Handbuch der Vermögensverwaltung, § 10 Interessenwahrungspflicht und Vermeidung von Interessenkonflikten, Rn 7.

709 *Schäfer, Frank A.*, in: Handbuch der Vermögensverwaltung, § 10 Interessenwahrungspflicht und Vermeidung von Interessenkonflikten, Rn 7

710 BGH, Urteil v. 13.7.2014 - VI ZR 136/03, NJW 2004, 3423; BGH, Urteil v. 2.5.2002 - III ZR 100/01, NZG 2002, 682; BGH, Urteil v. 23.9.1999 - III ZR 214/98, NJW-RR 2000, 51; BGH, Urteil v. 22.11.1994 - XI ZR 45/91, NJW 1995, 1225; OLG Karlsruhe, Urteil v. 14.7.2015 - 17 U 44/14, WM 2015, 2132; *Hilgard*, WM 2006, 409; *Schäfer, U.*, in: Handbuch der Vermögensverwaltung, § 19 Haftung des Vermögensverwalters, Rn 20f.; *Sethe*, Anlegerschutz im Recht der Vermögensverwaltung, S. 894ff.

711 BGH, Urteil v. 19.12.2000 - XI ZR 349/99, ZIP 2001, 230; *Walz, T.*, in: Bankrechts-Handbuch, § 111 Vermögensverwaltung, Rn 24; *Nobbe/Zahrte*, in: MünchKommHGB, Bankvertragsrecht, Rn 370; *Spindler*, in: Langenbucher/Bliesener/Spindler/Beck, Bankrechts-Kommentar, 33. Kapital Rn 175f.; vgl. zum Ganzen *Schäfer, Frank A.*, in: Handbuch der Vermögensverwaltung, § 10 Interessenwahrungspflicht und Vermeidung von Interessenkonflikten, Rn 7ff.

712 *Koller*, in: *Assmann/Schneider*, Wertpapierhandelsgesetz, § 31 Rn 38.

713 *Schäfer*, in: Boos/Fischer/Schulte-Mattler, KWG, § 6 Rn 61; *Habetha/Schennicke*, KWG, § 6 KWG Rn 24ff.

gegenüber den Instituten und ihren Geschäftsleitern Anordnungen treffen, die geeignet und erforderlich sind, um Verstöße gegen aufsichtsrechtliche Bestimmungen zu verhindern oder zu unterbinden oder um Missstände in einem Institut zu verhindern oder zu beseitigen, die die Sicherheit der dem Institut anvertrauten Vermögenswerte gefährden können oder die ordnungsgemäße Durchführung der Bankgeschäfte oder Finanzdienstleistungen beeinträchtigen, § 6 Abs. 3 Satz 1 KWG.

Als Missstand ist jede erhebliche, nachhaltige, negative Abweichung vom Standard zu verstehen,[714] der sich insbesondere aus förmlichen Gesetzen (wie hier interessierend insbesondere das Wertpapierhandelsgesetz) und Rechtsverordnungen ergibt. In Frage kommen aber auch internationale Standards, die im Einvernehmen mit den Spitzenverbänden der Institute für deutsche Institute festgeschrieben wurden.[715]

Ein Eingreifen setzt insoweit keine konkrete Gefahr voraus.[716] Ein Eingreifen ist insoweit etwa denkbar bei Verstößen gegen das Vier-Augen-Prinzip, bei Nichtbeachtung der Anforderungen an die Ausgestaltung der Innenrevision oder bei Abschluss von Devisengeschäften zu deutlich von den Marktkursen abweichenden Kursen.[717] Zur Durchsetzung von Maßnahmen stehen der Bundesanstalt insbesondere die Zwangsmittel gemäß § 17 Abs. 1 FinDAG zur Verfügung.

Der Anordnungsbefugnis des § 6 KWG greift dem Wortlaut folgend allerdings nur gegenüber Instituten im Sinne des Kreditwesengesetzes (§ 1 Abs. 1b KWG) ein. Eine Verwirklichung dieses Tatbestandsmerkmals des Institutsbegriffs gemäß § 1 Abs. 1b KWG setzt indes den Betrieb eines Bankgeschäfts (§ 1 Abs. 1 KWG) oder die Erbringung einer Finanzdienstleistung (§ 1 Abs. 1a KWG) voraus. Wie dargetan wird außerhalb der Finanzportfolioverwaltung im Treuhandmodell, also bei Ausgestaltung der unselbständigen Stiftung als Schenkung unter Auflage keine Tätigkeit entfaltet, die den Begriff eines Bankgeschäfts oder einer Finanzdienstleistung erfüllt. Stattdessen wird dort der Pflichtenrahmen einer Finanzportfolioverwaltung nur schuldrechtlich vereinbart. Für solche Unternehmen, die (a) nicht bereits aus anderen Gründen unter den Institutsbegriff fallen, sich aber (b) anlässlich der Trägerschaft für solcher unselbständiger Stiftungen, die als Schenkung unter Auflage errichtet sind, (c) zu einer

---

714 *Schäfer*, in: Boos/Fischer/Schulte-Mattler, KWG, § 6 Rn 35; *Habetha/Schennicke*, KWG, § 6 KWG Rn 17.

715 *Schäfer*, in: Boos/Fischer/Schulte-Mattler, KWG, § 6 Rn 35.

716 *Schäfer*, in: Boos/Fischer/Schulte-Mattler, KWG, § 6 Rn 66.

717 *Habetha/Schennicke*, KWG, § 6 KWG Rn 32.

Erbringung einer Finanzportfolioverwaltung nach den üblichen Standards verpflichten, die sie (d) insgesamt in einem erheblichen Umfang erbringen, liegen daher die Voraussetzungen einer Anordnungsbefugnis der Bundesanstalt für Finanzdienstleistungsaufsicht nach § 6 KWG nicht vor. Unter diesen Voraussetzungen ist mithin eine Regelungslücke in der Finanzaufsicht über unselbständige Stiftungen festzustellen.

4. *Tatbestand der Anlageverwaltung*

a) *Relevanz des Tatbestands für die unselbständige Stiftung*

Die Anlageverwaltung gemäß § 1 Abs. 1a Nr. 11 KWG ähnelt der Finanzportfolioverwaltung gemäß § 1 Abs. 1a Nr. 3 KWG.[718] Sie ist gesetzlich definiert als die Anschaffung und die Veräußerung von Finanzinstrumenten außerhalb der Verwaltung eines Investmentvermögens im Sinne des § 1 Abs. 1 KAGB für eine Gemeinschaft von Anlegern, die natürliche Personen sind, mit Entscheidungsspielraum bei der Auswahl der Finanzinstrumente, sofern dies ein Schwerpunkt des angebotenen Produktes ist und zu dem Zweck erfolgt, dass diese Anleger an der Wertentwicklung der erworbenen Finanzinstrumente teilnehmen.

b) *Geschichte und Abgrenzung des Tatbestands*

Mit der Einführung der Anlageverwaltung reagierte der Gesetzgeber auf die Rechtsprechung des Bundesverwaltungsgerichts.[719] Das Bundesverwaltungsgericht hatte eine Einordnung verschiedener kollektiver Anlagemodelle als Finanzkommissionsgeschäft abgelehnt.[720] Ein Finanzkommissionsgeschäft erfordere, dass zumindest die handelsrechtlich gemäß §§ 383ff. HGB definierten Tatbestandsvoraussetzungen eines Kommissionsgeschäfts gewahrt sind, also ein *„Handeln im eigenen Namen"* und *„für Rechnung eines anderen"*. Dabei veranschauliche der Tatbestand der Finanzportfolioverwaltung, dass zwischen dem Handeln *„für fremde Rechnung"* und der *„Verwaltung von in Finanzinstrumenten angelegter Vermögen für andere"* zu unterscheiden sei. Bei einer allein wirtschaftlichen Betrachtung des Finanzkommissionsgeschäftes würde somit auch die Finanzportfolioverwaltung durch das Finanzkommissionsgeschäft erfasst. Zudem spreche auch die Gesetzesbegründung von der *„kommissionsweisen*

718 RegE PfandbriefFG, BT-Drs. 16/11 130, S. 47 li. Sp.; *Kumpan*, in: Schwark/Zimmer, Kapitalmarktrechts-Kommentar, WpHG § 2 Rn 102.

719 *Schäfer*, in: Boos/Fischer/Schulte-Mattler, KWG, § 1 Rn 61b, 61c, 150k.

720 BVerwG, Urteil v. 27.2.2008 - 6 C 11.07, WM 2008, 1359.

Anschaffung und Veräußerung von Wertpapieren". Die in dem maßgeblichen Urteil des Bundesverwaltungsgerichts zu beurteilende kollektive Anlage von Geldern über Indexzertifikate stelle indes auch keine Finanzportfolioverwaltung dar, da auch diese *„für andere"* erfolge und nicht durch die Verwaltung eigenen (Gesellschafts-) Vermögens verwirklicht würde.[721]

c) Tatbestandsvoraussetzungen

Adressat dieser Dienstleistung der Anlagenverwaltung kann tatbestandlich nur eine Gemeinschaft von privaten Anlegern sein. Ein Handeln *„für eine Gemeinschaft von Anlegern, die natürliche Personen sind"*, liegt dann vor, wenn die materiellen Vor- und Nachteile der Geschäfte über die Anschaffung oder die Veräußerung von Finanzinstrumenten nicht dem Abschließenden, sondern den Anlegern zu Gute kommen oder zur Last fallen sollen, die Anleger also das Risiko der Geschäfte tragen und sich die Tätigkeit als Dienstleistung für die Anleger darstellt, denen die Teilhabe am Ergebnis versprochen wird.[722] Dabei wird Anlageverwaltung für eine Gemeinschaft aus mindestens zwei Anlegern, deren Vermögen gebündelt investiert wird, erbracht.[723] Dies schließt individuell angelegte, unselbständige Stiftungen unmittelbar aus dem Anwendungsbereich aus.[724]

Demgegenüber könnte der Tatbestand der Anlagenverwaltung dann verwirklicht sein, wenn der Stiftungsträger diese Funktion für eine unselbständige Stiftung mehrerer verschiedener Stifter ausübt. Der Träger einer solchen unselbständigen Stiftung wäre aber auch dann sachenrechtlicher Eigentümer des Stiftungsvermögens. Hier könnte erneut überlegt werden, ob nicht der Träger seine Tätigkeit der Anlageverwaltung für die betreute Stiftung als quasi-juristische Personen erbringt. Auch dies wäre indes nicht tatbestandlich, weil es gerade Sinn und alleinige gesetzgeberische Zielsetzung dieses Tatbestands war, einen Regulierungsrahmen zum Schutz privater Anleger zu schaffen,[725] und damit natürliche Personen in Bezug genommen wurden. Mit einer natürlichen Person kann die quasi-juristische Person indes nicht gleichgestellt werden. Insbesondere erscheint es zu weitgehend, der unselbständigen Stiftung ungeachtet ihres

---

721 *Schäfer*, in Boos/Fischer/Schulte-Mattler, KWG, § 1 Rn 61b.; zur Begründung des Tatbestands vgl. *Voge*, WM 2010, 913 und oben ab Seite 162.

722 Vgl. Regierungsentwurf, BR-Drucks. 703/08, S. 72.

723 Vgl. Regierungsentwurf, BR-Drucks. 703/08, S. 72.

724 *Kumpan*, in: Schwark/Zimmer, Kapitalmarktrechts-Kommentar, WpHG § 2 Rn 102.

725 Vgl. Regierungsentwurf, BR-Drucks. 703/08, S. 72.

solchen Verständnisses ein personales Substrat dergestalt beizumessen, dass sie mit dem Stifter bzw. dessen Erben wirtschaftlich oder faktisch gleichzusetzen wäre. Denn der Stifter hat sich des Stiftungsvermögens entäußert. Diese dauerhafte Aufgabe und Trennung von dem Stiftungsvermögen ist charakteristisches Stiftungsmerkmal. Dieses Merkmal würde durch eine Gleichsetzung der betreuten Stiftungsvermögen mit den Personen der Stifter bzw. deren Erben missachtet und unzulässig umgangen.

Auch – wenn auch weniger eindringlich – im Rahmen der Anlageverwaltung stellt sich die Frage nach einer Erlaubnisfreiheit aufgrund fehlender Gewerblichkeit als *„privater Veranstaltung"*. Hier dürften die Freistellungskriterien der Finanzaufsicht aber noch weniger zu erreichen sein als im Bereich der Finanzportfolioverwaltung bzw. Vermögensverwaltung. Denn gerade in der Stiftung für eine Mehrzahl von Stiftern werden die Vertretungsbefugnisse des Stiftungsträgers nochmals ausgeweitet sein, was einer erforderlichen Anlegerautonomie regelmäßig entgegenstehen wird.[726]

5. *Tatbestand des Eigenhandels als Dienstleistung*

Der Tatbestand des Eigenhandels als Dienstleistung gemäß § 1 Abs. 1a Nr. 4 KWG in seiner Ausprägung des lit. c) ist von dem Finanzkommissionsgeschäft (§ 1 Abs. 1 Nr. 4 KWG) abzugrenzen. Bei dem Eigenhandel als Dienstleistung tritt das Unternehmen gegenüber dem Kunden nicht als Kommissionär, sondern als Käufer oder Verkäufer auf. Das Preisrisiko und das Erfüllungsrisiko trägt somit der Eigenhändler.[727] Auch wenn es sich aufsichtsrechtlich um eine Dienstleistung handelt, ist der Eigenhandel für andere insbesondere in seiner regelmäßigen Ausprägung als Festpreisgeschäft als Kaufvertrag zu qualifizieren.[728]

Wesentliches Merkmal ist also auch hier erneut die zweiseitige Vertragsbeziehung zwischen dem Finanzdienstleister einerseits und dem Kunden andererseits. Zur Beantwortung der Frage der Anwendbarkeit dieses aufsichtsrechtlichen Tatbestands auf die Tätigkeit eines Stiftungsträgers einer unselbständigen Stiftung kommt es also wieder darauf an, ob der Stiftungsträger der Stiftung als Vertragspartner gegenübertritt oder organschaftlich für die Stiftung handelt. Diese Frage wurde bereits im letzteren Sinne beantwortet,[729] sodass die Tätigkeit des

---

726 *Grieser/Heemann*, Bankaufsichtsrecht, S. 710.

727 *Fischer*, in: Boos/Fischer/Schulte-Mattler, KWG, § 1 Rn 132a; *Oelkers*, WM 2001, 340, 341; *Schäfer*, WM 2002, 361, 365.

728 *Fischer*, in: Boos/Fischer/Schulte-Mattler, KWG, aaO.

729 Vgl. C.III.3.e)bb)ddd).

Stiftungsträgers bei der Verwaltung und Anlage des Stiftungsvermögens auch dieses Tatbestandsmerkmal nicht erfüllt.[730]

730 So auch *Fischer*, npoR 2012, 8.

Thesen

A. Ergebnisse des ersten Teils

1. Der unselbständigen Stiftung wohnt aufgrund der Personenidentität von Rechtsträger und Verwaltungsorgan die Gefahr von Vermögensvermischungen strukturell inne (Seite 9).
2. Die unselbständige Stiftung wird durch ein zweiseitiges Schuldverhältnis errichtet. Stiftungsträger kann auch eine natürliche Person sein, allerdings erscheint die Trägerschaft einer juristischen Person empfehlenswert (Seite 14).
3. Die unselbständige Stiftung wird als Treuhandverhältnis oder – so die heute wohl h. M. – als Schenkung unter Auflage eingeordnet. Gegen eine Einordnung als Treuhandvertrag spricht dabei nicht bereits, dass eine Dauerhaftigkeit nicht gewährleistet werden kann, weil dem Stifter ein Verzicht auf sein Recht zur außerordentlichen Kündigung nicht möglich wäre. Diese Möglichkeit, aber auch Notwendigkeit besteht, weil das Treuhandverhältnis nicht dergestalt fremdnützig wäre, dass ausschließlich die Interessen des Stifters zu berücksichtigen sind. Ebenfalls ist der Stiftungsträger nach hier vertretener Auffassung zur außerordentlichen Kündigung berechtigt, soweit eine anderweitige Fortsetzung einer weiteren Verfolgung des Stiftungszwecks nicht entgegensteht (Seite 25).
4. Die Gefahr einer Insolvenz des Stifters oder des Stiftungsträgers und deren insolvenzrechtliche Aufhebungsfolge für die unselbständige Stiftung steht einer Dauerhaftigkeit und dem Verständnis der unselbständigen Stiftung ebenfalls nicht entgegen, weil hiermit nur eine zeitliche Begrenzung ex ante ausgeschlossen werden, aber nicht jedweden Risiken vorgebeugt werden soll (Seite 37).
5. Allerdings lässt die von dem treuhänderisch Stiftenden implizit abgelehnte Möglichkeit der Schenkung unter Auflage dessen Vorbehalt gegenüber einer endgültigen Vermögensaufgabe erkennen. Dieser Vorbehalt kann der Dauerhaftigkeit der Stiftung entgegen, was im konkreten Einzelfall zu ermitteln ist (Seite 50).
6. Die gegen die Einordnung der unselbständigen Stiftung als Schenkung unter Auflage vorgetragene Kritik, es fehle an einer Bereicherung des Stiftungsträgers, kann demgegenüber nicht überzeugen. Da sich der Stiftungsträger – gleichgültig ob juristische oder natürliche Person – selbst durch Annahme der Schenkung unter Auflage dem Stiftungszweck verschreibt, liegt in der

Übertragung des Stiftungsvermögens zur Verfolgung dieses Zwecks auch dessen Bereicherung (Seite 48).

7. Die von *K. Schmidt* angestellte Überlegung, dass durch die Errichtung einer unselbständigen Stiftung unter treuhänderischer Bindung des Stiftungsträgers ein organschaftliches Verhältnis simuliert werde, veranschaulicht das Innenverhältnis zwischen Stiftungsträger und Stiftungsvermögen. Es darf aber nicht dazu führen, die unselbständige Stiftung vor Haftungszugriffen seitens der Gläubiger des Stiftungsträgers zu isolieren (Seite 59) oder ihr gar eine eigene Rechtsfähigkeit beizumessen (Seiten 68ff., 99).
8. Der unselbständigen Stiftung fehlen eine nach außen erkennbare Vermögensabsonderung und damit die erforderliche Transparenz, um als Rechtspersönlichkeit anerkannt zu werden. Die hierzu erforderliche Binnenorganisation ist zwar – wenn auch als Simulation - vorhanden. Das Stiftungsvermögen ist aber in der Hand des Stiftungsträgers nur unvollständig abgeschirmt, sodass die unselbständige Stiftung keinen hinreichend geschlossenen Haftungsverband begründet. Überdies fehlt es der unselbständigen Stiftung als bloßes Sondervermögen des Stiftungsträgers trotz aller markenrechtlichen Bemühungen an der notwendigen Identitätsausstattung, die durch eine Eintragung in einem öffentlichen Register oder eine vergleichbare Dokumentation erreichbar wäre. Eine solche Erfassung würde der unselbständigen Stiftung *de lege ferenda* aber gerade ihre Vorzüge gegenüber der selbständigen Stiftung rauben (Seite 74).
9. Auch nach der Lehre von der quasi-juristischen Person ist die unselbständige Stiftung zwar im Stande, im Innenverhältnis Rechtsbeziehungen – insbesondere zwischen Stifter und Stiftungsträger, darüber hinaus aber auch zu beratenden Gremien – zu simulieren. Endpunkt aller Rechtsbeziehungen der unselbständigen Stiftung bleibt gleichwohl nicht sie selbst als Zweckvermögen, sondern unabhängig von seinen schuldrechtlichen Bindungen allein der Stiftungsträger (Seite 81).
10. Ebenfalls kann der unselbständigen Stiftung keine – wenn auch nur eingeschränkte – Rechtsfähigkeit zuerkannt werden. Auf der Grundlage des Gesetzesbefunds sind keine Ansatzpunkte hierfür zu erkennen. Soweit die Rechtsentwicklung – beispielsweise im Falle der Gesellschaft bürgerlichen Rechts – im Einzelfall eine solche Rechtsfähigkeit anerkannt hat, geschah dies aufgrund praktischer Zwänge und Unsicherheiten, die im nach außen gerichteten Rechtsverkehr auch angesichts der Diskontinuität im Gesellschafterbestand entstanden waren. Ein solches Bedürfnis ist für die unselbständige Stiftung indes nicht erkennbar (Seite 99).

B. Ergebnisse des zweiten Teils

I. Zur Anwendbarkeit des KAGB

1. Das KAGB stützt sich auf einen materiellen Investmentfondsbegriff und erfasst daher alle Kapitalsammelstellen. Demgemäß setzt die Anwendbarkeit des KAGB die Kapitalsammlung von einer Anzahl von Anlegern voraus. Zur Anwendbarkeit des KAGB muss demgemäß zumindest die Möglichkeit bestehen, dass die unselbständige Stiftung Kapital von mehr als einem Stifter entgegennimmt. Bereits durch die Begrenzung auf einen Stifter und den Ausschluss von Zustiftung in der Stiftungssatzung lässt sich die Anwendbarkeit des KAGB mithin ausschließen (Seite 112).
2. Das zur Eröffnung des Anwendungsbereichs des KAGB weiter maßgebliche Kriterium des Fehlens eines operativen Geschäftsbetriebs außerhalb des Finanzsektors soll aufsichtsrechtlich relevante Kapitalsammelstellen von sonstigen unternehmerischen Organismen abgrenzen. Die von der Bundesanstalt für Finanzdienstliegungsaufsicht hierzu entwickelten und angewandten Abgrenzungskriterien einer eigenen Bewirtschaftung des Anlagevermögens unter disziplinarischer Einwirkungsmöglichkeit wird zwar regelmäßig zutreffende Ergebnisse liefern, bildet aber nach hier vertretener Auffassung den gesetzgeberischen Willen nicht hinreichend ab (Seite 126).
3. Stattdessen wird vorgeschlagen, die Anwendbarkeit des KAGB im Einzelfall danach zu beurteilen, ob die Ausgestaltung des Organismus und seiner Geschäftstätigkeit überwiegend der Kapitaleinwerbung oder der operativen Verfolgung eines Unternehmenszwecks dient. Die Ausrichtung der Vertriebstätigkeit auf den jeweiligen Produkt- bzw. Dienstleistungsmarkt oder den Kapitalmarkt wird hierzu ein wichtiges Indiz sein (Seite 127).
4. Ist dies der Fall und dient die unselbständige Stiftung in einem erheblichen Umfang der Einwerbung von Anlagekapital, findet das KAGB auf die unselbständige Stiftung Anwendung. Der durch das KAGB auch im Rahmen einer reduzierten Regulierung aufgrund der Unterschreitung von Vermögensschwelle gleichwohl angeordnete Rechtsformzwang schließt eine Verwaltung des Stiftungsvermögens im Rahmen einer unselbständigen Stiftung aus. Eine so ausgerichtete unselbständige Stiftung ist daher unzulässig (Seite 131).

II. Zum Erlaubnispflicht nach § 32 KWG

Kleinere unselbständige Stiftungen mit überschaubarem Verwaltungsaufwand verlangen regelmäßig keine besondere Geschäftsausstattung und -organisation. Soweit die Stiftungsträgerschaft nicht gewerbsmäßig angeboten werden soll, kommt daher eine Erlaubnispflicht nach § 32 KWG regelmäßig schon mangels einer solchen Gewerbsmäßigkeit nicht in Betracht (Seite 139).

1. Einlagengeschäft

a) Die Vermögensübertragung des Stifters an den Stiftungsträger zur Errichtung einer unselbständigen Stiftung stellt kein Einlagengeschäft im Sinne des § 1 Abs. 1 Satz 2 Nr. 1 KWG dar.
b) Die dingliche Übertragung des Stiftungsvermögens auf den Stiftungsträger erfolgt unter Bindung an den Stiftungszweck, so dass es an der Fremdheit des Geldes im Sinne des Einlagenbegriffs zwar nicht fehlt (Seite 145).
c) Allerdings überträgt der Stifter sein Vermögen stets zweckgebunden. Soweit der Stiftungsträger selbst den gleichen oder ähnlichen Zwecken unterworfen ist wie die unselbständige Stiftung selbst, entsteht zwischen Stifter und Stiftungsträger eine Binnenbeziehung, die der einlagentatbestandlich notwendigen Freiheit des Vermögensempfängers entgegensteht. Insbesondere kann der Stiftungsträger das Stiftungsvermögen nicht für eigene (typischerweise bankwirtschaftliche) Zwecke verwenden und einsetzen. Anders sind demgegenüber diejenigen Konstellationen zu würdigen, in denen der Stiftungsträger seine Tätigkeit lediglich als Dienstleistung anbietet und keine gleichgerichteten Zwecke verfolgt. Hier kommt eine Anwendung des Einlagentatbestands grundsätzlich in Betracht. (Seite 152).
d) Der Tatbestand des Einlagengeschäfts gemäß § 1 Abs. 1 Nr. 1 KWG kann durch die Errichtung einer unselbständigen Stiftung aber nur insoweit verwirklicht werden, als das Stiftungsvermögen in Geld in einem weit ausgelegten Verständnis besteht (Seite 147).

2. Zur Finanzportfolioverwaltung

a) Die Durchführung von Bankgeschäften (§ 1 Abs. 1 KWG) und das Angebot von Finanzdienstleistungen (§ 1 Abs. 1a KWG) sind stets kundenbezogen und erfordern strukturell den Bezug zu (mindestens) einer Gegenpartei (Seite 162).
b) Die Verwaltung einer mittels Treuhandvertrags errichteten unselbständigen Stiftung durch den Stiftungsträger verwirklicht den Tatbestand der Finanzportfolioverwaltung. Der endgültige Vermögensabfluss bei dem Stifter steht einer Fremdheit des Vermögens bei dem Stiftungsträger entgegen der Rechtsansicht der Bundesanstalt für Finanzdienstleistungsaufsicht nicht entgegen, weil der Stiftungsträger das Vermögen zwar im eigenen Namen, aber auf fremde Rechnung verwaltet (Seiten 165, 169).

c) Im Falle der unselbständigen Stiftung, die als Schenkung unter Auflage konzipiert ist, fehlt es demgegenüber an einer Fremdheit des verwalteten Vermögens (Seite 172).
d) Eine solche lässt sich auch nicht mit dem Gedanken einer Rechtsträgersimulation begründen. Insbesondere können die von der Verwaltungspraxis zur Einordnung von Investmentclubs entwickelten Kriterien nur partiell auf unselbständige Stiftungen übertragen werden. Aufgrund der strukturell angelegten Dauerhaftigkeit der Vermögensbindung in der unselbständigen Stiftung wird die aufsichtsrechtliche Erheblichkeitsschwelle unter Anwendung dieser Kriterien regelmäßig überschritten (Seite 160).
e) Dessen ungeachtet kann die von der verwaltungsgerichtlichen Rechtsprechung vertretene wirtschaftliche Betrachtungsweise, nach der der Geschäftsleiter einer GbR dieser gegenüber Bank- und Finanzdienstleistungen erbringe, hinsichtlich einer Einordnung des Trägers einer unselbständigen Stiftung nicht überzeugen, weil sie bereits dessen Quasi-Organstellung verkennt. Eine entsprechende Einordnung des Handelns des Stiftungsträgers gegenüber der unselbständigen Stiftung wäre darüber hinaus nicht mit der sachenrechtlichen Zuordnung des Stiftungsvermögens vereinbar (Seite 177).
f) Die Interessen insbesondere des Stifters, der einen professionellen Finanzdienstleister zum Stiftungsträger bestimmt, werden aber regelmäßig auf die Beachtung und Anwendung der aufsichtsrechtlich gebotenen Handlungsnormen im Rahmen der Stiftungsverwaltung gerichtet sein, wie auch der Finanzdienstleister selbst die Beachtung dieser Handlungsrahmen für sich in Anspruch nehmen wird. Angesichts dessen unterwirft sich der professionelle Finanzdienstleister selbst den üblichen Standards der Finanzportfolioverwaltung (Seite 181).
g) Soweit ein solcher Dienstleister aber nicht ohnehin schon Institut im Sinne des § 1 Abs. 1b KWG ist, kommt eine Eingriffsbefugnis der Bundesanstalt für Finanzdienstleistungsaufsicht insbesondere nach § 6 Abs. 3 KWG nicht in Betracht. Insoweit besteht eine Regelungslücke (Seite 188).

3. *Zur Anlagenverwaltung und zum Eigenhandel als Dienstleistung*

a) Soweit er seine Tätigkeit für nur ein unselbständiges Stiftungsvermögen ausübt, kann der Stiftungsträger den Tatbestand der Anlagenverwaltung nicht verwirklichen (Seite 190). Aus dem gleichen Grunde scheidet auch eine Einordnung der unselbständigen Stiftung unter den Tatbestand des Eigenhandels als Dienstleistung aus (Seite 192).

Literaturverzeichnis

Arnold, Arnd, BGH: Kündbarkeit eines Grabpflegevertrags, LMK 2009, 277

Assmann, Heinz-Dieter, Handbuch des Kapitalanlagerechts, 4., neubearb. Aufl., München, München 2015

Assmann, Heinz-Dieter/Schneider, Uwe H./Döhmel, Doris/Hönsch, Henning/Koller, Ingo/Mülbert, Peter O./Schneider, Sven H./Sethe, Rolf/Vogel, Joachim, Wertpapierhandelsgesetz, 6., neu bearbeitete und erweiterte Aufl., Berlin, Köln 2012.

Auerbach, Dirk, Banken- und Wertpapieraufsicht, 1. Auflage, München 2015

Bach, Alexander/Knof, Béla, Insolvenzfähigkeit der Stiftung, ZInsO 2005, 729

Backert, Wolfram, Die Stifungsaufsicht, in: Werner, Die Stiftung, Berlin 2008

Ballerstedt/Salzwedel, Soll das Stiftungsrecht bundesgesetzlich vereinheitlicht und reformiert werden, gegebenenfalls mit welchen Grundzügen? Tübingen 1962

Bälz, Ulrich, Organisationsvertrag und Gesamthand, in: Lieb/Noack/Westermann, Festschrift für Wolfgang Zöllner, Köln 1998

Bamberger, Heinz Georg/Roth, Herbert, Beck'scher Online-Kommentar, München 2012

Baumann, Diethelm, § 15 KAGB, in: Weitnauer, KAGB, München 2014

Bedkowski, Dorothea, Der neue Emittentenleitfaden der BaFin, BB 2009, 394

Benicke, Christoph, Wertpapiervermögensverwaltung, Tübingen 2006

Berger, Klaus Peter/Borges, Georg/Herrmann, Harald/Schlüter, Andreas/Wackerbarth, Ulrich, Zivil- und Wirtschaftsrecht im europäischen und globalen Kontext - Festschrift für Norbert Horn zum 70. Geburtstag, 1. Aufl., Berlin 2006

Bernett, Axel, Bankrechts-Handbuch, 4. Aufl., München 2011

Bernett, Axel/Bunte, Hermann-Josef/Lwowski, Hans-Jürgen/Schimansky, Herbert, Bankrechts-Handbuch, 4. Aufl., München 2011

Beuthien, Volker, Setzt die Rechtsfähigkeit der GbR besondere Organisationselemente voraus?, ZIP 2011, 1589

ders., Was hat die "rechtsfähige Personengesellschaft" Neues gebracht?, NZG 2011, 481

ders., Zur Grundlagenungewissheit des deutschen Gesellschaftsrechts, NJW 2005, 855

Bitter, Georg, Rechtsträgerschaft für fremde Rechnung, Tübingen 2006 *ders.*, Festschrift für Karsten Schmidt zum 70. Geburtstag, Köln, Berlin 2009

Boos, Karl-Heinz/Fischer, Reinfrid/Schulte-Mattler, Hermann, KWG, CRR-VO, 5. Auflage, München 2016

Bott, Harald/Schauhoff, Stephan, Handbuch der Gemeinnützigkeit, 3. Aufl., München 2010

Boxberger, Lutz, Regulierung „light" unter dem KAGB-Regime, GWR 2013, 415

ders. in: Weitnauer, KAGB, München 2014; § 44 KAGB

Boxberger, Lutz/Herdrich, Jochen, Mehr Transparenz bei der gemeinwohlorientierten Geldanlage, Die Stiftung 2013, 20

Boxberger, Lutz/Röder, Jaques U., § 2 KAGB, in: Weitnauer, KAGB, München 2014

Boxberger, Lutz/Sonnleitner, Marc, Auswirkungen des KAGB und AIFM-StAnpG auf die Vermögensanlage steuerbefreiter Stiftungen in geschlossene Fonds, npoR 2013, 54

Brecher, Fritz, Subjekt und Verband, in: Dietz/Nipperdey/Ulmer, Beiträge zum Arbeits-, Handels- und Wirtschaftsrecht: Festschrift für Alfred Hueck zum 70. Geburtstag am 7. Juli 1959, München 1959

Brinkmann, Moritz, in: Uhlenbruck/Berscheid, Insolvenzordnung, 14. Aufl., München 2015

Bruns, Patrick, Fiduziarische Stiftung als Rechtsperson, JZ 2009, 840

Bucher, Eugen/Bohny, Christiane/Wiegand, Wolfgang, Norm und Wirkung, Bern 2005

Buck-Heeb, Petra, Aufklärung über Rückvergütungen – Die Haftung von Banken und freien Anlageberatern, BKR 2010, 309

Buisson, Joachim du, Die Reichweite der Erlaubnistatbestände Emissionsgeschäft und Eigenhandel für andere in 1 Kreditwesengesetz (KWG), WM 2003, 1401

Bundesanstalt für Finanzdienstleistungsaufsicht, Merkblatt - Hinweise zum Tatbestand der Finanzportfolioverwaltung v. 3. Januar 2011

Bundesanstalt für Finanzdienstleistungsaufsicht, Merkblatt - Hinweise zur finanzaufsichtsrechtlichen Erlaubnispflicht von Investmentclubs und ihrer Geschäftsführer v. 9. Juni 2011

Bundesanstalt für Finanzdienstleistungsaufsicht, Verwaltung treuhänderischer Stiftungen und Erlaubnispflicht nach dem KWG vom 9. Juni 2011 – Q33-QF 5100–2011/0073 (39379)

Bundesanstalt für Finanzdienstleistungsaufsicht, Merkblatt - Hinweise zum Tatbestand des Einlagengeschäfts v. 4. August 2011

Bundesanstalt für Finanzdienstleistungsaufsicht, Auslegungsschreiben zum Anwendungsbereich des KAGB und zum Begriff des "Investmentvermögens" v. 14. Juni 2013

Bundesverband Deutscher Stiftungen e.V., Bessere Rahmenbedingungen für Stiftungen!, 1. Aufl., Berlin 1999

Bundesverband Deutscher Stiftungen e.V., Stiftungsstudie 2015 – Stifterinnen und Stifter in Deutschland, Engagement – Motive – Ansichten, Berlin 2015

Bundesverband Deutscher Stiftungen e.V., „Zahlen, Daten, Fakten zum deutschen Stiftungswesen", Berlin 2017

Burgard, Ulrich, Das neue Stiftungsprivatrecht, NZG 2002, 697

ders., Gestaltungsfreiheit im Stiftungsrecht, Köln 2006

Canaris, Claus Wilhelm, Die Ausgabe von Namensgewinnschuldverschreibungen an Arbeitnehmer in bankaufsichtsrechtlicher Sicht, Betriebs-Berater 1978, 227

ders., Die Übertragung des Regelungsmodells der §§ 125–130 HGB auf die Gesellschaft bürgerlichen Rechts als unzulässige Rechtsfortbildung contra legem, ZGR 2004, 69

Casper, Matthias, Islamische Finanztransaktionen ohne Erlaubnis nach dem KWG?, ZBB 2010, 345

Coing, Helmut, Die Treuhand kraft privaten Rechtsgeschäfts, München 1973

Cube, Nicolai von, § 58 AO, in: Winheller/Geibel/Jachmann, Gesamtes Gemeinnützigkeitsrecht, 1. Auflage 2017

Dauner-Lieb, Barbara, Ein neues Fundament für die BGB-Gesellschaft, DStR 2001, 345

Dietz, Rolf/Nipperdey, Hans Carl/Ulmer, Eugen, Beiträge zum Arbeits-, Handels- und Wirtschaftsrecht: Festschrift für Alfred Hueck zum 70. Geburtstag 7. Juli 1959, München 1959

Döring, Caterina, Die Stiftung als Finanzierungsinstrument für Unternehmen, Berlin 2010

Dornseifer, Frank/Jesch, Thomas A./Klebeck, Ulf/Tollmann, Claus, AIFM-Richtlinie, München 2013

Ebersbach, Harry, Handbuch des deutschen Stiftungsrechts, 1, Göttingen 1972

Eckhold, Thomas/Balzer, Peter, § 22 Investmentgeschäft und -vertrieb, in: Assmann, Handbuch des Kapitalanlagerechts, 4., neubearb. Aufl., München, München 2015

Ehmke, Horst/Schmid, Carlo/Scharoun, Hans, Festschrift für Adolf Arndt zum 65. Geburtstag, Frankfurt am Main 1969

Elicker, Michael, Zum Streit über die Verselbständigung der fiduziarischen Stiftung, ZStV 2012, 135–139, 169–177

Emde, Thomas/Dornseifer, Frank/Dreibus, Alexandra/Hölscher, Luise, InvG, 1. Auflage, München 2013

Enneccerus, Ludwig/Nipperdey, Hans Carl, Bürgerliches Recht, 13. Bearb., Marburg 1931

Erm, Gregor, § 1 KWG, in: Samm/Beck/Kokemoor, KWG mit CRR, 186. Aktualisierung, Heidelberg 2016

ESMA- European Securities and Markets Authority, Leitlinien zu Schlüsselbegriffen der Richtlinie über die Verwalter alternativer Investmentfonds (AIFMD) v. 13.8.2013

Feick, Ernst Martin, § 38 Stiftungszivilrecht, in: Scherer, Münchener Anwaltshandbuch Erbrecht, 4., überarb. Aufl., München 2014

Fischer, Daniel J., Vermögensverwaltung für nicht rechtsfähige Stiftungen und Genehmigungspflicht nach dem KWG, npoR 2012, 7

Fischer, Daniel J./Figatowski, Martin, Nichtrechtsfähige Stiftungen: Verwaltung nur mit bankenrechtlicher Erlaubnis?, Stiftungsbrief 2009

Fischer, Reinfrid, § 127 Gegenstand der Bankenaufsicht, in: Bernett/Bunte/Lwowski/Schimansky, Bankrechts-Handbuch, 4. Aufl., München 2011

Flume, Werner, Gesellschaft und Gesamthand, ZHR 136 (1972), 177

ders., Allgemeiner Teil des bürgerlichen Rechts, Berlin 1983

Förster, Franz/Eccius, Max Ernst, Preußisches Privatrecht, Band 4, 7. Aufl., Berlin 1897

Frey, Peter, Finanzportfolioverwaltung durch Geschäftsführer einer GbR, BKR 2005, 200

Fritsche, Stefan, Die Verwaltung des Vermögens einer unselbständigen Stiftung und die Erlaubnispflicht nach § 32 Abs. 1 KWG, ZSt 2005, 272

ders., Grundfragen zur unselbständigen Stiftung des Privatrechts, ZSt 2008, 3

Fuchs, Andreas/Bouchon, Martin/Dehlinger, Klaus-Dieter/Fleischer, Holger/Jakovou, Niko/Jung, Peter/Mennicke, Petra/Pfüller, Markus/Schlette, Volker/Teuber, Hanno/Waßmer, Martin Paul/Zimmermann, Martin, Wertpapierhandelsgesetz, 2. Aufl., München 2014

Ganter, Hans Gerhard, § 47 InsO, in: Kirchhof, Münchener Kommentar zur Insolvenzordnung, 3. Aufl. München 2013

Gehrlein, Markus, §§ 516 – 534 BGB, in: Bamberger/Roth, Beck'scher Online-Kommentar, München 2012

Geibel, Stefan J., Können eingetragene Genossenschaften Investmentvermögen im Sinne des KAGB sein?, WM 2015, 1649

ders., Dachstiftungen, Stiftungszentren und Treuhandstiftungen, in: Schmidt/Rawert/Hüttemann/Weitemeyer, Non Profit Law Yearbook 2011/2012, Hamburg 2012

ders., Treuhandrecht als Gesellschaftsrecht, Tübingen 2012

ders., in: beck-onlie.GROSSKOMMENTAR (Hrsg. Geibel), § 80 BGB

ders., Deutsches Privatrecht, Leipzig 1895

Gödeke, Sven, Das Schicksal der fehlgeschlagenen unselbständigen Stiftung – Gedanken zum Urteil des Oberlandesgerichts Celle vom 10. März 2016 - 16 U 60/15, ZStV 2016, 218.

Goette, Wulf, Parteifähigkeit der Gesamthand als Gruppe und akzessorische Haftung der Gesellschafter für die Gesellschaftsschulden, DStR 2001, 315

Gottwald, Peter, Insolvenzrechts-Handbuch, 5., neu bearb. Aufl., München 2015

Grieser, Simon Gottlieb/Heemann, Manfred, Bankaufsichtsrecht, 1. Aufl., Frankfurt, M. 2010

Grundmann, Stefan, Der Treuhandvertrag, insbesondere die werbende Treuhand, München 1997

ders., Zur Dogmatik der unentgeltlichen Rechtsgeschäfte, AcP 198 (1998), 457

Gummert, Hans/Weipert, Lutz, Münchener Handbuch des Gesellschaftsrechts., 4. neubearbeitete Auflage, München 2014

Haas, Ulrich/Mock, Sebastian, § 93. Sonstige Juristische Personen in der Insolvenz, in: Gottwald, Insolvenzrechts-Handbuch, 5., neu bearb. Aufl., München 2015

Habersack, Mathias, Die Anerkennung der Rechts- und Parteifähigkeit der GbR und der akzessorischen Gesellschafterhaftung durch den BGH, BB 2001, 477

Habetha, Joachim/Schennicke, Andreas, § 6 KWG - Aufgaben, in: Schwennicke/Auerbach, Kreditwesengesetz (KWG) mit Zahlungsdiensteaufsichtsgesetz (ZAG) und Finanzkonglomerate-Aufsichtsgesetz (FKAG), 3. Auflage, München 2016

Hadding, Walther, Zur Rechtsfähigkeit und Parteifähigkeit der (Außen-)Gesellschaft bürgerlichen Rechts sowie zur Haftung ihrer Gesellschafter für Gesellschaftsverbindlichkeiten, ZGR 2001, 712

ders., Zum Erlangen von Rechtsfähigkeit nach deutschem Zivilrecht, in: Hönn/Kraft/Hönn-Konzen-Kreutz, Festschrift für Alfons Kraft zum 70. Geburtstag, Neuwied 1998

Martin L. Haisch/Marcus Helios, Investmentsteuerrechtsreform aufgrund AIFMD und KAGB, BB 2013, 23

Happ, Annette, Stifterwille und Zweckänderung, Köln, München [u.a.] 2007

Hauschild, Armin, § 181 BGB im Gesellschaftsrecht - eine heilige Kuh auf (international) verlorenem Posten?, ZIP 2014, 954

Häuser, Franz/Hadding, Walther, Festschrift für Walther Hadding zum 70. Geburtstag am 8. Mai 2004, Berlin 2004

Heinrich, Irmgard, in: Soergel, BGB, 13. Aufl., Stuttgart 2000

Hellner, Thorwald, in: Hellner/Steuer (Hrsg.), Bankrecht und Bankpraxis, Köln 2002–2008

Hellwig, Konrad, Anspruch und Klagrecht, Jena 1900

Henssler, Martin, Treuhandgeschäft - Dogmatik und Wirklichkeit, AcP 196, 1996, 37

Herresthal, Carsten, Münchener Kommentar zum Handelsgesetzbuch/Münchener Kommentar zum Handelsgesetzbuch Bd. 6: Bankvertragsrecht, 4. Auflage, München 2017

Herzog, Rainer, Die unselbständige Stiftung des bürgerlichen Rechts, Baden-Baden 2006

Heuel, Markus, Die Treuhandstiftung – Grenzen und Möglichkeiten, Stiftung&Sponsoring – Rote Seite 2012, 16.

Hilgard, Mark C., Churning, WM 2006, 409

Hinz, Michael, Die Haftung der Stiftung für Verbindlichkeiten des Stifters, 1. Aufl., Baden-Baden 1996

Hirte, Heribert, Stiftung und Insolvenz, in: Saenger/Bayer/Koch/Körber/Werner, Gründen und Stiften, 1. Aufl., Baden-Baden 2009

Hof, Hagen, Die Stiftung als Vertrauenstatbestand, speziell im Verhältnis zu und von Stiftungsvorstand und Stifter, ZSt 2012, 14

ders., Die Vermögensausstattung von Stiftungen privaten Rechts, DStR 1992, 1549–1552, 1587–1591

ders., Stiftung, Münchener Vertragshandbuch, 7. Aufl., München 2013

ders., Stiftungsaufsicht, in: Richter/Seifart/Campenhausen, Stiftungsrechts-Handbuch, 4., aktualisierte und erg. Aufl., München 2014

ders., Unselbständige Stiftung, in: Richter/Seifart/Campenhausen, Stiftungsrechts-Handbuch, 4., aktualisierte und erg. Aufl., München 2014

ders., Verfassungsrechtliche Grundlagen, in: Richter/Seifart/Campenhausen, Stiftungsrechts-Handbuch, 4., aktualisierte und erg. Aufl., München 2014

ders., Vermögen und Erträge, in: Richter/Seifart/Campenhausen, Stiftungsrechts-Handbuch, 4., aktualisierte und erg. Aufl., München 2014

Holzborn/Israel, Die Neustrukturierung des Finanzmarktrechts durch das Finanzmarktrichtlinienumsetzungsgesetz (FRUG), NJW-RR 2008, 791

Hönn, Günther/Kraft, Alfons/Hönn-Konzen-Kreutz, Festschrift für Alfons Kraft zum 70. Geburtstag, Neuwied 1998

Hopt, Klaus J., Berufshaftung und Berufsrecht der Börsendienste, Anlageberater und Vermögensverwalter, in: Lutter, Festschrift für Robert Fischer, Berlin 1979

Hopt, Klaus J./Reuter, Dieter, Stiftungsrecht in Europa, Köln 2001

Horn, Norbert, Werksparkassenverbot und Vermögensbildung durch Belegschaftsdarlehen und -obligationen, ZGR 1976, 435

Huber, Michael, § 119 InsO, in: Kirchhof, Münchener Kommentar zur Insolvenzordnung, 3. Aufl., München 2013

Huber, Ulrich, Vermögensanteil, Kapitalanteil und Gesellschaftsanteil an Personalgesellschaften des Handelsrechts, Heidelberg 1970

Hueck, Götz, Drei Fragen zur Gesamthandgesellschaft, in: Lieb/Noack/Westermann, Festschrift für Wolfgang Zöllner, Köln 1998

Hübner, Heinrich/Currle, Reinhold/Schenk, David, Die nichtrechtsfähige Stiftung als Familienstiftung, DStR 2013, 1966

Hüttemann, Rainer, Der Grundsatz der Vermögenserhaltung im Stiftungsrecht, in: Jakobs/Picker/Wilhelm/Ernst/Hüttemann/Schön, Festgabe für Werner Flume, Berlin, Heidelberg 1998

ders., Verfassungsrechtliche Grenzen der rechtsformbezogenen Privilegierung von Stiftungen im Spenden- und Gemeinnützigkeitsrecht, in: Kötz/Rawert/Schmidt/Walz, Non Profit Law Yearbook 2001, 1. Aufl., Köln u.a. 2002

ders., Das Gesetz zur Modernisierung des Stiftungsrecht, ZHR 167 (2003), 35

ders., Gemeinnützigkeits- und Spendenrecht, 4., neu bearbeitete Aufl., Köln 2018

ders., Stiftungs- und gemeinnützigkeitsrechtliche Rahmenbedingungen der Vermögensanlage steuerbegünstigter Stiftungen, WM 2016, 625 - 629, 675 - 681

Hüttemann, Rainer/Herzog, Rainer, Organhaftung bei Non Profit Organisationen, in: Walz/Asche, Non Profit Law Yearbook 2006, 1. Aufl., Köln 2007

dies., Steuerfragen bei gemeinnützigen nichtrechtsfähigen Stiftungen, DB 2004, 1001

Hüttemann, Rainer/Kampermann, Mathis, Anmerkung zu OLG Oldenburg: Schadensersatzpflicht eines ehemaligen Stiftungsvorstands wegen unzulässiger Anlage von Stiftungsvermögen, npoR 2014, 134

Hüttemann, Rainer/Rawert, Peter, §§ 80 – 89 BGB, in: J. von Staudingers Kommentar zum Bürgerlichen Gesetzbuch mit Einführungsgesetz und Nebengesetzen, Berlin 2017

dies., Anmerkung zu OLG Celle, Urt. v. 10.3.2016 - 16 U 60/17 ("Erich Klahn"), npoR 2016, 168

dies., Anm. zu OVG Münster, Urt. v. 31.5.2016, npoR 2016, 262.

Inhester, Michael/Herrmann, Gerald, § 9 Die steuerliche Behandlung der Beteiligung an der GbR, in: Gummert/Weipert, Münchener Handbuch des Gesellschaftsrechts., 4. neubearbeitete Auflage, München 2014

Jakob, Dominique, (Insolvenz-)Anfechtung und Stiftungsrecht, ZSt 2005, 99

ders., Schutz der Stiftung, Tübingen 2006

Jauernig, Othmar/Berger, Christian/Lent, Friedrich/Jauernig-Berger, Zwangsvollstreckungs- und Insolvenzrecht, 23., völlig neubearb. Aufl., München 2010

John, Uwe, Zur Problematik der Vor-GmbH, insbesondere bei der Einmann-Gründung, BB 1982, 505

ders., Die organisierte Rechtsperson, Berlin 1977

ders., Personenrecht und Verbandsrecht im Allgemeinen Teil des Bürgerlichen Rechts, AcP 185 (1985), 209

Kaper, Aaltje, Bürgerstiftungen, Baden-Baden 2006

Kießling, Erik, Das Gesamthandsprinzip bei Personalgesellschaften, in: Häuser/Hadding, Festschrift für Walther Hadding zum 70. Geburtstag am 8. Mai 2004, Berlin 2004

Kiethe, Kurt, Die Haftung des Stiftungsvorstands, NZG 2007, 810

Kirchhof, Hans-Peter, Münchener Kommentar zur Insolvenzordnung, 3. Aufl., München 2013

Kloyer, Andreas, Der Anwendungsbereich des KAGB nach § 1 Abs. 1 des Gesetzes in der Beratungspraxis, in: Möllers, Das neue Kapitalanlagegesetzbuch, München 2013

Kobbach, Jan, Regulierung des algorithmischen Handels durch das neue Hochfrequenzhandelsgesetz: Praktische Auswirkungen und offene rechtliche Fragen, BKR 2013, 233

Koch, Jens, §§ 516 – 534 BGB, in: Münchener Kommentar zum Bürgerlichen Gesetzbuch, 7. Aufl., München 2016

Kollhosser, Helmut, Pflichtteilsergänzungspflichtige Schenkung bei unentgeltlicher Zuwendung an Stiftung, ZEV 2004, 115

Köntgen, Johannes, Grenzen des informationsbasierten Anlegerschutzes, BKR 2011, 283

Köntgen, Johannes/Schmies, Christian, § 113 Investmentgeschäft, in: Bernett/Bunte/Lwowski/Schimansky, Bankrechts-Handbuch, 4. Aufl., München 2011

Koos, Stefan, Fiduziarische Person und Widmung, München 2004

Köster, Martina, Prüfungen und Kontrollen bei gemeinnützigen Kapitalgesellschaften, Eine empirische Untersuchung zur Anerkennung und Sicherstellung des Gemeinnützigkeitsstatus (Steuer, Wirtschaft und Recht), Dortmund 2014

Kreutz, Marcus, Verhaltenskodices als wesentliches Element von Corporate-Governance-Systemen in gemeinnützigen Körperschaften, ZRP 2007, 50

Krüger, Paul, in: Münchener Kommentar zum Bürgerlichen Gesetzbuch, 5. Aufl., München 2007

ders., Bonner Festgabe für Erst Zitelmann, München, Leipzig 1923

Krüger, Wolfgang, Die Gesellschaft bürgerlichen Rechts und das Grundbuch – causa infinita, NZG 2010, 801

Kühne, Andreas Otto/Eberhardt, Maxi, Erlaubnispflicht eines "Family Office" unter Berücksichtigung des neuen Finanzdienstleistungstatbestandes der Anlageberatung, BKR 2008, 133

Küstermann, Bernd, Die Beendigung der vertraglichen Beziehungen zwischen Stifter und Treuhänder, ZSt 2008, 161

Küstermann, Burkhard, Praktische Überlegungen des Stifters zur Gründung einer Treuhandstiftung, ZSt 2012, 67

Kuhn, Volker, Die Treuhandstiftung: Überblick über zivilrechtliche Grundlagen und ausgewählte Aspekte der Beratungspraxis, ZEV 2020, 535

Krüsmann, Elmar, Treuhänderwechsel bei der gemeinnützigen Treuhandstiftung, DStZ 2018, 503

Lang, Volker, § 7 Exploration, in: Schäfer/Sethe/Lang, Handbuch der Vermögensverwaltung, 2. Auflage 2016

Lang, Volker/Balzer, Peter, Die Rechtsprechung des XI. Zivilsenats zum Wertpapierhandelsrecht seit der Bond-Entscheidung, in: Habersack/Joeres/Krämer, Entwicklungslinien im Bank- und Kapitalmarktrecht, Köln 2009,

Lange, Hermann/Nörr, Knut Wolfgang/Westermann, Harm Peter, Festschrift für Joachim Gernhuber zum 70. Geburtstag, Tübingen 1993

Langenbucher, Katja/Bliesener, Dirk H./Spindler, Gerald/Beck, Peter, Bankrechts-Kommentar, 2. Auflage, München 2016

Larenz, Karl, Lehrbuch des Schuldrechts, 12. Auflage., München 1981

Leichinger, Carina, Vermögensverwaltung und Erhaltung des Grundstockvermögens aus Sicht der Verwaltung, npoR 2015, 237

Lieb, Manfred/Noack, Ulrich/Westermann, Harm Peter, Festschrift für Wolfgang Zöllner, Köln 1998

Liebich, Dieter/Mathews, Kurt, Treuhand und Treuhänder in Recht und Wirtschaft, 2., ern. u. erw. Aufl., Herne 1983

Liebisch, Arnold, Das Wesen der unentgeltlichen Zuwendungen unter Lebenden im bürgerlichen Recht und Reichssteuerrecht, Leipzig 1927

Lindacher, Walter F., Grundfälle zur Haftung bei Personengesellschaften, JuS 1986, 431

Livonius, Hilger von, Kurzkommentar zu BVerwG, Urt. v. 22.9.2004 - BVerwG 6 C 29.03, EWiR 2005, 363

Loewenheim, Ulrich/Raiser, Thomas, Festschrift für Fritz Traub zum 65. Geburtstag, Frankfurt am Main 1994

Löhnig, Martin, Treuhand, Tübingen 2006

Loritz, Karl-Georg, Stille Beteiligungen und Einlagenbegriff des Kreditwesengesetzes, ZIP 2001, 309

Martinek, Michael, Vor § 662 - 676h BGB, in: Reuter/Bergmann, J. von Staudingers Kommentar zum Bürgerlichen Gesetzbuch, 2006, Berlin 2006

Mestmäcker, Ernst-Joachim/Reuter, Dieter, Das Stiftungswesen in Deutschland, in: Schriftenreihe zum Stiftungswesen Bd. 5, Baden-Baden 1971

Möller, Senta, Unwirksamkeit von AGB über die lebzeitige Bindung an eine Grabpflegevereinbarung in Form einer unselbstständigen Stiftung, ZEV 2009, 410

Möllers, Thomas M. J., Das neue Kapitalanlagegesetzbuch, München 2013

Möslein, Florian, 34. Kapitel: Vermögensverwaltung, in: Langenbucher/Bliesener/Spindler/Beck, Bankrechts-Kommentar, 2. Auflage, München 2016

Muscheler, Karlheinz, Das Wesen der Zustiftung, WM 2008, 1669

ders., Die unselbständige Stiftung; in: Die Stiftung, Jahreshefte zum Stiftungswesen 1 (2007), 59–86.

ders., Die Rechtsstellung der Stiftungsdestinatäre, WM 2003, 2213

ders., Stiftung und Schenkung, AcP 203 (2003), 469

ders., Keine Schenkung bei Zuwendung an juristische Person zur Förderung eines gemeinnützigen Zwecks, ZEV 2002, 415

ders., Der Übergang von der unselbständigen Stiftung in die rechtsfähige Stiftung, ZEV 2018, 187

Neubecker, F. K., Vereine ohne Rechtsfähigkeit, Leipzig 1908

Neuhoff, Klaus, Erkenntnisse der institutional economics bezüglich realer Vermögenserhaltung in Stiftungen, ZSt 2010, 215

ders., Rechtstatsachenforschung zur unselbständigen Stiftung, ZSt 2005, 277

ders., Vor § 80 BGB, in: Soergel, BGB, 13. Aufl., Stuttgart 2000

Nottarp, Hermann, Die Stiftungsreduktion, in: Krüger, Bonner Festgabe für Erst Zitelmann, München, Leipzig 1923

Oelkers, Felix, Der Begriff des "Eigenhandels für andere" im KWG, WM 2001, 340

Oppel, Florian, Unterliegen unselbstständige Stiftungen der Ersatzerbschaftsteuer?, ZEV 2017, 22

Otte, Gerhard, §§ 2147 – 2191 BGB, in: Otte/Avenarius, §§ 2064–2196 (Testament 1), 5. Buch, Par. 2064–2196, Ed. 2013, 2013, Berlin 2013

ders., §§ 2192 – 2196 BGB, in: J. von Staudingers Kommentar zum Bürgerlichen Gesetzbuch mit Einführungsgesetz und Nebengesetzen, Buch 5 Erbrecht, Ed. 2013, Berlin 2013

Plodeck, Christian, Anmerkung zu OLG Oldenburg, Urt. v. 18.11.2003 – 12 U 60/03, ZSt 2007, 38

Plück, Ralf/Schmutzler, Karl Jürgen/Kühn, Peter, Kapitalmarktrecht, 2., erw. Aufl., Wiesbaden 2003

Pöhlmann, Werner/Fölsing, Philipp, Das Steuerprivileg von Stiftungen im Insolvenzverfahren, ZInsO 2010, 612

Prütting, Hanns, Insolvenz von Vereinen und Stiftungen, in: Kötz/Rawert/Schmidt/Walz, Non Profit Law Yearbook 2004, 1. Aufl., Köln u.a. 2005

Prütting, Hanns/Uhlenbruck, Wilhelm, Insolvenzrecht in Wissenschaft und Praxis, Köln 2000

Puchta, Georg Friedrich, Pandekten, 8. Aufl., Leipzig 1856

Pues, Lothar/Scheerbarth, Walter/Pues-Scheerbarth, Gemeinnützige Stiftungen im Zivil- und Steuerrecht, 3. Aufl., München 2008

Raiser, Thomas, Das allgemeine Persönlichkeitsrecht und die Lehre von der juristischen Person, in: Loewenheim/Raiser, Festschrift für Fritz Traub zum 65. Geburtstag, Frankfurt am Main 1994

ders., Gesamthand und juristische Person im Licht des neuen Umwandlungsrechts, AcP 194 (1994), 494

ders., Der Begriff der juristischen Person. Eine Neubesinnung, AcP 199 (1999), 104

Rawert, Vorbem zu §§ 80 ff., in: J. von Staudingers Kommentar zum Bürgerlichen Gesetzbuch mit Einführungsgesetz und Nebengesetzen, Buch 1 Allgemeiner Teil, München 1995

ders., Anmerkung zu BVerwG, Urt. v. 9.4.2014 - 8 C 23.12, npoR 2014, 243

ders., Anmerkung zu OLG Naumburg, Beschl. v. 23.9.2013 – 1 W 28/13, npoR 2014, 131

ders., Charitable Correctness - Das OLG Dresden zu Spenden und Pflichtteilsergänzung, NJW 2002, 3151 *ders.*, Kapitalerhöhung zu guten Zwecken – Die Zustiftung in der Gestaltungspraxis, DNotZ 2008, 5

ders., Karsten Schmidt und das Stiftungsrecht, in: Bitter, Festschrift für Karsten Schmidt zum 70. Geburtstag, Köln, Berlin 2009

Reimann, Wolfgang, Vor §§ 2197ff. – 2227 BGB, J. von Staudingers Kommentar zum Bürgerlichen Gesetzbuch mit Einführungsgesetz und Nebengesetzen, Berlin 2011f.

Reinhardt, Rudolf/Schultz, Dietrich, Gesellschaftsrecht, 2. Aufl., Tübingen 1981

Reischauer, Friedrich, Kreditwesengesetz (KWG), Ergänzbare Ausg., Berlin 1994

Reschke, Hartmut, § 1 KWG, in: Samm/Beck/Kokemoor, KWG mit CRR, 186. Aktualisierung, Heidelberg 2016

Reuter, Dieter, Die unselbständige Stiftung, in: v. Camphausen/Kronke/Werner, Stiftungen in Deutschland und Europa, 1998

ders., Der Vorbehalt des Stiftungsgeschäfts, NZG 2004, 939

ders., Stiftungsrechtliche Vorgaben für die Verwaltung des Stiftungsvermögens, NZG 2005, 649

ders., Die Stiftung zwischen Verwaltungs- und Treuhandmodell, in: Häuser/Hadding, Festschrift für Walther Hadding zum 70. Geburtstag am 8. Mai 2004, Berlin 2004

ders., Rechtsfähigkeit und Rechtspersönlichkeit, AcP 207 (2007), 673

ders., Stiftungsform, Stiftungsstruktur und Stiftungszweck, AcP 207 (2007), 1

ders., §§ 21 - 89, in: Münchener Kommentar zum Bürgerlichen Gesetzbuch, 6. Aufl., München 2012

ders., Der funktionale Stiftungsbegriff - ein Meilenstein in der stiftungsrechtlichen Diskussion, in: Becker, Non Profit Law Yearbook 2010/2011, Hamburg 2012

Reuter, Dieter/Bergmann, Andreas, J. von Staudingers Kommentar zum Bürgerlichen Gesetzbuch, 2006, Berlin 2006

Reymann, Christoph, Anmerkung zu BGH: Grundbuchfähigkeit einer Gesellschaft bürgerlichen Rechts, BB 2009, 346

Richter, Andreas, Anmerkung zu Spendenabzug und Ehegattensplitting, ZSt 2005, 144

ders., Familienstiftung, in: Richter/Seifart/Campenhausen, Stiftungsrechts-Handbuch, 4., aktualisierte und erg. Aufl., München 2014

ders., Unternehmensstiftung, in: Richter/Seifart/Campenhausen, Stiftungsrechts-Handbuch, 4., aktualisierte und erg. Aufl., München 2014

Richter, Andreas/Seifart, Werner/Campenhausen, Axel von, Stiftungsrechts-Handbuch, 4., aktualisierte und erg. Aufl., München 2014

Richter, Andreas/Sturm, Sebastian, Stiftungsrechtsreform und Novellierung der Landesstiftungsgesetze, NZG 2005, 655

Rittner, Fritz, Die werdende juristische Person, Tübingen 1973

ders., Aktiengesellschaft oder Aktienunternehmen?, ZHR 144 (1980), 330

Rosenberg, Leo/Gaul, Hans Friedhelm/Schilken, Eberhard/Lakkis, Panajotta/ Gaul-Schilken-Becker-Eberhard, Zwangsvollstreckungsrecht, 12., völlig neubearb. Aufl., München 2010

Roth, Gregor, Anmerkung zu einer Entscheidung des OLG Frankfurt a.M., Urteil vom 21.06.2017 – Zur fehlerhaften Anlageberatung bei Stiftungen, npoR 2018, 230

Roth, Gregor/Knof, Béla, Die Stiftung in Krise und Insolvenz, KTS 2009, 163

Rupp-v. Brünneck, Wiltraut, Zur Grundrechtsfähigkeit juristischer Personen, in: Ehmke/Schmid/Scharoun, Festschrift für Adolf Arndt zum 65. Geburtstag, Frankfurt am Main 1969

Saenger, Ingo/Bayer, Walter/Koch, Elisabeth/Körber, Torsten/Werner, Olaf, Gründen und Stiften, 1. Aufl., Baden-Baden 2009

Salm, Georg zu/*Mihova, Stanislava*, Übersicht über die aufsichtsrechtliche Regulierung von alternativen Finanzierungen nach Inkrafttreten des KAGB und des Kleinanlegerschutzgesetzes, DStR 2015, 1872

Savigny, Friedrich Carl von, System des heutigen römischen Rechts, 2. Ausg., unveränd. Nachdr. d. Ausg. von 1849, Berlin 1956

Schäfer, Frank, §§ 662–674 BGB, in: Münchener Kommentar zum Bürgerlichen Gesetzbuch, 7. Aufl., München 2017

Schäfer, Frank A., Der Begriff des Emissionsgeschäfts im KWG – und die Tätigkeiten von Venture-Capital-Gesellschaften aus bankaufsichtsrechtlicher Sicht, WM 2002, 361

ders., Die Auslegung von § 1 Abs. 1, 1a KWG durch die BaFin im Lichte der Rechtsprechung, in: Berger/Borges/Herrmann/Schlüter/Wackerbarth, Zivil- und Wirtschaftsrecht im europäischen und globalen Kontext - Festschrift für Norbert Horn zum 70. Geburtstag, 1. Aufl., Berlin 2006

ders., Die Auslegung von § 1 Abs. 1, 1a KWG durch die BaFin im Lichte der Rechtsprechung, in: Berger/Borges/Herrmann/Schlüter/Wackerbarth, Zivil- und Wirtschaftsrecht im europäischen und globalen Kontext - Festschrift für Norbert Horn zum 70. Geburtstag, 1. Aufl., Berlin 2006 *ders.*, § 10 Interessenwahrungspflicht und Vermeidung von Interessenkonflikten, in: Schäfer/Sethe/Lang, Handbuch der Vermögensverwaltung, 2. Auflage 2016,

Schäfer, Ulrike, § 19 Haftung des Vermögensverwalters, in: Schäfer/Sethe/Lang, Handbuch der Vermögensverwaltung, 2. Auflage 2016

dies., § 23 Vermögensverwaltung, in: Assmann/Schütze, Handbuch des Kapitalanlagerechts, 4., neubearb. Aufl., München, München 2015

Schauer, Dirk, Unselbständige Stiftungen von Todes wegen, npoR 2013, 120

Schauhoff, Stephan, § 3 Stiftungsrecht, in: Bott/Schauhoff, Handbuch der Gemeinnützigkeit, 3. Aufl., München 2010

ders., § 9 Gemeinnützige Verwendung, in: Bott/Schauhoff, Handbuch der Gemeinnützigkeit, 3. Aufl., München 2010

Scharrenberg, Claudia, Die Rechte des Treugebers in der Zwangsvollstreckung, Mainz 1989.

Scherer, Stephan, Münchener Anwaltshandbuch Erbrecht, 4., überarb. Aufl., München 2014

Schiffer, K. Jan/Pruns, Matthias, Unselbständige Stiftungen: Vermögensverwaltung und Genehmigungspflicht nach dem KWG, npoR 2011, 78

dies., Vorbemerkung zu §§ 80ff., in: Heidel/Hüßtege/Mansel/Noack, Bürgerliches Gesetzbuch, 3. Auflage 2016

Schiffer, K. Jan/Schürmann, Christoph, Neues zum „Grundsatz der Erhaltung des Stiftungsvermögens"?, ZStV 2019, 1

Schilken, Eberhard, § 181 BGB, J. von Staudingers Kommentar zum Bürgerlichen Gesetzbuch mit Einführungsgesetz und Nebengesetzen, Berlin 2011

Schlüter, Andreas, Deutschland - ein stiftungsrechtliches Entwicklungsland, ZSt 2006, 51

ders., Stiftungsrecht zwischen Privatautonomie und Gemeinwohlbindung, München 2004

ders., Stiftung und Körperschaft – Körperschaften als Ersatzform der rechtsfähigen Stiftung, in: Walz/Asche, Non Profit Law Yearbook 2006, 6.2006, Köln 2007

Schlüter, Andreas/Stolte, Stefan, Stiftungsrecht, München 2016

Schmidt, Gerold, Zweckvermögenstheorie und Zweckvermögen, NJW 1970, 646

Schlüter, Martin., §§ 387–398 BGB, in: Münchener Kommentar zum Bürgerlichen Gesetzbuch, 7. Aufl., München 2016

Schmidt, Karsten, Die BGB-Außengesellschaft - rechts- und parteifähig, NJW 2001, 993 *ders.*, Sinnwandel und Funktion des Überschuldungstatbestandes, JZ 1982, 165

ders., Vom Konkursrecht der Gesellschaften zum Insolvenzrecht der Unternehmen, ZIP 1980, 233

ders., Zur Vermögensordnung der Gesamthands-BGB-Gesellschaft, JZ 1985, 909

ders., Einhundert Jahre Verbandstheorie im Privatrecht, Göttingen 1987

ders., "Ersatzformen" der Stiftung - Unselbständige Stiftung, Treuhand und Stiftungskörperschaft, in: Hopt/Reuter, Stiftungsrecht in Europa, 1. Aufl., Köln 2001

ders., Gesellschaftsrecht, 4., völlig neu bearb. und erw. Aufl., Köln 2002

ders., Das Rätsel Treuhandkonto, in: Bucher/Bohny/Wiegand, Norm und Wirkung, Bern 2005

Schmidt, Karsten/Rawert, Peter/Hüttemann, Rainer/Weitemeyer, Birgit, Non Profit Law Yearbook 2011/2012, Hamburg 2012

Schmidt, Oliver, Die Auslegung des Stiftungsgeschäfts von Todes wegen, ZEV 2000, 219 - 212

ders., Vermögenszuwendung und Festlegung des Stiftungszwecks bei der Errichtung unselbstständiger Stiftungen von Todes wegen, ZEV 2003, 316

Schneider, Uwe H., Ist die Annahme von Gesellschafterdarlehen ein "erlaubnisbedürftiges Bankgeschäft"?, DB 1991, 1865

Schultze, Alfred, Treuhänder im geltenden bürgerlichen Recht, Jherings Jahrbücher für die Dogmatik des bürgerlichen Rechts 43, 1901

Schürmann, Thomas, § 69 Einordnung und Begriff des Einlagengeschäfts, in: Bernett/Bunte/Lwowski/Schimansky, Bankrechts-Handbuch, 4. Aufl., München 2011

Schwake, Johannes, Zum Mindestkapital bei rechtsfähigen Stiftungen bürgerlichen Rechts, NZG 2008, 248

Schwark, Eberhard, Kapitalmarktrechts-Kommentar, 4., neubearb. u. erw. Aufl., München 2010–2012

Schwintowski, Hans-Peter, Grundsätze ordnungsgemäßer Anlage von Stiftungsvermögen, in: Häuser/Hadding, Festschrift für Walther Hadding zum 70. Geburtstag am 8. Mai 2004, Berlin 2004

Seiler, §§ 657 - 674, in: Münchener Kommentar zum Bürgerlichen Gesetzbuch, 7. Aufl., München 2016

Sethe, Rolf, Anlegerschutz im Recht der Vermögensverwaltung, Köln 2005.

ders., § 5 Aufsichtsrecht, in: Schäfer/Sethe/Lang, Handbuch der Vermögensverwaltung, 2. Auflage 2016

Seyfarth, Sabine, Der Schutz der unselbständigen Stiftung, 1. Aufl., Baden-Baden 2009

Siebert, Wolfgang, Das rechtsgeschäftliche Treuhandverhältnis, Marburg 1933

Söffing, Andreas/Blusz, Pavel, in: Schäfer/Sethe/Lang, Handbuch der Vermögensverwaltung, 2. Auflage 2016, § 14 Besonderheiten der Vermögensverwaltung und Vermögensanlage bei Stiftungen

Steffen, Erich, § 671 BGB, in: BGB-RGRK, 12. neu bearb. Aufl. 1975 – 1999, 2001

Streck, Michael, Die Steuerpflicht nichtrechtsfähiger Stiftungen und anderer Zweckvermögen, StuW 1975, 135

Studen, Goran, Die Dachstiftung – Das Tragen und Verwalten von Unterstiftungen unter dem Dach einer selbständigen Stiftung, Basel 2011

Stürner, Johannes, Fehlerhafte Anlageberatung von Stiftungen – Zugleich Anmerkung zu OLG Frankfurt, Urt. v. 26.7.2017, BKR 2018, 15

Teubner, Gunther, Unternehmenskorporatismus, KritV 1987, 61

ders., Organisationsdemokratie und Verbandsverfassung, Tübingen 1978

Theuffel-Werhahn, Berthold/Siebert, Astrid, Die erfolgreiche Verwaltung des Stiftungsvermögens als umfassende Herausforderung an das Stiftungsmanagement, ZStV 2013, 1

Thole, Markus, § 6 InvG, in; Emde/Dornseifer/Dreibus/Hölscher, InvG, 1. Auflage 2013

Thur, Andreas von, Der allgemeine Teil des deutschen Bürgerlichen Rechts, Leipzig 1864 - 1925 / 1997

Timm, Wolfram, Einige Zweifelsfragen zum neuen Umwandlungsrecht, ZGR 1996, 247

Tolani, Madeleine, "Teilrechtsfähigkeit" von Personenvereinigungen, Berlin 2009

Uhlenbruck, Wilhelm/Berscheid, Ernst-Dieter, Insolvenzordnung, 14. Aufl., München 2015

Voge, Dirk, Zum Tatbestand der Anlageverwaltung im Sinne des § 1 Abs. 1a Satz 2 Nr. 11 KWG, WM 2010, 913

Volhard, Patricia/Jang, Jin-Hyuk, § 1, in: Weitnauer, KAGB, München 2014

Voß, Thorsten, Anm. zu VGH Kassel: Erlaubnispflichtiges Einlagengeschäft bei Erwerb von Vermögensanlagen unter Einschaltung eines zur Kündigung der Anlagen berechtigten Treuhänders, EWiR 2010, 831

Waldner, Wolfram/Schweyer, Gerhard/Wörle-Himmel, Christof/Sauter, Eugen/ Sauter-Schweyer-Waldner, Der eingetragene Verein, 18., neubearb. Aufl. des von Eugen Sauter begr. und von Gerhard Schweyer bis zur 14. Auflage fortgef. Werkes, München 2006

Walter, Gerhard, Das Unmittelbarkeitsprinzip bei der fiduziarischen Treuhand, Tübingen 1974

Walz, Thiemo, in: Bernett/Bunte/Lwowski/Schimansky, Bankrechts-Handbuch, 4. Aufl., München 2011, § 111. Vermögensverwaltung

Walz, Wolfgang Rainer/Asche, Florian, Non Profit Law Yearbook 2006, Köln 2007

Weber-Rey, Daniel/Baltzer, Corinna, Aufsichtsrechtliche Regelungen für Vermittler von Finanzanlagen und Vermögensverwalter nah der 6. KWG-Novelle, WM 1997, 2288

Weitemeyer, Birgit, § 80 BGB, in: Säcker/Rixecker/Oetker/Limperg (Hrsg.), Münchener Kommentar zum Bürgerlichen Gesetzbuch, 8. Aufl., München 2018

Weitnauer, Wolfgang, Die AIFM-Richtlinie und ihre Umsetzung, BKR 2011, 143

ders., Pools und Investment-Clubs: Strukturen und Erlaubnispflichten nach KAGB und KWG, GWR 2014, 1

Weitnauer, Wolfgang/Boxberger, Lutz/Anders, Dietmar, Einleitung, in: Weitnauer, KAGB, 2. Aufl. München 2017

Werner, Almuth, Die Zustiftung, 1. Aufl., Baden-Baden 2003

Werner, Olaf, Festlegung des Stiftungszweckes in einer letztwilligen Verfügung, ZSt 2006, 10

ders., Die Stiftung, Berlin 2008

Werner, Rüdiger, Aktuelle Probleme der unselbständigen Stiftung, ZErb 2013, 1

ders., Von der nichtrechtsfähigen zur rechtsfähigen Stiftung, ZErb 2018, 164

Westebbe, Achim, Die Stiftungstreuhand, Baden-Baden 1993

Wiebke, Harald, Das neue Aufsichtsrecht für Finanzdienstleistungsunternehmen, DStR 1998, 491

Wiedemann, Herbert, Rechtsethische Maßstäbe im Unternehmens- und Gesellschaftsrecht, ZGR 1980, 147

ders., Gesellschaftsrecht, München 1980

Willer, Heinz/Krafka, Alexander, Anregungen für eine international zeitgemäße Anwendung des § 181 BGB im Gesellschaftsrecht, NZG 2006, 495

Wimmer-Leonhardt, Susanne, §§ 516 - 534, in: J. von Staudingers Kommentar zum Bürgerlichen Gesetzbuch mit Einführungsgesetz und Nebengesetzen, Neubearb., Berlin 2005

Windscheid, Bernhard, Lehrbuch des Pandektenrechts, 9. Aufl. / unter vgl. Darst. d. dt. bürgerl. Rechts bearb. von Theodor Kipp, Neudr. d. Ausg. Frankfurt a.M. 1906, 1963

Winterhalder, Alix, § 17, in: Weitnauer, KAGB, München 2014

Winheller, Stefan/Auffenberg Lutz, Benötigen gemeinnützige Mittelbeschaffungskörperschaften eine BaFin-Erlaubnis?, DStR 2015, 589

Wirth, Christian/Paul, Frederik, Organisationspflichten nach § 64a VAG - beginnende Vereinheitlichung der Organisationspflichten in der Finanzwirtschaft, CCZ 2010, 95

Wochner, Georg, Die unselbständige Stiftung, ZEV 1999, 125

Zerwas, Herbert/Hanten, Mathias, Abgrenzungsprobleme und Ausnahmen bei Handelsaktivitäten nach der Sechsten KWG-Novelle, ZBB 2000, 44

Zimmermann, Klaus, Die Entwicklung des Stiftungsrechts 2011/2012, NJW 2012, 3277

Zimmermann, Klaus/Arnsperger, Jan Philipp, Die Entwicklung des Stiftungsrechts 2013/2014, NJW 2015, 290

Zimmermann, Klaus/Raddatz, Stefan, Die Entwicklung des Stiftungsrechts 2017, NJW 2018, 516

Zöllner, Wolfgang, Rechtssubjektivität von Personengesellschaften, in: Lange/Nörr/Westermann, Festschrift für Joachim Gernhuber zum 70. Geburtstag, Tübingen 1993

www.ingramcontent.com/pod-product-compliance
Ingram Content Group UK Ltd.
Pitfield, Milton Keynes, MK11 3LW, UK
UKHW020712041026
15590UKWH00002B/621

9 783631 875063